일상생활 논리

일상생활 논리

박영태

일상생활 논리

박영태 지음

펴낸이 — 이숙
펴낸곳 — 도서출판 서광사
출판등록일 — 1977. 6. 30.
출판등록번호 — 제 406-2006-000010호

(10881) 경기도 파주시 회동길 77-12 (문발동)
Tel · (031) 955-4331 | Fax · (031) 955-4336
E-mail · phil6161@chol.com
http://www.seokwangsa.co.kr | http://www.seokwangsa.kr

제1판 제1쇄 펴낸날 · 2020년 3월 20일
제1판 제3쇄 펴낸날 · 2023년 3월 20일

ISBN 978-89-306-2423-7 93170

일상생활 논리에 대한 공부는 왜 필요한가?

1. 일상생활 논리는 무엇을 말하는가?

일상생활에서 많이 하는 활동은 다른 사람들과의 의사소통이며, 다른 사람들과의 의사소통에서 중요한 것은 정보를 교환하거나 자신의 주장을 전달하고 설득하는 것이다. 이러한 의사소통으로 대화, 담화, 연설, 설득 등이 있다.

일상생활의 다양한 의사소통은 일상 언어를 사용하며, 일상 언어를 사용하여 논리적으로 사유를 전개할 때 등장하는 것이 일상생활 논리이다.

의사소통에서는 자신의 논리적 사유를 일상 언어로 기술하는 것뿐만 아니라 다른 사람의 논리적 사유를 분석하고 평가하는 것도 매우 중요하다. 이러한 과정에서 올바른 논리적 사유와 잘못된 논리적 사유의 방식을 이해하고 이에 근거하여 논리적 사유를 분석하고 평가하는 것이 중요하다. 이러한 기법과 문제를 다루는 것이 일상생활 논리이다. 그렇다고 일상생활 논리를 분석하고 판단하는 능력은 일상생활 속에서 자연적으로 체득할 수 있는 단순한 기술(skill)에 의해서 발휘할 수 없다. 전문성을 요하는 기법(technique)에 의해서 발휘할 수 있다. 그러므로 이러한 전문적 기법은 전문적으로 연구하고 학습해야 한다.

2. 논리적 사유에 대한 일상생활에서의 선입견과 오해

그런데 일상생활에서 많은 유형의 논리적 사유를 하고 있으면서도 논리적 사유형식과 전개의 특성을 대부분의 사람들이 제대로 잘 이해하지 못하고 있다. 심지어 일상생활을 하면서 논리적 사유에 대해 잘못된 이해와 선입견을 가지고 있다. 예를 들어 천부적으로 말 잘하는 사람만이 논리적 사유를 잘한다거나 말싸움이나 논쟁을 잘하는 사람만이 논리적 사유를 잘한다는 선입견이다.

　이러한 오해와 선입견은 논리라는 말이 본래 외국어 'logic'의 번역어임을 모르고 한자 '論理'로만 간주하여 '논하는 이치'로 그 개념을 풀이하는 가운데 생겨나기도 한다. 또 말을 조리 있게 잘 전개하는 것을 조금 낮게 평가하는 아시아권의 문화로 인하여 논리적으로 사유하는 것을 겉만 번지르르한 진실성이 없는 말을 전개하는 것으로 간주하는 잘못된 선입견이 생겨나기도 한다.

　한편 논술 시험을 치르면서도 이를 위해 정작 필요한 기초 논리학 교육을 실시하지 않는 현행 중고등학교 교육과정도 논리적 사유에 대한 일반 오해와 선입견을 조성하는 데 한몫을 하고 있다. 논리적 사유와 관련되는 기본적인 개념(예를 들어 타당성 개념)도 모르는데 논리적 분석이나 평가의 과정을 강조하는 대학 입시나 각종 시험을 통해 논리적 사유에 관한 오해와 선입견은 심화되고 있다.

　이외에도 일상생활에서의 논리적 사유를 소개하는 많은 논리학 교재들은 논리적 사유의 중심이 되는 추리론과 개념론보다는 단순히 흥미와 재미만을 불러일으키는 오류론이나 말 게임에서의 논리 전개만을 많이 강조하는 경향을 가지고 있다. 이러한 경향으로 인해 오류론이 논리학의 중심이고 논리학 교육이 오류론을 강의하는 것이라고 보는 오해가 생겨난다. 이러한 오해는 일상생활 논리에 관한 강의가 주장의 허점이나 오류만을 지적하여 남에게 비판이나 비난을 하는 방법이나 말 게임이나 말장난과 같은 것을 배우는 것이 아닌가 하는 의구심도 가지게 만든다. 이러한 의구심은 수사학과 논리학을 혼동하게 만든다.

　일상생활에서 생겨나는 이러한 오해와 선입견은 논리적 사유 자체를 경원시하게 만들거나 논리학 교육이 쓸데없는 사소한 것에만 주의하게 만드는 좋지 않은 교육이라고 생각하도록 만든다. 더 나아가 논리적 사유를 기피하게 만들고 논리적 글쓰기까지 어렵게 생각하도록 하는 경향을 조성한다.

3. 일상생활 논리는 중요하다

일상생활에서 논리적 분석이 매우 필요하다. 특히 인터넷이 발달한 오늘날에 있어 더욱 그러하다. 인터넷의 발달을 통해 일상생활에서 정보에 대한 접근이 매우 쉽고, 또 많은 정보가 오가고 있다. 이러한 상황에서 특히 빅데이터 분석이 부각되고 그 중요성이 강조되고 있다.

이러한 넘쳐 나는 정보 중에는 올바른 정보뿐만 아니라 가짜 정보도 많다. 그래서 정보지식기반 사회라는 말을 듣고 있는 지금의 상황에서는 올바른 정보와 가짜 정보를 구별할 수 있는 능력을 발휘하여 올바른 정보를 습득하는 것이 매우 중요하다. 특히 요즘 많이 거론되고 있는 '가짜 뉴스(fake news)'를 걸러내는 데 이러한 능력은 더욱 필요하다. 여기서 중요하게 등장하는 것이 합리적 근거가 있는 의심(reasonable[1] doubt)의 개념이다. 합리적 의심에서는 논지와 논거의 명료화, 논리적 일관성, 명석한 추리 등과 같은 비판적인 논리적 분

---

[1] 가짜 뉴스 판별과 관련하여 많이 사용하고 있는 용어 'reasonable doubt'을 대부분의 사람들이 '합리적 의심'으로 번역하여 사용하고 있다. 그러나 이 용어의 정확한 번역은 '합리적 근거가 있는 의심'으로 간주해야 한다. 용어 'reasonable'을 단순히 '합리적'으로 번역하면 영어에서 사용하는 'reasonable'의 의미가 잘 드러나지 않게 되고, 똑같이 합리적이라고 번역되면서도 용어 'reasonable'보다 더 많이 사용되고 있고 다른 범주와 의미를 가지는 용어 'rational'이 있기 때문이다. 용어 'rational'은 이성에 적합한, 이치에 부합한 등의 뜻을 가지고 '합리적'으로 번역하여 사용하고 있다. 그러나 많은 사람들이 용어 'reasonable doubt'를 '합리적 의심'으로 번역하여 많이 사용하고 있기 때문에 이러한 언어 사용을 무시할 수 없다. 그래서 이 책은 용어 'reasonable doubt'를 일반 사람들의 사용처럼 '합리적 의심'으로 번역하여 사용하겠지만 용어 '의심'과 관련해서만 합리적 의심으로 번역하여 사용할 것이다. 이러한 경우에라도 본래 이 용어의 의미는 '합리적 근거가 있는 의심'임을 알고 있어야 한다. 의심이라는 용어와 연관시키지 않고 용어 '합리적'을 사용할 경우에 이 용어는 'rational'의 번역어로서 이성에 부합하는, 이치에 맞음 등을 의미한다.

석이 중심 역할을 한다. 따라서 올바른 정보를 선택하고 행위를 결정하는 데 합리적 의심이 절대적으로 필요하다고 한다면 비판적인 논리적 사유가 중심 역할을 한다.

비판적인 논리적 사유에서 일상생활 논리는 중요하다. 일상생활에서 비판적인 논리적 사유는 일상 언어로 표현된 논증을 통해 전개되고 있고 일상 언어로 표현된 논증을 대상으로 분석하는 것이 일상생활 논리이기 때문이다.

일상생활 논리는 일상 언어로 표현된 논리적 사유형식의 타당성과 건전성을 분석하고 검사하는 전문기법이다. 이러한 전문기법에서 연역추리에 관한 분석으로서는 아리스토텔레스의 분석론을 근간으로 하는 고전 논리학의 삼단논법 추론 규칙이, 귀납추리에 관한 분석으로서는 밀의 인과적 추론 형식이 중심 역할을 하고 있다.

4. 일상생활 논리를 성실하게 공부하면,

논리적으로 사유하는 역량이 강화되어 일상생활의 여러 가지 문제들을 논리적으로 분석하고 합리적인 방향으로 해결할 수 있는 방안을 모색할 수 있는 창의적 능력이 고양된다.

올바른 논리적 사유에 근거하여 나의 주장을 다른 사람들에게 올바르게 이해시키고 설득할 수 있는 역량과 다른 사람들의 주장을 올바로 이해할 수 있는 역량이 강화되어, 자신의 의견을 글이나 말을 통해 합리적이면서도 명확하게 개진할 수 있는 능력이 고양된다.

5. 그래서 일상생활 논리에 대한 공부가 필요하다

일상생활 논리에서 전개되는 논리적 형식을 제대로 이해하고 올바른 논리와 잘못된 논리를 평가할 수 있는 전문기법을 익히게 되면 논리적 사유의 개념을 올바로 이해하게 되고, 합리적으로 사유하는 역량이 강화되면서, 올바른 정보와 거짓된 정보를 판별할 수 있는 능력과 다른 사람들과의 원활한 의사소통 능력이 강화된다.

또한 최근에 많이 강화되고 있는 고급 공무원 선발 1차 시험과 대기업 인적성시험을 준비하고 연습하는 데에도 일상생활 논리는 매우 필요하다. 예를 들어 고급 공무원 시험에 필수인 공직적격성 시험(PSAT, 입법고시, 5급 공채 및 지역인재 7급, 민간경력 5·7급 공무원 시험, 5급 외교관후보자 선발시험에서의 1차 시험, 2021년부터는 7급 공무원 시험), 법학전문대학원 자격시험인 법학적성시험(LEET) 등에서 '추리와 논증' 분야가 중심 위치를 차지하고 있는데, 이 분야에서 일상생활 논리의 전문기법이 중요한 역할을 하고 있다. 또한 대기업의 인적성시험도 일상생활 논리에 근거한 문항들을 많이 출제하고 있다.

일상생활 논리에 대한 학습은, 먼저 논리적 사유가 무엇인지, 논리와 논리학은 어떻게 구별되는지, 논리적 사유의 개념에 대한 몰이해가 어떻게 생겨났는지, 논리학의 학문적 특성이 무엇인지에 대한 이야기부터 시작한다.

이 책의 특성

1. 일상생활 논리는 일상생활에서 사용하는 일상 언어로 표현된 논증을 논리적으로 분석하고 평가하는 방법과 전문기법(technique)을 배우는 교과이다.

2. 이 책의 I부는 논리적 분석에 관한 부문으로, II부, III부, IV부는 논리적 사유의 평가에 관한 부문으로 각각 구성되어 있다. 논리적 분석에 관한 부문은 논리와 사유, 논리적 분석의 주요 개념과 방식을 다룬다. 평가에 관한 부문은 올바른 논리인가 잘못된 논리인가를 판단할 수 있는 기준으로서의 추리 규칙과 평가방식, 전문기법을 다룬다.

3. 추리 규칙의 체계로서, 아리스토텔레스의 삼단논법을 근간으로 한 고전논리학과 밀의 인과적 추론을 근간으로 한 귀납논리, 인공언어로 논리적 분석과 평가를 행하는 기호논리학을 다룬다. 고전 논리학은 주로 삼단논법의 체계에 근거하여 일상 언어로 표현된 논증을 분석하는 연역논리의 체계이며 귀납논리는 밀의 인과적 추론, 확률과 통계, 과학의 방법과 과학의 설명논리가 중심인 논리체계이고, 기호논리학은 인공언어를 통해 추론을 분석하는 논리체계이다.

4. 논리적 분석의 방법과 논리학의 체계를 학습하면서 구체적인 추론분석기법을 습득하여, 여러 가지 사태와 현상들에 관한 글들을 비판적으로 검토하고 분석할 수 있는 올바른 논리적 사유습관을 배양한다.

5. 공직적격성 시험(PSAT), 법학적성시험(LEET), 대기업 인적성시험(예, 삼성직무적성검사(GSAT), 현대자동차인적성시험(HMAT)) 등을 준비할 수 있는 기초 소양을 쌓는데 도움을 준다.

: 차례

I
논리란 무엇인가

I.1 논리적 사유

일상생활에서 논리라는 말을 많이 사용하고 있다. 예를 들어 토론이나 연구 논문, 대학 입시 등에서 많이 사용하고 있는 용어들 '논리적 분석' '논리적 사유' 등에서 이 말을 많이 볼 수 있다. 그러나 '논리적 분석', '논리적 사유'와 같은 용어들이 의미하는 바가 무엇인지 생각해 보면 정작 그 개념이 명확하게 잘 떠오르지 않는다. 그 이유는 많이 사용하고 있으면서도 그 뜻이 분명하게 떠오르지 않는 용어 '논리'와 '사유'의 개념이 등장하기 때문이다.

용어 '논리'는 영어 'logic'의 번역어이지만, 처음에는 뜻보다는 발음을 중시하여 邏輯(라집, 중국어 발음 luoji)으로 음역되기도 하였으나, 論理(논리)로 의역되어 지금처럼 사용되고 있다. 이러한 번역은 용어 '논리(logic)'가 '논하는 이치' 등을 의미하는 것으로 간주하는 경향을 만들었고, 논리에 대한 선입견과 오해를 낳게 되었다. 그런데 용어 'logic'은 '논리' 뿐만 아니라 어떤 경우에는 '논리학'으로도 번역된다. 논리로 번역할 것인가 아니면 논리학으로 번역할 것인가의 여부는 용어 '논리학'의 의미를 이해한 다음에 사용 맥락에 따라 그 뜻을 고찰하여 결정한다.

용어 'logic'은 그리스어 'logos'로부터 유래한다. logos는 legein('세다',

'배열하다', '말하다')이라는 동사에서 나온 명사이다. logos는 단수로는 문장을, 복수인 logoi는 논증(argument)을 의미하기도 한다. 이로부터 나온 그리스어 'techne logike(이치에 맞게 주장을 하는 기법)'에서 라틴어 '(ars) logica'가 생겼고, 이 용어는 약칭으로 불리어 영어 'logic'으로 되었다.

논리(logic)는 합리적인 근거를 제시하여 진행(전개)하는 사유 방식(way of reasonable thinking)을 말한다. 따라서 논리적 사유란 합리적인 근거 지음의 방식으로 어떤 하나의 사유 내용으로부터 다른 하나의 사유 내용으로 진행하는 사유를 말한다. 근거 지음의 방식은 진리 보존(preserving truth)의 방식이다. 그래서 논리적 사유는 어느 하나의 사유 내용을 진리라고 간주한다면 이로부터 진리가 되는 다른 사유 내용을 추리하는 방식으로 진행하는 사유이다.

사유의 흐름이라고 해서 아무런 연관 관계 없이 진행되는 사유는 논리적 사유라고 하지 않는다.

논리적인 근거 지음의 관계와 대비되는 관계는, 사실 관계로서 사물들의 본성에 근거하여 진행되는 사건들 간의 인과관계가 있다.

논리적으로 전개된 사유라는 것을 분명히 나타내기 위해 '그러므로', '왜냐하면' 등의 접속사를 사용한다.

〈문제 I-1〉 다음 사유 중에서 논리적 사유로 진행한 것을 고르시오.

① 오늘 아침 남북정상회담이 판문점에서 열린다. 그리고 이후에 합동 기자회견이 있을 예정이다.

② 지금 폭설이 내리고 있고 찬바람이 불고 있다. 차가 다닐 수 있는지 알아보아라.

③ 저 사람은 칼을 들고 있다. 그래서 저 사람은 어떤 짓을 할 것 같다.

④ 가을엔 편지를 하겠어요. 누구라도 그대가 되어 받아 주세요.

⑤ 문재인 정부의 정책에 찬성하면 좌파가 되고 반대하면 극우가 된다. 그는 지금의 젊은이 일자리 정책에 대해 찬성하거나 반대해야 한다. 그래서 그는 좌파가 되거나 극우가 되어야 한다.

I.2 논리와 논리학

다음과 같이 전개하는 논리적 사유를 좀 더 생각해 보자. 이 사유들이 올바른 논리적 사유인지 아니면 잘못된 논리적 사유인지 여부를 검토해 보자.

❶ 모든 사람은 죽는다.
  모든 철학자는 죽는다.
  ──────────────────
  그래서 모든 철학자는 사람이다.

❷ 태양은 지구보다 작거나 달보다 작다.
  태양은 지구보다 크다.
  ──────────────────
  그래서 태양은 달보다 작다.

❸ $n = 0.999999\ldots$
  $10n = 9.9999\ldots$
  $10n - n = 9$
  $9n = 9$
  ──────────────────
  $\therefore n = 1$

올바른 논리적 사유는 ❷와 ❸이다. ❶은 전제와 결론이 참이지만 잘못된 논리적 사유이고, ❷는 전제의 일부가 거짓이지만 올바른 논리적 사유이다. 이러한 결과는 상식적으로 납득하기가 어렵다. 즉, 올바른 논리적 사유와 잘못된 논리적 사유를 구별할 수 있는 기준은 상식적 수준에서 습득할 수 없다. 그래서 논리적 분석과 평가의 방식은 전문교과 지식과 훈련을 통해 습득해야 한다.

❸은 1이 0.9999 ....와 같다는 방향으로 추리하고 있다. 그런데 우리의 상식적 직관에는 0.9999 ....가 1처럼 보이지 않는다. 즉, 우리의 직관에는 그 크기가 1보다 약간 작아 보인다. 그러나 수학의 무한집합 개념에 근거한 위의 논증에 따르면 0.9999 ....는 1과 같다.[1] 이 논증은 무한집합과 무한수열 개념에 근거하여 전개한 올바른 논리적 사유이다.[2]

이상과 같은 분석을 통해 알 수 있는 것은,

첫째, 논리에는 올바른 방식으로 진행하는 논리와 잘못된 방식으로 진행하는 논리가 있다.

둘째, 올바른 논리와 잘못된 논리를 구별할 수 있는 기준이 있는데 이 기준을 상식적 직관에 근거하여 납득할 수가 없는 경우가 많다.

셋째, 이러한 기준을 연구하고 탐구하는 학문이 필요하다.

올바른 논리와 잘못된 논리를 구별할 수 있는 기준을 탐구하는 학문을 논리학이라고 한다. 이때 그 기준의 역할을 하는 것이 추리 규칙이다. 그래서 논리학을 추리 규칙에 관한 학이라고 말한다.

---

1   0.9999 ....는 1과 같다는 점을 좀 더 알기 쉽게 보여 주는, 논증 ❸과 다른 아래와 같은 논리적 전개가 있다.

$$1 = 3 \times 1/3$$
$$3 \times 1/3 = 3 \times 0.3333$$
$$\therefore 1 = 0.9999$$

2   이러한 방향으로 전개하는 논리적 사유 과정을 포함하여, 무한집합과 무한수열 개념에 근거한 여러 논리적 전개에 관해서는 조던 엘렌버그 지음, 김명남 옮김, 『틀리지 않는 법』, (열린책들, 2016), pp. 61-70을 참조할 것.

논리적 사유 훈련이 무엇인가를 알기 위해 다음과 같은 추리 문제를 생각해 보자. 또 PSAT나 대기업 인적성시험의 실전 문제도 생각해 보자.

〈문제 I-2〉 다음 지문을 보고 왜 그러한가를 추리해 보시오.

① 사형 집행을 하기 전에, 왕 앞에서 죄수가 제비를 직접 뽑을 수 있는 기회를 주는 나라가 있었다. 이 제비뽑기는, '생(生)'과 '사(死)'라 는 글자가 각기 적혀 있는, 두 개의 막대기가 들어있는 대나무 통에 서 하나를 뽑는 것이다. 만약에 죄수가 '생'의 막대기를 뽑으면 그 죄수는 사형을 면하도록 하였다.

모함에 걸려 사형을 받게 된 어떤 한 사람이 사형 집행 당일 제비뽑 기를 하게 되었는데, 그를 모함한 사람이 제비뽑기 관리를 매수하여 막대기에 모두 '사'라는 글자가 적혀 있도록 하였다. 이러한 음모를 알게 된 어떤 다른 사람이 그 죄인에게 이러한 사실을 전하면서 제 비뽑기 현장에서 이를 폭로하라고 권유하였다. 그러나 이 죄수는 오 히려 그 사실을 전해준 사람에게 다른 사람들에게는 절대로 발설하 지 말 것을 당부하였다.

▷ 사형 집행 당일 이 죄수는 음모를 폭로하지 않고서도 사형을 면 하였다. 그 방법은 무엇인가?

② 잔치가 있는 집에서 집주인에게 자녀가 어떻게 되냐고 사람들이 물 었다. 집주인은 세 딸이 있다고 말하였다. 사람들이 세 딸의 나이를 물으니 세 딸의 아버지인 집주인은 다음과 같이 대답하였다.

"세 딸의 나이를 모두 곱하면 36입니다."

"그것만으로는 따님들의 나이를 알 수가 없겠는데요."라고 첫 번째 사람이 말하였다. 그러자 아버지는,

"세 딸아이의 나이를 모두 더하면 우리 아파트 호수와 똑같습니다."라고 말하였다. 그러자 첫 번째 사람이 다시, "그래도 모르겠습니다."라고 말하니까, 아버지는, "빨간 리본을 맨 아이가 맏이입니다."라고 말하였다. 그러자 그 첫 번째 사람이 세 딸의 나이를 알아맞혔다.

▷ 세 딸들의 나이는?

〈문제 I-3〉 다음 지문을 보고 갑의 모자 색깔을 제시하시오.

일렬로 순서대로 서서 벽만을 보고 있는 죄수들 갑, 을, 병이 있다. 모자는 노란색 3개, 검은색 2개가 있고 이 중에서 하나씩 각 죄수들이 쓰고 있다. 그리고 이 죄수들은 앞 죄수의 모자는 볼 수 있으나 절대로 자신의 모자는 볼 수 없으며, 뒤를 돌아볼 수도 없다. 맨 뒤에 있는 죄수 병에게 자신의 모자 색깔이 무엇이냐고 물어보니 모르겠다고 답하였다. 병 앞에 있는 을에게도 물으니 모르겠다고 답하였다. 그런데 맨 앞에 있는 갑에게 물어보니 자신의 모자 색깔을 맞혔다.

〈문제 I-4〉 다음 상황과 대화에 근거하여 판단할 때 옳은 것을 고르시오.

같은 사무실에 근무하고 있는 직원 5명(A, B, C, D, E)이 모여 이야기를 하고 있었다. 이들의 출생지는 각기 청주, 부산, 서울, 광주, 평창이며, 모두 다르다.

A : 나는 88 하계 올림픽 경기의 육상 경기를 직접 보려고 서울에 처음 가보았어. 이번 평창 동계 올림픽 경기도 직접 보고 싶지만, 일정이 맞지 않아 갈 수가 없어 아쉬워. 북한과 공동으로 참여하는 경기도 있어서 더욱더 아쉬운 것 같아. 부산에는 태종대를 구경하려고 작년에 처음 다녀왔어. 올가을에는 광주 비엔날레를 구경하러 한 번도 가보지 못한 광주를 다녀오고 싶어.

B : 부산의 태종대에서 바라보는 바다는 아주 멋있지. 날씨가 허락하면 일본의 대마도도 볼 수 있어. 나는 영화 '택시'를 보고 처음 광주를 구경하고 왔어. 평창에는 감자전이 유명하다고 하는데 이번 동계 올림픽 구경을 하려고 처음으로 평창에 가서 감자전을 먹으려고 계획하고 있어.

C : 나는 서울에는 한 번도 가본 적이 없지만 작년에 처음으로 충청도 지역을 다녀왔는데, 다녀온 곳이 시골이어서 조용하고 물맛이 좋아 인상이 깊었어. 한 번도 가보지 못했지만 산 좋고 물 좋은 평창에도 다음 달에 다녀오고 싶어.

D : 나는 서울에 한 번도 가보지 못했어. 다음 달에 많은 사람들이 이야기하고 있는 경복궁을 구경하고 싶어. 평창 동계 올림픽 경기를 구경하면서 강원도도 처음 구경하고 싶어.

E : 강원도를 한 번도 가보지 않아서 나도 평창 동계 올림픽 경기를 구경하고 싶어.

〈추 정〉

갑의 추정 : A의 출생지는 무조건 평창이다.

을의 추정 : B의 출생지가 청주이면 E의 출생지는 서울이다.

병의 추정 : C의 출생지가 광주이면 E의 출생지는 서울이거나 청주이다.

정의 추정 : D의 출생지가 부산이면 B의 출생지는 청주이다.

무의 추정 : E의 출생지가 광주이면 B의 출생지는 서울이다.

① 갑과 정의 추정이 맞다.
② 을과 무의 추정이 틀렸다.
③ 병과 무의 추정이 맞다.
④ 병과 정의 추정이 틀렸다.
⑤ 갑과 병의 추정이 맞다.

〈문제 I-5〉 다음 지문의 내용에 대해 설명하고 있는 것 중 참인 것을 〈보기〉에서 고르시오.

솔론의 친척들 중의 하나인 페이시스트라토스가 권력을 잡고 아테네의 참주 혹은 전제군주로 군림하였다. 그의 막대한 재원들은 아티카(Attica) 외곽에 위치하고 있는 은광으로부터 나왔으며, 그는 자신의 대부분의 재산을 아테네에서의 문화적인 목적들과 솔론의 개혁들을 정착시키는 데 사용하였다. 키케로(Cicero)가 전하기를, 그는 노예로 된 필사팀을 조직하여, 이전에 오직 구전으로만 전해진 호머의 작품들, 예를 들어 일리아드(Iliad)와 오디세이(Odyssey)를 필사하였다. 즉, 상당한 재력가였던 페이시스트라토스 자신이 호머를 편집하였을 뿐만 아니라 이를 필사하여 배포하였다는 것이다. 이상하게 우연히 일치했다고 할 수 있는데, 대략 60년 전에 이집트로부터 아테네로 상당히 많은 양의 파피루스가 처음으로 수출되었는데, 그 시기가 페이시스트라토스가 아테네를 통치하고 있었던 시기라고 하는 기록 하나를 나는 우연히 발견하여 보게 되었다.

페이시스트라토스가 호머의 공개 낭독회 개최에 관심을 가지고 있었기 때문에, 그가 새로이 편집한 책들을 사람들에게 싼 값으로 배포했다는 것은 그럴듯하게 추정할 수 있는 사실이다. 그리고 이 책들에 대한 인기는 다른 출판업자가 출현하도록 만들었다.

다른 시인들이 쓴 시집, 비극, 코미디 등이 잇따라 나왔다. 이들 중 어느 것도 출판을 위해서 계획적으로 쓰인 것이 없었다. 그러나 출판하는 것이 아테네에서 하나의 관례로 정착되자마자 출판을 의도하여 쓰인 책들이 나오게 되었다. 그리고 아고라에는 열려 있는 하나의 상설 시장으로서의 도서 시장(biblionia)이 생겨나게 되었다. 내가 추측하기로는 출판을 위해 계획적으로 쓰인 첫 번째 책이, 아낙사고라스의 위대한 책인 『자연에 관하여』가 아닐까 생각한다. 아낙시만드로스의 저서는 전혀 출판되지 않았던 것처럼 보인다. 물론 아낙시만드로스의 저서에 관해서, 리케이온 학당이 하나의 복사본—아마도 요약본—을 가졌고, 아폴로도로스가 아테네 도서관에서 하나의 복사본—아마도 똑같이 요약본—을 발견하였다는 말은 있지만, 출판은 되지않은 것 같다. 호머 작품들의 출판이 첫 번째 출판이며, 그 출판은 호머의 책을 아테네에서 권위 있는 대중적인 책으로 만들었을 뿐만 아니라, 교육의 교재로 처음 사용하게 만들었으며, 맨 초보 교육 입문서로, 맨 초보 철자법 교과서로, 맨 처음 읽게 되는 소설로 만들어 주었다. 그리고 이것은 아테네인들로 하여금 글을 읽고 쓸 수 있게 만들어 주었다.

이러한 일들이 아테네의 민주정치 수립에 아주 중요했다는 사실은, 이러한 출판이 처음 있고 나서 약 50년이 지난 후에 수립된, 대표적인 민주주의 제도 중의 하나로부터 추측할 수 있다. 내가 여기서 의미하는 민주주의 제도 중의 하나는 도편 추방제도(ostracism)이다.

─── 〈보 기〉 ───

ㄱ : 아테네의 민주 정치는 참주 페이시스트라토스가 그 계기를 마련하였다.
ㄴ : 아테네에서 호머의 소설이 인기를 얻게 되어 책의 상업적인 출판을 유도하였다.

> ㄷ : 참주정치를 할 가능성이 있는 사람을 추방하기 위해 시행한 도편
> 추방제도는 시민들이 글을 쓸 수 있다는 사실을 묵시적으로 전제
> 하여 시행되었다.
>
> ㄹ : 페이시스트라토스 이전에는 구전된 내용을 필사하는 팀이 존재하
> 지 않았다.

① ㄱ, ㄴ, ㄷ　　② ㄱ, ㄴ, ㄹ　　③ ㄱ, ㄷ, ㄹ　　④ ㄴ, ㄷ　　⑤ ㄱ, ㄷ

〈문제 I-6〉 다음 문장에 나타난 논리적 오류를 고르시오.

> 사랑을 느끼게 하는 것은 절도 행위이다. 절도 행위는 처벌받아야 한다.
> 그러므로 사랑을 느끼게 하는 것은 처벌받아야 한다.

① 애매어의 오류

② 애매문의 오류

③ 모호성의 오류

④ 복합 질문의 오류

⑤ 도박사의 오류

I.3 논리적 사유와 언어

논리적 사유도 사유이기 때문에 사유의 특성과 종류, 유형을 이해해야 한다.

I.3.1 사유의 특성, 종류, 유형

사유의 특성

사유 작용은 주관적인 1인칭 형식으로 이루어지며, 그 내용도 사밀(私密)하여 다른 사람은 그 내용을 알 수 없다.

① 주관적(subjective) 작용 : 다른 사람이 나의 사유를 대신할 수 없다.
② 사밀한(private) 내용 : 나의 사유 내용을 다른 사람이 확실하게 알 수 없다.

사유의 종류

자극이나 호기심, 관심 등을 계기로 하는 사유 방식에는 직관적 사유와 반성적 사유가 있다.

① 직관적 사유(intuitive thinking)
- 즉각적으로 아무런 중간자나 매개자 없이(immediately) 직접적으로 하는 사유이다.
- 무의식 수준에서 수동적으로 행해진다.

예) "감으로 알겠다.", "느낌으로 온다."

- 직관적 사유를 행할 수 있는 능력이 감성이다.

예) 설악산의 붉은 단풍을 직접 보니 무척 아름답다는 생각이 들었다.

② 반성적 사유(reflective thinking)
- 여기서 말하는 용어 '반성(反省, reflection)'은 잘못을 뉘우친다는 의미가 아니라 생각이나 관념을 다시 떠올려 생각하는 것을 말한다. 그래서 반성

적 사유는 어떤 것을 생각 속에서 다시 생각하는 것을 말한다. 예를 들어, 기억이나 추억 속에서 떠올리는 것처럼 사유에 관한 사유(thinking about thinking)를 하는 것을 말한다.

- 과거의 경험을 다시 생각하는 것처럼 의식의 수준에서 능동적으로 행한다.
- 반성적 사유를 행할 수 있는 능력이 이성이다.
- 반성적인 사유로서 대표적인 것이 자의식, 즉 자각이다. 이러한 자의식의 차원에서 근거를 따지고 논리적으로 분석하는 합리적 사유가 가능하다.
- 반성적 사유에서 개념과 명제가 중심적인 역할을 하며, 반성적으로 사유하는 것을 표상(representation)이라 한다.

예) 어제 내가 행한 일이 박세영에게 많은 도움이 되었다고 생각한다.

사유의 유형

문제 상황임을 인식하게 되는 계기를 기준으로 하여 사유의 유형은 비판적 사유와 창의적 사유로 구분할 수 있다.

- 문제 상황임을 인식하는 계기는, 기존의 과학이론과 상식으로 예상하였거나 기대하였던 어떤 현상과 상황이 실현되지 않거나 나타나지 않는 때, 느끼게 된 생활의 불편함을 해소하거나 개선할 수 있는 방향으로 생각하게 될 때 조성된다.
- 비판적 사유는 어떤 것이 해결해야 할 문제임을 인식하기 전까지 지적 호기심이나 관심에 의해 다른 사람들의 주장이나 논증의 근거들을 따져 이해하려는 사유로서, 정당한 근거가 없거나 논증(증명)되지 않는 모든 것을 의심한다. 비판적 사유에서 논리적 분석이 중심적인 역할을 하며, 논리적 분석에서 추리, 설명과 예측이 분명해진다.
- 창의적 사유는 어떤 현상이나 상황이 문제 상황임을 인식하고 이러한 문제 상황을 해소할 수 있는 새로운 방향으로 생각하게 될 때 발휘하게 된다.

① 비판적 사유(critical thinking)[3]

- 비판적 사유는 문제 상황의 인식이나 해결보다는 주어지는 정보를 올바르게 분석하고 평가하는 작업이다.
- 비판적 사유는 주어진 사실이나 정보를 객관적으로 분석하면서 합리적으로 판단한다. 그래서 해야 할 것과 믿어야 할 것을 합리적이고 명료하게 생각하고 판단한다.
- 비판적 사유는 단순한 정보를 축적하거나 기억을 잘하는 것과는 다르다. 기억력이 좋아 많은 사실들을 기억한다고 해서 반드시 비판적 사유를 잘하는 것은 아니다.
- 비판적 사유는 개념이나 명제에 의해 표현된 사유들 간의 논리적 관계를 주로 분석한다. 그래서 비판적 사유는 논리적 분석으로부터 시작한다.
- 비판적 사유는 어떤 사람의 의견이나 주장을 납득하기 어렵거나 자신의 생각과 불일치할 경우에 더욱 촉발된다.
- 비판적 사유는 논리적 분석과 평가의 단계로 진행한다. 논리적 분석은, 전제와 결론을 찾아 명료하게 근거(논거)와 주장 내용(논지)을 제시하는 비판적 분석의 과정이며, 평가는 추리의 타당성과 건전성을 평가하는 과정이다.
- 비판적 사유는 비난과 구별되어야 한다.[4]

---

3 비판적 사유의 개념에 관해 전개되는 다양하고도 복잡한 정의에 대해서는 최원배 옮김, 『피셔의 비판적 사유』(서광사, 2010)와 김광수 지음, 『비판적 사고론』(철학과 현실사, 2012), 김희정·박은진 지음, 『비판적 사고를 위한 논리』(아카넷, 2008) 등을 참조할 것. 이러한 저서들에서는 창의적 사유와 비판적 사유를 별도로 다루고 있지 않고 있으며, 김광수의 경우에 비판적 사유를 창조적 비판적 사유라고 말하고 있다. 여기서는 창조적 사유는 사실적 연관 관계에 근거하여 행하고, 비판적 사유는 논리적 연관 관계에 근거하여 행한다는 측면에서 서로 구별된다고 전제하고 논의를 전개할 것이다.

4 다른 사람의 의견이나 주장에 대해 비판적으로 검토한다고 할 경우에 용어 '비판'은 다음과 같이 부정적 의미와 긍정적 의미로 사용되고 있다.

· 부정적 : 다른 사람의 논증과 생각의 흠이나 결점을 찾아내어 적대적으로 비판하는 비난
· 긍정적 : 자비의 원리에 근거하여 합리적인 측면을 검토

  여기서 말하는 비판적 사유에서의 용어 '비판'은 칸트가 사용한 의미로서, 구별하고 한계와 범위를 설정한다는 긍정적 의미를 가지는 것으로 간주한다.

ⓐ 비판적 사유의 예 :

사유 1) 세영이는 "만족한 돼지보다는 불만족한 인간이 낫고, 만족한 바보보다는 소크라테스가 되는 것이 더 낫다."[5]라고 말하는 J. S. 밀의 공리주의 이론을 이해하기 위해 밀의 유명한 책 『공리주의(Utilitarianism)』(1863)를 도서관에서 빌려서 요리조리 따져 보고 분석하면서 읽었다.

사유 2) 지난 여름에 제주도에서 다금바리 활어회를 먹었던 희영은 제주도에서 말하는 다금바리가 생물도감의 다금바리와 다르다는 것을 발견하고는 제주도에서 가짜 다금바리 활어회를 먹었다고 생각하였다. 그러나 나중에 자신이 먹었던 것은 생물도감의 자바리이고, 제주도에서는 생물도감의 자바리를 다금바리라고 부른다는 것을 알게 되었다.

ⓑ 비판적 사유의 특성

- 의식적인 반성적 사유의 차원에서 능동적으로 행한다.
- 합리적 근거가 있는(reasonable) 사유로서, 이성(이치)에 부합하여 누구나가 납득하고 수용할 것이라고 여기는 이유를 제시하고 있다.
- 추리, 설명, 예측의 경우에는 논리적 분석을 할 수 있는 전문적 기법, 숙련된 비판적 분석, 반복된 연습이 필요하다.
- 제대로 된 비판적 분석은 다음과 같은 자비의 원리에 근거하여 진행한다.

자비의 원리

- 대화의 상대방에 관해 선입견이나 편견을 가지지 않고, 자신과 같은 합리적인 사람으로 인정한다.
- 자신의 판단에 관해 자신도 오류를 범할 수 있음을 인정한다.
- 상대방의 주장을 합리적이라고 간주하면서 숨은 전제, 함축 등을 찾아본다.

---

5 원문은 다음과 같다. It is better to be a human being dissatisfied than a pig satisfied; better to be Socrates dissatisfied than a fool satisfied. 『공리주의(Utilitarianism)』(1863), 2장.

ⓒ 의사소통에서의 비판적 분석 요소

다른 사람과 더불어 살아가는 일상생활에서 중요한 것은 언어를 통해 다른 사람을 설득하는 것과 어떤 일을 하기로 스스로 의사 결정을 하는 것이다. 이러한 언어사용에 작용하는 힘을 비판적으로 분석하는 것이 중요하다. 이때 구분해야 할 힘의 종류로 수사적인 힘과 논리적인 힘이 있다.

▶ 수사적인 힘 : 상대방이 어떤 믿음이나 욕구를 가지고 어떤 행위를 하도록 설득하려 할 때 정당한 이유를 제시하지 않고 그 주장에 사용된 표현들의 힘을 통해서만 자신의 목적을 성취하려고 시도하는 것 : 표현의 설득력에 의지 → 감정이나 강요에 호소

▶ 논리적인 힘 : 어떤 주장을 믿거나 행동하는 이유를 분명하게 제시하여 상대방을 설득하거나 자신의 의사를 스스로 결정하려고 시도하는 것 : 사람들의 비판적 사유 능력에 의지 → 이성에 호소

다른 사람을 설득하는 과정에서 자신의 의견이나 주장과 상대방이 대립하거나 불일치할 경우에 이러한 불일치의 요소를 비판적으로 분석해야 한다. 의견의 불일치에 작용하는 요소를 다음과 같이 구분할 수 있다.[6] 이러한 요소의 특성을 잘 이해하고 대처해야 한다.

▶ 믿음의 불일치(disagreement in belief) : 어떤 정보의 내용이 사실(진리)인가에 관한 믿음의 차이로 인하여 발생하는 의견의 불일치
– 명제의 참, 거짓에 관한 의견의 불일치
– 비판적 분석을 통해 정보의 사실에 관한 믿음의 차이가 사라지면 불일치

---

6 이 내용은 메타윤리학자 스티븐슨의 윤리적 일치와 불일치에 관한 구분을 원용하였다 (Charles L. Stevenson, *Ethics and Language*, Yale University Press, pp. 2-3). 김태길은 평가적 언어의 의미에 관한 스티븐슨의 입장을 소개하면서 용어 'disagreement in belief' 를 '소견의 불일치' 로 번역하였다(김태길 지음, 『윤리학』, 박영사, 2006). 여기서는 이 불일치를 명제에 대한 의견 불일치로 보아 '믿음의 불일치' 로 번역하였다.

해소 가능

예) 산타클로스가 실제로 크리스마스에 선물을 주는가에 대한 의견 충돌
    지구가 태양의 주위를 공전하는가에 관한 의견 충돌

▶ 태도의 불일치(disagreement in attitude) : 어떤 정보의 내용의 사실성이
나 진리가 아니라 이 정보를 평가하는 감정적이거나 도덕적 태도로 인하여
발생하는 의견의 불일치
- 명제적 태도[7]의 불일치
- 정보의 사실에 관한 믿음의 차이가 사라진다 해도 불일치가 해소되지 않
  을 가능성이 많기 때문에 정보에 관한 비판적 분석만으로는 불일치 해소
  가 어려워 매우 난감한 경우가 많음.

예) "산타클로스가 실제로 선물을 주지 않는다고 하는 너의 주장이 사실이라
    해도 말하는 당신의 태도가 우쭐대는 것 같아 나는 너의 주장을 받아들
    일 수 없다."고 말하는 경우
    태양이 지구의 주위를 공전한다는 것을 믿으라고 권유하는 세종대왕의
    처사가 올바른가에 관하여 의견이 불일치하는 경우

② 창의적 사유(creative thinking)[8]
• 창의적 사유가 촉발되는 중요한 계기는 어떤 상황이나 이론에 문제가 있
  음을 발견하는 것이다. 즉, 창의적 사유는 문제 상황임을 인식한 후에 이
  를 해결할 수 있는 참신하고 유용한 방향으로 모색하는 사유이다.
• 창의성의 특성은 참신성(novelty, 독창성)과 유용성(usefulness)이다. 참
  신성은 기존의 관습이나 원리, 사고의 틀을 벗어난 정도를 말하며 참신하

---

7   명제적 태도에 관해서는 뒤에 명제의 특성을 말하면서 구체적으로 설명한다.
8   참신하고 유용한 생각으로서의 창의성(creativity)과 이러한 창의적 생각을 현실적으로 이루
어 내는 것으로서의 혁신(innovation)을 구별하는 사람도 있다.

게 모색한다는 것은 기존의 것과 다른 새로운 아이디어나 혁신적인 해결
책을 고안하는 것을 말한다.

- 유용성은 기존의 이론들로부터 추론될 수 있으면서 실험이나 관찰에 의해
검증 가능하거나 실제 생활에서 사용 가능한 것을 말하며 유용한 방향은
현실 세계에서 실현 가능한 방향을 말한다.

- 일상생활에서 보통 창의적 사유라고 간주하는 다음의 경우를 생각해 보자.

> 사유 3) 스티브 잡스는 전화, 음악 재생, 사진, 인터넷 검색 등의 기능을 하나
> 의 기기에 담을 수 있는 휴대전화기 아이폰을 고안하였다.
>
> 사유 4) 아인슈타인은 광원의 운동 속도와 무관하게 빛의 속도가 일정하다는
> 이론적 결과를 생각하고 속도의 구성 요소인 시간과 거리가 빛의 속
> 도에 따라 상대적이어야 함을 생각하였다.
>
> 사유 5) 어떤 물리학자는 빛보다 빠른 속도로 이동하는 새로운 입자를 생각해
> 내어 이 입자를 '타키온(tachyon)'이라고 부르고, 이 입자를 중심으
> 로 하는 타키온 물리학 이론의 체계를 세우려고 하였다.

- 창의성은 사유 3의 경우처럼 기존의 현실적 대상들 간의 새로운 관계를 모
색하는 방향과 사유 4의 경우처럼 대상의 새로운 특성이나 성질을 발견하
거나 새로운 대상의 존재를 발견하는 방향으로 발휘된다.

- 창의적 사유의 특성인 참신성과 유용성에 관해서는 심리적인 요인이 많
은 영향을 미친다. 그래서 어떤 특정 창의적 사유에 관하여 개인에 따라
그 판단이나 정도가 다르게 나타날 수 있다. 예를 들어 스티브 잡스(Steve
Jobs)의 아이폰의 창의성에 관해서 받아들이는 사람마다 그 정도가 다르
게 나타날 수 있다.

- 사유 5의 경우가 창의적 사유인가에 관해서는 논란의 여지가 많다. 빛보다
속도가 빠른 입자 타키온을 상정하고 있다는 점에서는 참신성을 가지고
있지만 그러한 입자의 존재가 아인슈타인의 상대성 이론에 근거하여 원리
적으로 불가능하여 유용성이 없다.

- 창의적 사유는 참신성을 가지면서도 기존의 이론과 과학기술에 의해 검증되어야 하는 유용성의 측면을 가지고 전개되어야만 한다. 이러한 측면을 가지는 창의적 사유는 좀 더 세분화하여 수렴적 사유와 발산적 사유로 설명할 수 있다.[9] 수렴적 사유는 기존의 이론의 틀에서 최선의 문제 해결을 모색하는 사유이고, 발산적 사유는 기존의 이론의 틀을 벗어난 새로운 방향으로 문제 해결을 모색하는 사유이다.

ⓐ 수렴적 사유(convergent thinking)

- 기존의 주어진 지식 내용과 범위 내에서 가능한 여러 해결책이나 해답들을 열거하고 이 가운데 최종적으로 가장 적합한 해결책이나 답을 모색하는 사유 방식이다.
- 기존의 지식 범위와 내용에서 가장 최선의 소수의 합리적인 대안들을 찾는다.
- 유용성의 측면을 중시하고, 기존의 지식들을 100% 활용한다.
- 논리와 비판적 사유 방식이 중심적인 역할을 한다.

ⓑ 발산적 사유(divergent thinking)

- 기존의 주어진 지식 범위나 내용을 벗어나 이로부터 미리 예측되지 않거나 결정되지 않은 다양한 해결책이나 해답을 모색하는 사유 방식이다.
- 참신성의 측면을 중시하고, 기존의 지식 범위와 내용을 벗어나 가능할 수

---

9 이 개념은 지능 측정 심리학자 길퍼드(J. P. Guilford)의 『지능 구조 이론(Structure of Intellect theory)』(1955)에서 빌려 왔다. 길퍼드는 지능 구조가 6개의 운용 과정으로 전개된다고 하면서 4번째 단계로서 발산적 생산 과정을, 5번째 단계로서 수렴적 생산 과정을 제시하고 있다. 그는 발산적 과정을 하나의 문제에 대한 여러 해결책을 만들어 낼 수 있는 능력, 창의성이라고 설명하고 있고, 수렴적 과정을 하나의 문제에 대한 단일한 해결책을 연역해 내는 능력이라고 말하면서 규칙 따르기나 문제-해결이라고 말하고 있다. 이러한 길퍼드의 설명에는 비판적 사유의 과정이 드러나지 않는다. 여기서는 창의적 사유와 비판적 사유를 구분하고, 문제 상황을 인지하는 차원에서의 사유를 비판적 사유로, 그러한 문제 상황을 해결하려는 차원에서의 사유를 창의적 사유로 구분한다. 그리고 창의적 사유가 구체적으로 운용되는 측면에서 수렴적 사유와 발산적 사유를 구분하면서 이러한 구분의 맥락에 맞추어 길퍼드의 개념을 재정의하여 사용한다.

있는 많은 대안들을 찾는다.

- 주관적인 신념이나 종교에 근거하는 등 상상할 수 있는 모든 방향으로 생각한다. 개방적이고 순간적인 영감을 많이 필요로 하며, 자유로운 상상력, 꿈, 종교적 신념 등이 중요한 역할을 할 수 있다.
- 상상력이 중심적인 역할을 한다.

ⓒ 수렴적 사유와 발산적 사유[10]
- 창의적 사유의 전개는 유용성을 중시하는 수렴적 사유에 의해 촉발되거나 참신성을 중시하는 발산적 사유에 의해 촉발될 수 있다. 그러나 수렴적 사유에서 촉발되었으나 발산적 사유로 전개되지 못한 사유, 발산적 사유에서 촉발되었으나 수렴적 사유의 지지를 받지 못해 과학 이론으로 수용되지 못하는 경우 등이 있다.

▶ 수렴적 사유에서 촉발되어 발산적 사유로 전개된 창의적 사유

멘델레예프의 주기율 발견

멘델레예프는 『화학의 원리』를 쓰기 위해 여러 가지 자료를 모아 연구하는 동안 화학원소의 성질 사이에 비슷한 양상이 존재한다는 점을 발견하였다. 멘델레예프는 당시에 알려진 63개의 원소를 카드로 만들어서 원소의 이름과 성질을 기록했다. 이어 그 카드를 실험실의 벽에 핀으로 꽂아 모아 놓고 그가 모은 자료를 다시 검토했다. 그리고 원소들의 성질을 비교해 비슷한 것을 골라 원소의 카드를 다시 벽에 꽂았다. 그랬더니 원소의 성질이 놀랄 만큼 원자량과 관련되어 있다는 점이 밝혀졌다. 멘델레예프는 같은 성질을 갖는 원소가 주기적으로 나타난다는 점을 확인한 후 원소의 성질을 원자량의 주기적인 함수라고 가정했다. 그는 그것을 근거로 원소들을 원자량의 순서대로 배열해 하나의 일람

---

10 쿤은 창의적 사유의 전개에서 수렴적 사유와 발산적 사유의 관계를 본질적 긴장(essential tention)의 관계라고 표현하고 있다(Thomas S. Kuhn, *The Essential Tension*, The University of Chicago Press, 1977, p. 226). 이에 관해서 우리말로 아주 쉽게 개략적으로 설명한 부분은 이상욱 지음, 『과학은 이것을 상상력이라고 한다』(휴머니스트, 2019), pp. 70-2를 참조.

표를 만들기 시작했다. 그리고 멘델레예프는 1869년 3월 6일에 러시아 화학회에서 「원소의 구성 체계에 대한 제안」이라는 논문을 발표하면서 원자량의 순으로 배열한 원소의 성질이 주기적으로 변화한다는 가설을 근거로 하여 당시 알려져 있던 원소들 사이의 관계를 명쾌하게 설명하였다. 이것이 오늘날 과학에서 널리 사용되고 있는 멘델레예프 주기율표이다. 이 주기율표는 당시의 화학자들에게 나침반의 역할을 담당했고, 실제로 갈륨(Ga), 스칸듐(Sc), 게르마늄(Ge) 등과 같은 새로운 원소들이 속속 발견되어 주기율표의 빈자리를 채웠다.

▶ 수렴적 사유에서 촉발되었으나 발산적 사유로 전개하지 못한 사유

마이켈슨-몰리 실험

마이켈슨-몰리 실험은 마이켈슨(Albert Michelson)과 몰리(Edward Morley)가 1887년 당시 빛의 매질이라고 생각되던 에테르의 존재 유무를 확인하고, 만약 존재할 경우 에테르와 지구 사이의 상대속도 측정을 하기 위해 마이켈슨 간섭계(초고감도 광학간섭계)를 이용하여 진행한 실험이었다. 이 실험은 지구가 태양의 주위를 돌 때 이 움직이는 에테르에서의 빛의 속도 변화를 관측하려는 실험이다. 많은 기대에도 불구하고 빛의 속도 변화는 관측되지 않았는데 이를 광속불변 현상으로 간주하지 못하였다. 광속불변은 이후에 아인슈타인이 특수상대성이론을 만드는 중요한 토대가 되었다.

▶ 발산적 사유에서 촉발되어 수렴적 사유로 전개된 창의적 사유

베게너의 대륙이동설

독일의 기상학자인 베게너(A. L. Wegener)가 주장한 이론으로서, 지구의 대륙이 약 3억년 전 하나의 초대륙(판게아)을 이루고 있다가 고생대 말과 중생대 초에 걸쳐 분열하기 시작하여 현재와 같은 모양의 대륙 분포를 이루었다는 이론이다. 이 이론은 남아메리카의 동해안과 아프리카의 서해안의 모양이 잘 짜

여 맞춰질 수 있게 보인다는 점에 착안하여 나왔다. 서로 멀리 떨어져 있어 자연환경이 서로 다른 남극 대륙·오스트레일리아·남아메리카·남아프리카에서 같은 식물 화석이 분포한다는 점과 열대 지방에서 발견되는 석탄층이 남극 대륙에서 발견된다는 점, 멀리 떨어져 있는 서로 다른 대륙에 있는 북아메리카의 애팔래치아 산맥과 스코틀랜드의 칼레도니아 산맥의 지질 구조가 연속적으로 연결된다는 점 등이 대륙이동설을 지지하는 증거로 제시되었다. 베게너의 이러한 대륙이동설은 아주 큰 대륙을 이동시킬 수 있는 힘의 근원을 설명하지 못하여 지질학자들로부터 지지를 받지 못하였지만 1950년대에 등장한 고지자기학과 판구조론에 근거하여 1960년대에 과학 이론으로 수용되었다.

▶ 발산적 사유에서 촉발되었으나 수렴적 사유의 지지를 받지 못한 사례

영구기관(perpetual mobile)

영구기관은 영구히 일을 계속할 수 있는 가공의 동력 기관을 말하며, 에너지 공급을 받지 않고 일을 계속할 수 있는 제1 종 영구기관과 단 하나의 열원(熱源)으로부터 열(량)을 흡수하여 이것을 그대로 일로 계속 바꾸는 제2 종 영구기관이 있다.
열역학 이론이 등장하기 전에 발산적 사유에 의해 촉발되어 여러 사람들이 주장하였다. 특히 제2 종 영구기관의 가능성 여부에 대해 많은 논의가 있었으나 실험적 결과와 나중에 등장한 열역학 제2 법칙에 의해 불가능한 것으로 밝혀졌다.

- 창의적 사유의 전개는 수렴적 사유에서 촉발될 수 있고 발산적 사유에서 촉발될 수도 있다. 그런데 발산적 사유의 측면에서 참신성의 정도가 높다 하더라도 유용성을 가지고 있지 않으면 창의적 사유가 될 수 없다. 그래서 참신성의 정도는 높으나 유용성이 없는 발산적 사유는 공상적 사유라고 할 수 있다.
- 이러한 공상적 사유를 창의적 사유로부터 구별하는 데 중요한 역할을 하는 것이 수렴적 사유의 과정이다. 엉뚱한 상상력에서 나온 공상적 사유에는 유용성이 없으며 이러한 유용성에 관한 판단은 수렴적 사유에 근거하

고 있다. 그래서 엉뚱한 상상력에서 나와 참신성의 정도는 매우 높을지라도 수렴적 사유의 과정에서 지지를 받지 못하는 사유는 공상적 사유가 된다. 예를 들어 타임머신은 공상적 사유이다.

타임머신

과거나 미래로의 시간 여행을 가능하게 만드는 기계로서 웰스(Herbert George Wells, 1866~1946)의 소설에 처음 등장하였다. 과학 공상 소설에서 자주 등장하며, 과거로의 여행에서 현재의 여행자와 이 여행자의 과거 존재가 동시에 존립하게 되는 타임 패러독스가 나타나게 된다. 타임머신은 현실적으로 가능하지 않은 것으로 간주되고 있다.

- 어떤 창의적 사유는 그 당시의 유용성 수준에서 수렴적 사유로 진행하지 못하다가 후대의 기술 발전에 근거한 수렴적 사유의 과정에서 지지 받아 과학 이론으로 인정받는 경우들이 있다. 예를 들어 케플러의 제3 법칙이다.

케플러의 제3 법칙

공전주기와 공전 반경의 관계에 관한 케플러의 제3 법칙(조화의 법칙)은, 티코 브라헤의 관측 자료들에 근거하여 제시되었던 그의 제1 법칙, 제2 법칙과 달리 그 당시에는 수렴적 사유에 의해 지지를 받을 수 없었다. 왜냐하면 케플러는 정다면체에 내·외접하는 천구의 거리에 근거하여 행성의 공전주기의 제곱과 그 공전의 타원궤도의 장반경의 세제곱이 일정하다는 것을 계산하였기 때문이다. 정다면체에 내외접하는 천구의 거리는 관찰에 의해 검증될 수 없었다. 그러나 이 법칙은 뉴턴의 세 운동 법칙과 만유인력으로부터 증명될 수 있다는 것이 밝혀지면서 창의적인 과학 이론으로 인정받았다.[11]

---

11 케플러의 제3 법칙이 뉴턴의 운동 법칙들과 만유인력으로부터 연역적으로 증명되는 과정은 다음의 사이트를 참조할 것. "Kepler's Laws of Planetary Motion and Newton's Law of Universal Gravitation" in https://www.math.ksu.edu/~dbski/writings/planetary.pdf

- 창의적 사유의 전개에 관한 사례를 통해, 우리는 수렴적 사유가 창의적 사유의 정당화에서 중심적인 역할을 한다는 것을 알 수 있다. 왜냐하면 수렴적 사유의 전개 과정에 근거하여 공상적 사유와 창의적 사유가 구별될 수 있고, 수렴적 사유의 전개 과정에서 지지를 확보하지 못한 발산적 사유는 창의적 사유로 인정받을 수가 없기 때문이다.

- 다음의 경우들에 관해서 수렴적 사유에서 촉발되어 창의적 사유가 되었는지 아니면 발산적 사유에서 촉발되어 창의적 사유가 되었는지 분석해 보자.

1】잡스의 아이폰 제작
2】앨런머스크의 전기자율주행 자동차 테슬러
3】앨런머스크의 화성왕복선 개발
4】농구하는 지능형 로봇
5】교통카드

- 위 경우들을 분석해 보면[12] 수렴적 사유에서 촉발된 창의적 사유인지, 발산적 사유에서 촉발된 창의적 사유인지를 분명하게 구별하여 말할 수 없는 경우가 많다. 즉 창의적 사유를 촉발시킨 것이 수렴적 사유인지, 발산적 사유인지 그 경계선을 분명하게 그을 수 없는 경우가 많다. 그렇다 하더라도 창의적 사유는 기존의 이론이나 규칙에서 벗어난 참신성과 유용성을 가진 사유이고, 이 사유가 공상적 사유로 끝나지 않기 위해서는 유용성이 중심 역할을 하며, 이 유용성에서 수렴적 사유가 중심 역할을 한다는 것을 알 수 있다.

12　위 경우들을 각각 분석해 보면, 1】잡스의 아이폰 제작 : 수렴적 사유에서 촉발한 창의적 사유, 2】앨런머스크의 전기자율주행 자동차 테슬러 : 수렴적 사유에서 촉발한 창의적 사유, 3】앨런머스크의 화성왕복선 개발 : 발산적 사유에서 촉발하였는지 수렴적 사유에서 촉발하였는지 구분하기가 어려움, 4】농구하는 지능형 로봇 : 발산적 사유에서 촉발하였는지 수렴적 사유에서 촉발하였는지 구분하기가 어려움, 5】교통카드 : 발산적 사유에서 촉발하였는지 수렴적 사유에서 촉발하였는지 구분하기가 어려움.

③ 비판적 사유와 수렴적 사유(창의적 사유)

- 창의적 사유는 종전의 사고의 틀을 벗어나 기존의 이론이나 규칙을 깨뜨리는 것을 요구하지만, 비판적 사유는 종전의 사고의 틀에서 기존의 이론 습득과 이해에 집중하기 때문에, 언뜻 보면 비판적 사유가 창의적 사유를 방해한다고 생각할 수 있다.

- 창의적 사유에서의 수렴적 사유는 기존의 이론과 지식 범위 내에서 가능할 수 있는 최선의 문제 해결책을 모색하는 사유이다. 이러한 모색 과정은 기존의 이론들과 지식의 내용을 꼼꼼하게 따져보고 그 정당성을 판단한다. 이러한 분석과 판단에서 선천적 지능보다는 논리적 분석과 판단을 그 중심 임무로 하는 비판적 사유의 방식이 가장 중요한 역할을 한다.[13]

- 이렇게 보면 개념이나 명제에 의해 사유들의 논리를 분석하면서 그 정당성을 평가하는 비판적 사유가 수렴적 사유에서 중요한 역할을 하고 있다. 그래서 창의적 사유를 제대로 하기 위해서는 비판적 사유에 대한 이해와 훈련이 매우 중요하다.

- 또한 타인을 설득하거나 자신의 의사를 결정하는 일이 다반사인 일상생활에서도 비판적 사유에 대한 이해와 훈련이 매우 중요하다. 이러한 비판적 사유에서 논리적 분석과 평가가 중요한 역할을 한다. 그러므로 일상생활 논리를 이해하는 것이 필요하다.

I.3.2 사유와 언어

언어 불신의 입장과 언어 신뢰의 입장

주관적으로 작용하고 사밀한 내용을 가진 사유를 객관적이고 공개적으로 분석하기 위해서는 그 사유의 내용을 공개화하고 객관화시켜야 한다. 이러한 과

---

13 지능과 창의성이 상호 의존적인지 아니면 독립적인지에 관해서 많은 논의가 있었다. 그런데 Getzels, J. W., & Jackson, P. W., *Creativity and intelligence: Explorations with gifted students*(Oxford, England: Wiley, 1962)에 따르면 지능지수가 높은 학생이라고 해서 반드시 창의적인 발산적 사유를 잘하는 것은 아니다.

정에서 중심적인 역할을 하는 것이 언어이다. 그러나 사유와 언어의 관계에 대해서 언어가 사유를 완전하게 표현할 수 없다는 언어 불신의 입장과 언어가 사유를 완전하게 표현할 수 있다는 언어 신뢰의 입장이 있다.[14]

20세기 이전에는 전통적으로 언어가 사유를 완전하게 표현할 수 없다고 하는 언어 불신의 입장이 매우 강하였다. 언어에 대한 이러한 불신은 다음과 같은 일상생활 태도에서 강하게 나타나고 있다.

언어 불신의 입장

생각은 많이 했는데 이것을 글로 표현하려니 매우 어렵다고 간주한다. 언어와 사유의 범주가 다르니, 원리적으로 사유 내용을 언어가 다 포용하거나 표현할 수 없다고 간주한다.

예) 베이컨(F. Bacon)의 4가지 우상 중 '시장의 우상'

- 이러한 불신의 근저에는 근본적으로 언어가 사유를 완전하게 표현할 수 없다는 생각이 자리잡고 있다.
- 20세기에 와서 언어와 사유의 외연은 동일하다는 비트겐슈타인의 입장[15]이 널리 받아들여지면서 언어 신뢰의 입장이 철학계를 지배하게 되었다. 이러한 신뢰의 입장은 언어가 사유를 완전하게 표현하며 사유에 대한 수용할 만한 분석은 언어로 명료하게 표현된 사유로 국한시키는 태도를 취

---

14 언어 불신의 입장을 사유 우선의 입장, 언어 신뢰의 입장을 언어 우선의 입장으로 생각할 수 있다. 사유 우선의 입장은 언어로 표현될 수 없는 사유가 있으므로, 언어만으로는 사유를 완전하게 분석할 수 없다는 심리주의 입장이다. 이에 반해 언어 우선의 입장은 언어로 표현될 수 없는 사유는 진정한 의미의 사유가 아니기 때문에 학문적 관심이나 논의의 대상이 될 수 없다는 입장이다.

15 비트겐슈타인은 『논리철학논고(Tractatus Logico-Philosophicus)』(1922)에서 "5.6 나의 언어의 한계들은 나의 세계의 한계들을 의미한다. 5.61 논리는 세계를 가득 채우고 있다; 세계의 한계들은 또한 논리의 한계들이기도 하다. … (중략) … 우리가 생각할 수 없는 것을 우리는 생각할 수 없다; 따라서 우리는 또한 우리가 생각할 수 없는 것을 말할 수도 없다."라고 말하고 있다. 이는 언어의 한계가 사유의 한계임을 말하고 있다.

한다.

- 이러한 언어 신뢰의 입장은, "생각은 명료하게 잘 떠올리고 있는데 이를 언어로 표현하기 어렵다고 하는 말은 상충하는 비합리적인 말이며, 그래서 언어로 표현할 수 없는 사유는 진정한 의미의 사유가 아니다."라고 간주한다.

- 언어 신뢰의 입장에서 보면, 명료하게 사유한다는 것은 애매모호하지 않게 언어로 명료하게 표현하는 것을 말한다. 언어로 명료하게 표현하기 위해서는 어휘의 의미를 애매모호하지 않게 하고 언어의 사용 규칙(문법)을 명료하면서도 엄밀하게 적용해 사용해야 한다.

• 어휘 의미의 명료화 : 정의(definition)를 통해
• 사용 규칙의 명료화 : 문법(grammar)과 논리(logic)의 명확화를 통해

인공언어와 자연언어

사유를 표현하는 언어에는 인공언어와 자연언어가 있다.

• 인공언어(artificial language) : 어떤 특정한 사용 목적을 위해 인공적으로 고안한 어휘와 문법을 사용하여 의사소통을 하는 언어로서 규칙이 명시적으로 엄밀하게 규정되어 있다.

예) 암호, 모스 부호, 기호논리학, 컴퓨터 언어 등

• 자연언어(natural language) : 자연적으로 습득한 어휘와 문법을 사용하여 의사소통을 하는 언어로서 규칙이 명시적으로 엄밀하게 규정되어 있지 않다.

예) 일상 언어

일상생활 논리는 일상생활에서 의사소통하면서 논리적으로 전개하는 사유를 분석하기 때문에 자연언어인 일상 언어로 표현된 논증을 논리적으로 분석한다. 일상생활 논리를 분석하고 그 타당성을 검사하는 일상생활 논리학은 자연언어

인 일상 언어로 표현된 논증이 분석의 대상이다.

I.3.3 컴퓨터와 사유

- 언어가 문법과 어휘로 구성되어 사용되고 있다면 인류 전체가 하나의 언어로 의사소통을 할 수 있도록 인공적으로 문법과 어휘를 만들어 사용하는 보편 언어를 창안하여 생각할 수 있다. 이러한 생각을 처음 떠올린 사람은 라이프니츠로, 이를 구상하고 시도하였지만 이 당시에는 구체적으로 나타나지 않았다.
- 이후 1887년에 폴란드 의사 라자로 루드비코 자멘호프가 보편 언어의 방향으로 생각하면서 구체적인 언어로 제시한 것이 에스페란토어(Esperanto)이다. 아직도 많은 사람들이 이 언어를 발전시키고 사용을 장려하기 위해 국제단체를 결성하는 등 적극적으로 활동하고 있다. 이러한 언어는 일상 언어생활에서 의사소통의 보조 역할을 하고 있다.
- 보편 언어의 방향과는 다르게 인공언어인 기호논리학이 등장하였다. 기호논리학은 19세기 중반에 비유클리드 기하학으로 촉발된 수학기초론의 등장으로 프레게, 러셀 등의 논리주의(logicism)에 근거하여 등장하였다. 이러한 기호논리학은 인공언어로서 통상적인 언어 체계처럼 어휘와 문법의 체계를 가지고 있다.
- 1950년대에 사유와 언어의 외연이 동일하다면, 인공언어도 언어이기 때문에 인공언어로 운용되는 컴퓨터에 대해서도 "자연언어를 사용하는 인간과 같은 사유를 할 수 있지 않겠는가?"라는 문제를 튜링이 제기하고 다루었다.
- 1980년대에 카메라, 언어 인지 등의 고기능센서가 개발되면서, 컴퓨터의 단순한 언어 사용뿐만 아니라 인공지능도 가능한가에 관한 논의가 나타났다. 소위 인공지능에 관한 논의이다. 이 인공지능에 관한 논의는 단순히 언어 사용에 관한 것뿐만 아니라 인간처럼 지각하여 사유할 수 있는가, 사유할 수 있다면 어느 정도 수준까지 가능한가에 관한 논의로 널리 나타나게 되었다.
- 이러한 인공지능에 관한 논의를 컴퓨터가 인간처럼 사유할 수 있는가에

관한 문제로 국한시켜 생각해 보면 다음과 같은 여러 측면에서 생각할 수 있고 그에 관한 찬성과 반대의 입장을 살펴볼 수 있다.

형식적인 운용의 측면

인간의 언어 체계는 형식적인 측면에서 문법과 어휘들로 구성되어 운용되고 있다. 일상생활에서 인간이 사용하는 일상 언어와 컴퓨터가 자료 처리에서 사용하는 인공언어는 모두 문법과 어휘로 구성되어 운용되는 언어 체계이다. 이러한 운용의 형식적 측면에서 인공언어를 사용하여 입력자료들을 처리하는 컴퓨터가 일상 언어를 사용하여 사유하는 인간처럼 사유한다고 간주할 수 있는가에 관해서 나타난 논의이다.

찬성 튜링 :

인간의 사유는 언어에 의해 표현되고 전개된다. → 언어의 사용은 형식적인 문법에 의해 운용되고 있다. → 인공언어는 형식적 문법에 의해 운용되는 언어이다. → 인공언어의 문법은 형식적 규칙으로서 공리 체계에 근거한 알고리즘이다. → 컴퓨터의 작동은 인공언어로 된 운용 시스템(operation system)에 근거하고 있다. → 자연언어에 의해 운용되는 인간의 사유와 인공언어에 의해 운용되는 컴퓨터는 언어의 형식적인 운용 체계의 측면에서는 구별될 수 없다. → 언어 사용과 사유의 외연이 동일하다는 관점에서 보면 컴퓨터도 사유한다고 볼 수 있다. 튜링은 '생각하다(think) = 계산 가능하다(be computable)'로 간주한다면, 이러한 계산 기능을 발휘함을 '지능이 있음(having intelligence)'으로 간주하자고 말한다.

반대 루카스 :

컴퓨터는 공리 체계에 근거한 알고리즘으로 작동하지만, 인간의 사유는 공리 체계 방식으로 진행하지 않기 때문에 컴퓨터는 인간과 같이 사유할 수 없다.

루카스 이론

철학자 존 루카스(John Lucas)는 괴델의 불완전성 정리를 이용하여 "기계는 인간과 같이 생각할 수 없다."고 주장하였다. 괴델의 불완전성 정리에 따르면 산수의 형식 체계에는 이 형식 체계가 무모순일지라도 참이면서도 증명도 반증도 불가능한 명제가 존재하게 된다(제1 불완전성 정리). 또한 그 형식 체계에서는 그 체계가 무모순이라는 것을 증명할 수가 없다(제2 불완전성 정리).

루카스는 이러한 괴델의 불완전성 정리에 기초하여 컴퓨터와 같은 기계가 하는 것은 형식 체계에서의 증명 과정과 같은 것이라고 생각한다. 컴퓨터는 주어진 프로그램에 따라 입력값을 계산하고 출력값을 산출한다. 형식 체계에서 한 논리식(명제)을 증명하는 것은 공리로부터 추론 규칙과 대입 규칙을 적용함으로써 기호들을 조작하고 변형하는 일련의 과정을 거쳐서 논리식에 도달한다는 것을 의미한다. 따라서 기계는 산수의 형식 체계에서 어떤 문장을 증명하는 것에 해당하는 일만을 할 수 있다.

그런데 우리 인간은 괴델의 불완전성 정리를 통해 산수의 형식 체계에는 참이지만 증명 불가능한 문장이 있다는 것을 알고 있다. 이렇게 산수의 형식 체계에서 참이면서 증명 불가능한 문장을 '괴델 문장'이라고 부르는데, 우리 인간은 괴델 문장이 참이라는 것을 알고 있다. 반면에 기계는 괴델 문장이 참이라는 것을 알 수 없다.

루카스의 주장은 마음이 기계로 설명될 수 있다는 주장이 잘못되었다는 것을 보여 준다. 다시 말해 인간 정신의 능력은 어떤 기계의 능력도 능가한다는 것을 주장한다. 따라서 정신과 기계는 본질적으로 다르며, 어떤 기계도 정신의 적절한 모델이 될 수 없다고 주장한다. 이는 인간 정신의 기능이 형식적인 알고리즘과 동등할 수 없다고 주장하는 것이다.[16]

언어 소통과 같은 기능적인 측면

컴퓨터가 인간과 언어 소통을 원활하게 할 수 있을 경우에 그 컴퓨터는 인간처럼 사유한다고 간주할 수 있는가에 관한 기능적인 측면에서 나타난 논의이다.

---

16 박정일 지음, 『튜링 & 괴델 : 추상적 사유의 위대한 힘』, 김영사, 2010.

찬성 튜링 :

인간과 언어 소통을 할 수 있을 정도로 언어 사용을 흉내 낼 수 있으면 그 기계는 사유의 기능이 있다고 간주하자는 입장이다. 이러한 기능을 보여 주기 위해 고안한 것이 튜링의 소위 흉내 내기 게임(imitation game)이다.

- 튜링의 언어 흉내 내기 게임
- 튜링의 전제 : 생각하다(think) = 인공언어로 된 알고리즘에 의한 운용 (computable) = 지능을 가짐(intelligence)
- "컴퓨터가 알고리즘에 의해 인간의 언어 사용을 흉내 낼 때, 이러한 흉내가 실제 사람의 언어 사용과 구별하기 어려우면 인간처럼 사유한다고 간주하자."
- 이러한 테스트를 할 수 있는 튜링 머신 제안 → 튜링 검사

▶ 튜링 검사 : 사유함(지능)을 검증하는 방법 - 언어 사용 흉내 내기 게임

튜링 머신

1950년에 앨런 튜링(1912~1954)은 '기계가 생각할 수 있을까?' 라는 문제를 제기하고 이를 검증할 수 있는 테스트 방법을 고안하였다. '생각한다' 는 것을 검증할 수 있는 테스트는 사유의 특성상 공개적이고 객관적으로 이루어질 수 없기 때문에 행동주의적 관점에서 출발하였다. 이러한 테스트 방법으로 튜링이 고안한 것이 소위 '튜링 검사' 로 이 검사를 통해 기계가 지능을 가졌는가의 여부를 검증할 수 있다는 것이다. 이 검사는 지능에 대해 상대적으로 이루어지는 비교 검사의 방법을 사용하고, 검사의 결과에 대해 통계적으로 결론을 내려 판단을 한다.

검사는 지능 판정관들, 출입이 통제된 두 개의 방, 기계와 진짜 사람으로 진행한다. 먼저 기계와 인간은 접촉이 불가능한 각 방에 있다. 판정관과 방 안의 기계, 판정관과 방 안의 인간과의 대화는 키보드를 통해 문자로 된 질문과 대답을 주고 받는 형태로 이루어진다. 방 안의 인간과 기계는 자신이 진짜 인간이라고 판정관을 설득하기 위해 각자 최선을 다해 질문과 대답에 응한다. 판정관은

인간처럼 진정한 지능을 가진 존재만이 대답할 수 있는 여러 질문들을 던지고 이에 대한 답변들을 종합적으로 판단하여 어느 방에 있는 존재가 진짜 인간인지를 결정한다. 판정관이 기계를 선택하면 적어도 기계는 인간이 가지고 있는 지능을 가진 것으로 인정하는 것이다. 통계적으로 판정관들 중에서 30% 이상이 기계를 선택하면 그 기계는 지능을 가진 것으로 보자는 제안이 유력하다.

이러한 튜링 검사는 인간의 지능을 얼마나 잘 흉내 내는가에 따라 기계의 지능을 판단한다. 또한 제시한 질문에 대해 지능을 가지고 있음을 보여 주는 답변은 하나 이상이 될 수 있기 때문에, 특정 하나의 기계가 튜링 검사를 통과했는가의 여부는 여러 번의 테스트를 거쳐야만 한다. 그리고 이 결과를 통계적으로 처리하여 '평균적으로' 기계가 인간보다 성적이 좋은 경우만을 고려한다. 그런데 특별히 '기계적인' 답변을 선호하는 성향을 가진 인간 판정관과 짝지어질 경우에 그 기계는 우연히 한번에 튜링 검사를 실제로 통과할 수도 있다.

반대 설 :

형식적인 공리 체계와 같은 인공언어로 운용되면서 인간의 언어 사용을 흉내 낼 수 있다고 해도, 이러한 언어 사용은 의미를 전달하는 언어 소통이 아니다. 의미가 언어의 중요한 본질적 측면인데 의미를 모르고 단순히 통사적 규칙에 의해서만 작동하는 기계의 단순한 언어 사용 흉내 내기는, 의미를 알고 전달하는 인간의 언어 사용과는 구별되어야 한다.

- 언어 사용을 흉내 내는 컴퓨터가 실제 인간의 언어 사용과 동일시할 수 있는 기준으로서 튜링 검사를 통과하면 컴퓨터도 인간과 같이 사유하는 것으로 간주하자고 하는 입장에 대해 반대하는 대표적인 사람이 미국 철학자 설(John Searle)이다. 반론을 위해 고안한 것이 그의 유명한 '중국어 방(Chinese room)'이라는 사고실험이다. '중국어 방' 실험은 설이 튜링 검사로는 기계의 인공지능 여부를 판정할 수 없다는 것을 논변하기 위해 고안한 사고실험이다.

> **중국어 방**
>
> 어떤 방에 중국어를 전혀 모르는 프로그래머와 튜링 검사를 거친 인공지능 프로그램을 장착한 컴퓨터가 있다. 또 다른 방에는 중국어 원어민이 있다. 이 사람들은 키보드를 통해서만 중국어로 대화를 한다. 중국어 원어민이 중국어 한 문장을 입력하면 다른 방 안의 프로그래머는 가지고 있는 인공지능 프로그램을 돌려, 중국 문자 형태와 통사적 규칙에 따라 형성된, 적절한 중국어 문장을 완성해서 중국어 원어민에게 제시한다. 이 프로그램은 튜링 검사를 통과했으므로 중국어 원어민은 이 방 안에 중국어를 잘 구사하는 사람이 있다고 생각할 것이다. 그러나 방 안의 프로그래머는 중국 문자의 형태조차도 알지 못하며 중국어를 전혀 알고 있지 않지만 중국어 원어민과 대화를 할 수 있다. 이러한 일이 가능한 것은 튜링 검사를 통과한 인공지능 프로그램 덕분이다.
>
> 중국어 원어민은 방 안에 중국어를 잘 알고 이를 구사할 수 있는 사람이 있다고 생각하겠지만 실상 프로그래머는 중국어 문자나 문장을 전혀 알고 있지 못하다. 그래서 중국어로 대화를 완벽하게 한다고 해도 방 안의 프로그래머와 인공지능 프로그램이 중국어를 정말로 알고 있는지는 알 수가 없다. 따라서 언어 사용의 기능적 측면만을 보고 기계가 생각하고 있고 지능을 가졌다고 판단하는 튜링 검사에 근거해서는, 정말로 기계가 생각을 하고 있고 지능을 가지고 있는 것인지 아니면 단순히 프로그램에 의해 저장된 답변을 하는 것인지는 알 수 없다.

설의 중국어 방 실험은 언어 사용의 의미론적 측면을 강조하는 사고실험이며, 인간의 언어 사용에서 기능을 구사하는 통사적 측면보다는 의미가 매우 중요하다는 것을 논변하고 있다.

사유의 본질적 측면(이성에 의한 반성적인 사유의 측면[17])

인간의 사유에는 감성에 의한 직관적 사유와 이성에 의한 반성적 사유가 있

---

17 물론 반성적으로 행하는 의식(the conscious)이 사유의 본질인가에 관해 의문을 던질 수 있다. 이 문제는 여기서 논하고 있는 문제와는 성격이 다르다. 이에 관해서는 Copeland J., *Artificial Intelligence : A Philosophical Introduction*, Blackwell, Chicago, 1993, pp. 33-50을 참조할

으며, 자의식(자각)으로서의 반성적인 사유가 사유의 본질이라고 철학자들은 간주하고 있다. 현재 상태에서 보면 컴퓨터가 직관적 사유에서는 인간보다 더 나은 수준[18]에서 감지할 수 있는 부분이 있으나, 반성적인 사유에서는 이를 원리적으로 컴퓨터가 행할 수 있는가, 즉 자각이 가능한가에 대해 철학자들이 논의를 제기한다.

찬성 강한 인공지능주의자[19] :

컴퓨터는 사용 용량과 기능을 개선하면[20] 언어 사용뿐만 아니라 인간의 사유를 모두 흉내 낼 수 있다.

반대 철학자 :

인간 사유의 본질은 이성적인 반성적 사유로서의 자의식인데 컴퓨터는 이러한 자의식(자각)을 원리적으로 행할 수 없다. 따라서 컴퓨터는 인간의 사유를 제대로 흉내 낼 수 없다.

것. 여기서 코플랜드는 튜링 검사에 대해서도 비판적인 입장을 취하고 있다. 예를 들면 침팬지나 돌고래도 튜링 검사를 통과할 수 없고, 튜링 검사는 의미론적 측면을 고려하지 않았다는 등의 비판을 하고 있다.

　반성적 사유의 측면에서 인공지능을 많이 비판하는 내용이 윤리적인 측면에서 인공지능이 과연 도덕적 책임을 담당할 수 있는가에 관한 것이다. 그러나 이 문제는 도덕적 책임에 대해 어떻게 윤리적으로 판단할 수 있는가에 관한 문제가 먼저 정리되어야만 논할 수 있다. 그러나 이에 관한 윤리적 문제는 하나의 입장으로 거의 정리될 수 없을 것이다. 따라서 인공지능에 대한 윤리적 문제들을 대중적으로 강연하는 사람들의 주장을 보면 이러한 점을 간과하고 있는 경우가 대부분이다.

18　인간보다 더 멀리, 더 많은 것을 보고 더 빠른 속도로 감지하는 경우를 말한다.

19　여기서 말하는 강한 인공지능주의자는 설의 '강한 인공지능(strong AI)' 개념을 유물론적으로 더 강화시켜 사용하는 사람들을 말한다. 이 사람들은 인간의 생활을 도와주는 도구로서의 컴퓨터뿐만 아니라 인간과 똑같이 사유할 수 있는 컴퓨터가 가능하다고 주장한다. 이들의 입장에서는 인간의 사유는 복잡한 프로그램에 불과하며, 인간과 같은 사유를 하는 인공 의식까지 가능하다고 본다.

20　어떤 사람은 양자 컴퓨터가 그러한 흉내를 낼 수 있을 것이라고 말하기도 한다.

- 컴퓨터가 흉내 내기 게임에 의해 사유를 흉내 낼 수 있다고 말할 수는 있어도 의미를 표상하지 못하고, 반성적 사유를 의식할 수 있는 자각(자의식)을 할 수 없기 때문에 인간이 행하고 있는 진정한 의미의 사유(반성적으로 행하는 이성적 사유)를 할 수 있다고 말할 수 없다.
- 만약 컴퓨터가 반성적으로 사유할 수 있는 자의식을 가지고 있다면, 즉 프로그램의 운용을 자각할 수 있다면, 단순한 기계 학습이나 딥러닝의 차원이 아니라 자신의 기계적 운용의 부족함을 보완하는 데 필요한 점이나 프로그램을 반성적으로 자각하여 스스로 프로그래밍할 수 있어야만 한다. 그런데 컴퓨터가 이렇게 할 수 있는가에 대해 긍정적으로 생각하는 사람은 거의 없다.[21]
- 강한 인공지능주의자들의 주장처럼 컴퓨터의 저장 용량을 인간의 두뇌 저장 용량 정도로 확장하고 또 프로그램과 하드웨어의 기능을 증진하여 이 컴퓨터를 '인간의 지능을 흉내 내는 컴퓨터'로서 '인간의 지능을 갖춘 컴퓨터'라고 해석할 수 있다 할지라도, 주어진 형식적인 공리 체계에 따라 수행되는 프로그램과 기계장치만으로는 반성적으로 사유하는 자의식(자각)을 흉내 낼 수가 없다.

지능의 활용 측면

- 1997년 IBM의 인공지능 〈딥블루〉가 당시 세계 체스 챔피언 가리 카스파로프를 상대로 한 게임에서 일방적으로 승리한 사건이 발생하였다. 이 사건을 보고 AI 전문가들은 인공지능이 인간의 지능보다 더 높아질 가능성이 있다고 보았지만 그 외 대다수는 사람의 지능을 넘어설 수 있다고는 생각하지 않았다. 그러나 2016년에 구글의 인공지능 〈알파고〉가 바둑 천재로 불리는 이세돌을 상대로 4대 1로, 2019년에는 국내 NHN의 인공지능

---

21 이에 관해서는 인공지능(AI)의 발전 단계를 3단계(1.0, 2.0, 3.0)로 구분하여 인공지능의 발전 양상을 설명하면서 앞으로의 발전 방향까지 논의하고 있는 책, Max Tegmark, *Life 3.0: Being Human in the Age of Artificial Intelligence*, New York : Alfred A. Knopf, 2017을 참조할 것. 이 책에서 저자는 결론 전의 마지막 장인 8장에서 의식(consciousness)을 다루면서 컴퓨터가 자각할 수 있는가에 관해 여러 가지 전망을 하고 있는데 긍정적인 입장은 아니다.

〈한돌〉이, 이세돌을 상대로 2대 1로 승리를 하자, 대부분의 일반 사람들까지도 인공지능의 활용 측면에 대해 많은 관심과 우려를 가지게 되었다. 즉, 인공지능이 사람의 지능을 초월하고 심지어 사람을 지배할 수 있는가를 진지하게 관심을 가지고 생각하게 되었다. 왜냐하면 바둑은 게임의 전개 양상이 체스와 비교할 수 없을 정도로 다양하고 복잡하여 인공지능이 절대로 승리할 수 없을 것이라고 생각해 왔기 때문이다.[22]

찬성 강한 인공지능주의자 :

컴퓨팅기술(GPU), 인터넷(5G), 빅데이터, 뇌과학 등에 기반한 기계 학습 (machine learning)으로 많은 특정 분야들에서 AI는 사람의 지능을 능가하고 있다. 여러 분야로 확장하고 있는 현 상황을 부정하는 것은 AI의 운용 구조와 알고리즘을 잘 모르기 때문이다.

반대 철학자 :

지능의 활용은 비판적 사유 과정에서 나타난다. 〈알파고〉나 〈한돌〉의 바둑대국에서 활용한 확률 계산도 근본적으로 논리적 계산에 근거한 비판적 사유이다. 그러므로 복잡 다양하게 전개되는 게임에서 인공지능이 사람의 지능보다 탁월한 능력을 나타낸다 해도 비판적 사유일 뿐이다. 사람은 비판적 사유뿐만 아니라 창의적 사유를 한다. 즉 기존의 이론이나 지식에 근거한 확률 계산뿐만 아니라 창의적 사유를 행한다. 따라서 바둑게임과 체스 경기에서 사람과 대국하여 승리를 하였다할지라도 AI가 창의적 사유를 할 수 있는가에 대해서는 의문을 제기[23]할 수 있고, 컴퓨터가 사람과 같이 사유를 할 수 있는가

---

22 이세돌도 바둑 대국 전에 자신이 알파고를 4대 1이나 5대 0으로 이길 것이라고 장담했었다.
23 〈알파고〉와의 대국에서 이세돌이 승리를 거둔 78번째 수, 소위 신의 한 수에 대해서도 이러한 관점에서 해석할 수 있다. 이 수는 이세돌 자신이 술회하였듯이, 고수들이 원래는 잘 두지 않는 엉뚱한 수로서 일종의 '꼼수'에 해당하는 바둑 수이나 이 대국의 승패에 결정적 역할을 했다. 78번째 수는 기존에 주어진 바둑의 경우의 수들을 분석하여 기계적으로 학습 훈련한 알파고는 대응할 수 없는 수였고, 결과적으로 패배하였다고 볼 수 있다. 알파고의 학습과정은 단지 비판적 사유의 과정과 유사하다고 볼 수 있다. 반면에 이세돌은 현상을 타개하기 위해서 정상적으로는 잘 두지 않는 이 엉뚱한 수를 창의적으로 두어 4번째 대국에서 승리를 하였다고 볼 수 있다.

에 대해서도 여전히 의문을 제기할 수 있다.

I.3.4 의미의 단위

- 사유를 언어로 표현하는, 의미의 최소 단위는 개념이 아니라 명제이며, 명제를 구성하는 것은 주어 개념과 술어 개념이다.
- 하나의 명제에서 주어 명사(subject term)와 술어 명사(predicate term)로 사용되고 있는 어휘의 의미를 개념이라고 한다. 개념을 특정한 하나의 언어로 표현한 것을 명사(名辭, term)라고 한다.
- 일상생활에서 의미를 전달할 때 명제만 사용하지 않는다. 문장과 언명을 사용하기도 한다. 그러면 명제, 문장, 언명의 관계는 무엇인가?

• 문장(sentence) : 문법에 따라 어휘를 배열한 것
  - 서술문, 명령문, 감탄문 등이 있다.

예) "비가 오는구나!"
   "심부름 좀 해라."
   "부산의 서면 거리가 사람들로 복잡하다."

• 언명(statement[24]) : 진릿값[25]을 갖는 문장

---

24 용어 'statement'를 일부 논리학 교재에서 '진술'로 번역하는 경우를 볼 수 있다. 그러나 '진술(陳述)'은 보통 민사소송이나 형사소송과 같은 법정에서, 당사자가 구체적인 상황이나 사실에 관하여 자세하게 이야기하는 행위를 의미하며, 이러한 언어 행위에서 진술은 사실적으로 참이 되는 경우뿐만 아니라 진술하는 사람이 거짓이라는 것을 잘 모르거나 또는 의도적으로 참이라고 우기는 경우도 포함하고 있다. 이렇게 보면 진술은 그 의미인 명제뿐만 아니라 이 명제를 말하는 개인의 명제적 태도까지 포함하고 있다. 그래서 용어 'statement'를 번역할 때, 우리말 '진술'보다는 '언명'을 사용하는 것이 중립적 입장에서 사용하는 객관적 의미로서의 명제(proposition)와 주관적 입장을 보여주는 명제적 태도에 관한 구분을 보다 분명하게 나타낼 수 있다고 생각하여 이 책에서는 용어 '언명'을 선택하였다.
25 문장이 참과 거짓이 될 수 있는 기준을 논의하는 진리론은 논리학의 문제가 아니라 인식론의 문제이다. 보통 인식론에서 전개하는 진리론으로는 대응설, 정합설, 실용주의설 등이 있다.

예) "지구는 둥글다."

　　"고래는 포유동물이다."

• 명제(proposition) : 언명의 의미

- 명제를 하나의 특정한 언어로 표현한 것이 언명이다.

- 명제 "비가 온다."는 영어로는 언명 "It is raining."으로 표현하고, 독일어
로는 언명 "Es regnet."으로 표현한다.

- 언명 "유태인들은 제2 차 세계대전 동안에 히틀러에 의해 많이 학살당했
다."는 명제 "제2 차 세계대전 동안에 히틀러는 유태인들을 많이 학살하였
다."를 의미한다.

• 명제적 태도(propositional attitude) : 어떤 한 사람이 명제 P를 말하면서
이 명제에 대해 취하는 주관적인 심리적 태도를 말하며, 명제를 표현하는
문장의 양식에서 나타난다.

- 예를 들어 어떤 사람 S가 명제 P의 진리에 대해 의심의 태도를 가지면 이
태도는 "S는 명제 P의 진리를 의심한다."로 표현되어 언명된다. 명제 P의
진리를 확신하는 태도는 "S는 명제 P를 주장한다."로 표현되어 언명된다.
명제 P가 사실이라고 주장하는 명제적 태도는 "S는 명제 P를 진술하고 있
다."로 표현되어 언명된다.

- 명제적 태도로는 주장, 의심, 감탄, 요청(명령) 등이 있다. 중립적 입장
에서 명제의 객관적 진리를 믿고 있는 명제적 태도를 가지고 구체적인
언어로 표현한 것이 언명이다.

〈문제 I-7〉 다음에서 명제를 나타내는 문장을 고르시오.

---

① 남북한 사이에 평화협정이 맺어지고 실현되었으면 좋겠다.

② 부산에서 만국박람회(EXPO)가 열릴 수도 있고 안 열릴 수도 있다.

③ 미인은 박명이라고 한다.

④ 모든 아이들은 사랑스럽다.

⑤ 실연을 당하여 나의 마음이 매우 아프다.

I.4 논리적 분석

I.4.1 논리적 분석의 대상

- 논리적 분석은 논리적 사유의 내용을 표현하는 명제들의 논리적 관계를 분석하고 분명하게 드러내어, 이것이 올바른 논리적 사유인지 아닌지를 판단, 평가하는 작업이다.
- 근거를 제시하여 진행하는 사유 방식으로서의 논리적 사유는 적어도 두 개 이상의 사유 내용을 기술하고 있다. 이 때문에, 논리적 관계를 갖는 두 개 이상의 명제가 있어야 한다.
- 논리적 관계를 갖고 전개되는 명제들은 각자의 역할이 있다. 이 역할에 따라 다음과 같은 명칭이 붙는다.

- 결론 : 주장자가 전달하거나 주장하려고 의도한 명제
- 전제 : 결론의 근거
- 결론과 전제임을 암시하는 접속사

결론임을 암시하는 접속사	전제임을 암시하는 접속사
그러므로	왜냐하면
따라서	—— 라는 이유로 인하여
그래서	—— 라고 가정하면
이러한 이유에서	—— 라고 인정하게 되면
그 결과는	—— 라는 견해에 의하면
다음의 사실을 입증하게 된다.	—— 라는 사실이 주어지면
그리하여	—— 라는 사실 때문에

- 논리학은 이러한 논리적 분석의 대상을 용어 "논증(論證, argument)"으로 지칭한다. 그러므로 논증은 추리(논리) 관계를 가진 두 개 이상의 명제가 전제와 결론이 되어 논리적 사유 내용을 표현하는 것이다.
- 따라서 논리적 분석의 대상은 전제와 결론의 역할을 하는 두 개 이상의 명제들로 구성되어 있는 논증이다.[26]
- 논리적 분석과 관련하여 많이 등장하고 있는 개념이 추론, 추리, 논리인데, 그 뜻과 사용 맥락을 분명히 아는 것이 필요하다.[27]

I.4.2 논증과 설명

일상생활에서는 '왜냐하면', '~ 때문에' 등의 표현을 사용하여 어떤 근거를

---

26 학술 논문은 전문적으로 연구한 내용을 결론과 전제의 논증 형식으로 보여 주는 논술문이다.

27 추론, 추리, 논리는 대략 다음과 같은 맥락에서 많이 사용하고 있다.

• 추론(sequent, reasoning, inference) : 논증과 같이 전제와 결론이 모두 제시되어진 것 (sequent)을 말하지만 전제로부터 결론을 이끌어 내는 추리 작용을 말하기도 한다. 추리되어진 결론과 전제를 모두 말할 때 대부분 사용한다.

　예) "다음과 같은 추론(논증)에서 전제와 결론을 찾아보시오."

• 추리(infer, inference) : 전제로부터 결론을 이끌어 내는 작용을 말하지만 전제와 결론이 제시되어진 추론과 같은 의미로 사용되기도 한다. 추리 작용을 강조하여 말할 때 대부분 사용한다.

　예) "다음과 같은 전제가 참이라 할 때 타당하게 추리해 낼 수 있는 명제는?"

• 논리(logic) : 전제가 결론을 논리적으로 지지하는 관계이다. 어떤 글에 논리가 있다는 것은 전제와 결론을 찾을 수 있다는 것이다.

제시하면서 이야기하는 양식에는 논증과 설명(explanation)이 있다. 그런데 일상적으로는 이 논증과 설명에 '왜냐하면', '~ 때문에'와 같은 표현이 동일하게 나타나기 때문에 이 둘을 엄밀하게 구분하지 않고 사용하는 경우가 많다.

어떤 남자가 어린아이를 무참하게 살인하였다는 사실에 관해서 다음과 같이 이야기할 수 있다.

> 이야기 1: 그 남자가 어린아이를 죽였다고 자백했고 그러한 행위를 목격한 증인들이 많이 있기 때문에 그가 살인하였다고 본다.
>
> 이야기 2: 그 남자가 어린아이를 죽였던 이유는 그가 사이코패스였기 때문이다.

〈이야기 1〉은 그 남자가 살인하였다는 것을 진리(참)로 받아들이도록 설득하고 있다. 그 남자가 살인하였다고 보는 믿음의 논리적 근거를 이유로 제시하면서 그 믿음을 받아들이도록 설득하고 있다. 즉 결론에 대한 논리적 근거로서 전제를 제시하고 있다. 〈이야기 1〉은 논증이다.

〈이야기 2〉는 그 남자가 살인한 것이 이미 사실로서 참이라는 것을 전제하고 그 원인을 제시하고 있다. 이미 사실로서 발생한 어떤 사건에 대한 사실적 근거(주로 인과적 근거, 자연의 법칙)를 이유로 제시하면서 살인의 원인을 설명하고 있다. 〈이야기 2〉는 설명이다.

- 어떤 이야기가 논증인가 아니면 설명인가에 관한 구별은 그 이야기를 통해 의도하는 목적에 따라 대략 이루어질 수 있다. 어떤 하나의 명제 Q의 진리를 입증하는 것이 목적이고 Q를 지지하는 어떤 증거(논거)로서 명제 P를 제시하면서, 'P 때문에 Q이다.'라는 구절을 내가 사용하였다고 하자. 이 경우에 나는 Q의 진리를 옹호하는 논증을 제시하고 있고, P는 전제가 된다.

- 만약 Q가 이미 결과로서 일어난 사건을 말하고 있고 이 말이 진리(사실)라

고 알려졌다. 이러한 경우에도 나는 'P 때문에 Q이다.' 라는 구절을 사용할 수 있다. 이때 나는 Q의 진리를 옹호하는 이유를 제시할 필요가 없다. 나는 그것이 왜 진리(사실)인가를 설명하기를 희망하고 있다. 이 경우에 나는 Q의 진리를 옹호하는 논증이 아니라 Q에 관한 설명을 제시하고 있다.

– 논증은 결론이 참이라고 상정하는 것이 아니라 논리적 근거(전제)에서 참이 되기 때문에 받아들이라고 설득하는 것이며, 설명은 이미 사실로서 발생한 하나의 결과가 어떤 이유에서 발생하였는가를 말하는 것이다.

〈문제 I-8〉 다음의 이야기가 논증인지 설명인지를 구분해 보시오.

---

① 너희를 위하여 보물을 땅에 쌓아두지 말라. 거기는 좀과 동록이 해하며 도둑이 구멍을 뚫고 도둑질하느니라.(마태복음 6장19절)

② 그러므로 그 이름을 바벨이라 하니 이는 여호와께서 거기서 온 땅의 언어를 혼잡하게 하셨음이니라. (창세기 11장9절)

③ 지구온난화는 인구 증가와 산업화에 따라 화석연료의 사용이 증가하여 온실가스의 배출량이 증가한 것이 가장 큰 이유이다.

④ 박근혜 정권에서 국정 농단 사태가 발생한 것은 고위공직자의 범죄를 수사할 수 있는 기관이 없었기 때문이다.

⑤ 변화는 실재한다. 그런데 변화는 오직 시간 속에서만 가능하다. 그러므로 시간은 실재하는 어떤 존재가 되어야만 한다.

I.4.3 설명의 구성

설명에 대해서는 논리적으로 더 분석해야 될 부분이 있다. 다음과 같은 설명의 사례를 살펴보자.

▶ 설명의 사례

간밤에 바깥마당에 있던 꽃병이 깨졌다.

지난밤에 기온이 영하 5도이고 꽃병에는 물이 가득 차 있었다.

위 설명의 구조에서, 설명하고자 하는 현상을 기술하고 있는 명제, 즉 설명의 대상이 되는 결과로서의 사건을 기술하고 있는 명제를 피설명항, 피설명항에 대한 사실적 근거로서 제시된 명제, 즉 설명하는 내용을 기술하고 있는 명제를 설명항이라고 한다. 이러한 구분에 따라 설명의 구조의 논리를 분석하면 아래와 같다.

전제 : 사실적 근거 – 설명항(explanan)

　　　　물은 얼면 부피가 늘어난다.(자연법칙)

　　　　물은 영하가 되면 언다.(자연법칙)

　　　　간밤의 온도가 영하 5도였다.(초기 조건)

　　　　꽃병에 물이 가득 찼고 바깥마당에 있었다.(초기 조건)

결과 : 나타난 사건 – 피설명항(explanandum)

　　　　꽃병이 깨졌다.

과학적 설명은, 인과적 관계를 기술하는 궁극적인 사실적 근거로서의 자연법칙과, 결과를 발생시키는 원인으로서의 초기 조건(initial condition)을 설명항에서 제시한다.

I.4.4 논증과 설명의 구분 방법

왜 발생했는가에 대한 이유를 제시하는 설명의 구조를 논증의 구조와 대조하면 피설명항은 결론, 설명항은 전제의 역할을 하고 있다. 그러나 엄밀히 지지의 성격은 전혀 다르다고 할 수 있다.

설명은 결론에 대한 논리적 근거의 일부로서 다음과 같이 논증의 전제에 나타날 수 있다.

전제	피설명항 : 중학교 교문 앞 횡단보도에서 많은 비율로 사망 교통 사건이 발생하였다는 통계치가 신문에 보도되었다. 설명항 : 그러한 사망사고가 나타난 대부분의 경우에 어른들에 의한 교통 지도가 없었고 자동차의 과속이 빈번하다는 사실이 밝혀졌다.
결론	그러므로 그 중학교 교문 앞에 CCTV와 자동차 속도 측정기를 설치하여 과속을 단속해야 한다.

그러나 일상생활에서는 보통 이렇게 논증과 설명을 엄밀하게 구분하지 않고 설명항을 전제로 간주하여 설명을 논증처럼 사용하고 있다. 일상생활에서 엄밀하게 다루기 어려운 논증과 설명의 구분에 관해 피셔는 다음과 같은 도움이 될 만한 방법을 제시하고 있다.[28]

"글쓴이가 결과가 참이라고 가정하고 있다면 그것은 아마도 인과적 설명일 것이고, 글쓴이가 결과를 입증하고자 한다면 그것은 아마 논증일 것이다."

우리의 논의에서도 특별한 의미(설명과 논증의 구별)를 부여하는 과학적 설명의 경우에만 논증과 설명의 구분에 관심을 가질 것이다. 과학적 설명에 관해서는 과학의 방법에 관한 부분에서 다룰 것이다.

I.4.5 논리적 분석의 순서

- 논리적 분석의 처음 작업은 전제와 결론으로 이루어진 논증을 찾는 것이다. 따라서 논증을 찾는다는 것은 전제와 결론을 찾는 것이다.

---

28 알렉 피셔 지음, 최원배 옮김, 『피셔의 비판적 사고』(서광사, 2018), p. 70.

- 논증에서 중심적인 역할을 하는 것은 전달 내용이나 주장에 해당하는 결론이다. 나의 주장을 말로 전달하여 상대방을 설득하는 것이 의사소통에서 중요하기 때문이다. 그래서 논리적 분석은 먼저 결론을 찾는 것으로부터 시작한다.[29]

- 결론을 찾은 다음에 결론의 근거로 제시된 전제가 어느 것인지 찾는다.

- 결론과 전제를 찾은 후에 결론과 전제를 내용적인 측면과 형식적인 측면에서 명료화한다(clarify). 내용적인 측면에서의 명료화는 전제와 결론의 의미를 명료하게 만드는 것이다. 예를 들어 논증의 명제 속에 나타난 어휘들의 애매모호(ambiguous and vague)함을 제거하고, 대화자들이 같은 의미로 어휘를 사용하고 있다는 것을 확인하는 것이다.

- 형식적인 측면에서의 명료화는 논리학의 추리규칙을 적용하여 타당성 조사를 할 수 있도록 해당 명제의 형식을 확정하는 것이다. 아리스토텔레스의 삼단논법 논리학에서는 논증에 사용된 명제들을 표준 4형식의 명제, 즉 A명제, E명제, I명제, O명제로 확정하는 것이다. 현대 기호논리학에서는 먼저 원자 명제와 분자 명제로 구분하고, 분자 명제를 논리적 접속사 부정(negation : -), 공접(conjunction : &), 선택(이접 disjunction : ∨), 조건(conditional : →) 등으로 재표기하는 것이다.

- 이후에 최종적으로 논리학의 규칙에 근거하여 논증이 올바른 논리에 근거하는지 잘못된 논리에 근거하는지를 조사한다. 이를 타당성 조사라 한다.

- 요약하면 논리적 분석은 ① 결론 → ② 전제 → ③ 명료화 → ④ 타당성 조사의 순으로 진행한다. 논리적 분석의 일차적인 목적은 논증의 타당성 조사이다.

---

29 결론과 전제를 찾는 것은, 일차적으로 논의의 흐름이나 맥락을 조사하여 전달하거나 주장하는 것이 무엇인지를 찾는 것이다. 이러한 작업을 할때 참조하는 것이 '그러므로', '왜냐하면' 등의 접속사이다. 결론과 전제를 쉽게 찾을 수 있는 글을, 보통 논지가 분명한 글이라고 한다.

〈문제 I-9〉아래 글의 필자가 함축하고 있는 것으로 볼 수 없는 것을 고르면?

　　동물의 행동을 선하다거나 악하다고 평가할 수 없는 이유는 동물이 단지 본능적 욕구에 따라 행동할 뿐이기 때문이다. 오직 인간만이 욕구와 감정에 맞서서 행동할 수 있다. 인간만이 이성을 가지고 있다. 그러나 인간이 전적으로 이성적인 존재는 아니다. 다른 동물과 마찬가지로 인간 또한 감정과 욕구를 가진 존재다. 그래서 인간은 이성과 감정의 갈등을 겪게 된다.

　　그러한 갈등에도 불구하고 인간이 도덕적 행위를 할 수 있는 까닭은 이성이 우리에게 도덕적인 명령을 내리기 때문이다. 도덕적 명령에 따를 때에야 비로소 우리는 의무에서 비롯된 행위를 한 것이다. 만약 어떤 행위가 이성의 명령에 따른 것이 아닐 경우 그것이 결과적으로 의무와 부합할지라도 의무에서 나온 행위는 아니다. 의무에서 나온 행위가 아니라면 심리적 성향에서 비롯된 행위가 되는데, 심리적 성향에서 비롯된 행위는 도덕성과 무관하다. 불쌍한 사람을 보고 마음이 아파서 도움을 주었다면 이는 결국 심리적 성향에 따라 행동한 것이다. 그것은 감정과 욕구에 따른 것이기 때문에 도덕적 행위일 수가 없다.

　　감정이나 욕구와 같은 성향에 따른 행위가 도덕적일 수 없는 또 다른 이유는, 그것이 상대적이기 때문이다. 감정이나 욕구는 주관적이어서 사람마다 다르며, 같은 사람이라도 상황에 따라 변하기 마련이다. 때문에 이는 시공간을 넘어 모든 인간에게 적용될 수 있는 보편적인 도덕의 원리가 될 수 없다. 감정이나 욕구가 어떠하든지 간에 이성의 명령에 따르는 것이 도덕이다. 이러한 입장이 사랑이나 연민과 같은 감정에서 나온 행위를 인정하지 않는다거나 가치가 없다고 평가하는 것은 아니다. 단지 사랑이나 연민은 도덕적 차원의 문제가 아닐 뿐이다.

① 동물의 행위는 도덕적 평가의 대상이 아니다.
② 감정이나 욕구는 보편적인 도덕적 원리가 될 수 없다.

③ 심리적 성향에서 비롯된 행위는 도덕적 행위일 수 없다.

④ 이성의 명령에 따른 행위가 심리적 성향에 따른 행위와 일치하는 경우는 없다.

⑤ 인간의 행위 중에는 심리적 성향에서 비롯된 것도 있고 의무에서 나온 것도 있다.

- 2018년도 국가공무원 5급 및 7급 민간경력자 일괄채용 필기시험 언어논리영역 ㉮책형 (문9)

〈문제 I-10〉 다음 글의 ⓐ와 ⓑ에 들어갈 말을 〈보기〉에서 골라 적절하게 나열한 것을 고르면?

갈릴레오는 망원경으로 목성을 항상 따라다니는 네 개의 위성을 관찰하였다. 이 관찰 결과는 지동설을 지지해 줄 수 있는 것이었다. 당시 지동설에 대한 반대 논증 중 하나는 다음과 같은 타당한 논증이었다.

(가) _____ⓐ_____.

(나) 달은 지구를 항상 따라다닌다.

따라서 (다) 지구는 공전하지 않는다.

갈릴레오의 관찰 결과는 이 논증의 (가)를 반박할 수 있는 것이었다. 왜냐하면 목성이 공전한다는 것은 당시 천동설 학자들도 받아들이고 있었고 그의 관찰로 인해 위성들이 공전하는 목성을 따라다닌다는 것이 밝혀지는 셈이기 때문이다. 그런데 문제는 당시의 학자들이 망원경을 통한 관찰을 신뢰하지 않는다는 데 있었다. 당시 학자들 대부분은 육안을 통한 관찰로만 실제 존재를 파악할 수 있다고 믿었다. 따라서 갈릴레오는 망원경을 통한 관찰이 육안을 통한 관찰만큼 신뢰할 만하다는 것을 입증해야 했다. 이를 보이기 위해 그는 '빛 번짐 현상'을 활용하였다.

빛 번짐 현상이란, 멀리 떨어져 있는 작고 밝은 광원을 어두운 배경에서 볼 때 실제 크기보다 광원이 크게 보이는 현상이다. 육안으로 금성을 관찰할 경우, 금성이 주변 환경에 비해 더 밝게 보이는 밤에 관찰하는 것보다 낮에 관찰하는 것이 더 정확하다. 그런데 낮에 관찰한 결과는 연중 금성의 외견상 크기가 변한다는 것을 보여준다.

그렇다면 망원경을 통한 관찰이 신뢰할 만하다는 것은 어떻게 보일 수 있었을까? 갈릴레오는 밤에 금성을 관찰할 때 망원경을 사용하면 빛 번짐 현상을 없앨 수 있다는 것을 강조하면서 다음과 같은 논증을 펼쳤다.

(라) ___ⓑ___ 면, 망원경에 의한 관찰 자료를 신뢰할 수 있다.

(마) ___ⓑ___ .

따라서 (바) 망원경에 의한 관찰 자료를 신뢰할 수 있다.

결국 갈릴레오는 (마)를 입증함으로써, (바)를 보일 수 있었다.

〈보 기〉

ㄱ. 지구가 공전한다면, 달은 지구를 따라다니지 못한다.

ㄴ. 달이 지구를 따라다니지 못한다면, 지구는 공전한다.

ㄷ. 낮에 망원경을 통해 본 금성의 크기 변화와 낮에 육안으로 관찰한 금성의 크기 변화가 유사하다.

ㄹ. 낮에 망원경을 통해 본 금성의 크기 변화와 밤에 망원경을 통해 본 금성의 크기 변화가 유사하다.

ㅁ. 낮에 육안으로 관찰한 금성의 크기 변화와 밤에 망원경을 통해 본 금성의 크기 변화가 유사하다.

	ⓐ	ⓑ
①	ㄱ	ㄷ
②	ㄱ	ㅁ
③	ㄴ	ㄷ
④	ㄴ	ㄹ
⑤	ㄴ	ㅁ

– 2018년도 국가공무원 5급 및 7급 민간경력자 일괄채용 필기시험 언어논리영역 ㉮책형(문7)

〈문제 I-11〉 다음 본문과 주장에서 제시된 내용을 보고 판단한 〈예시〉들 중에서 올바로 말한 것을 고르시오.

영국의 윤리학자 무어는 인생의 목적 또는 행위의 법칙의 발견에 관한 방법론을 기준으로 하여, 이전의 고전윤리학설을 세 가지의 형이상학적 윤리설, 자연주의적 윤리설, 직각론적 윤리설로 크게 구분하였다. 형이상학적 윤리설은 세계나 실재(reality)에 관한 형이상학 이론이 선(good)에 관한 윤리학적 문제 해결의 참된 기초가 된다고 주장하는 학설이다. 이들은 대체로 ① "윤리학의 기본원리를 이끌어 내는 바탕으로서 형이상학적 원리를 사용하고," ② "형이상학적 진리로부터 윤리학적 진리가 논리적으로 추리된다."고 믿으며, ③ "최고선(supreme good)을 형이상학적 언어로 기술하고 있다는" 점에서 공통된 입장을 취한다. 한마디로 말하자면 초자연적, 초경험적, '실재'에 관한 이론을 근거로 삼고, 윤리학이 탐구하는 '인생의 목적' 또는 '행복의 법칙'을 추리해 낼 수 있으며, 또 그렇게 해야 한다는 것이 이들의 기본적인 신념이다. 자연주의적 윤리설은 자연적 사실, 즉 경험할 수 있는 사실에 근거하여 보편적인 인생의 목적 또는 절대적인 행위의 법칙을 추론해 낼 수 있다고 주장하는 학설이다. 이들은 형이상학적 윤리설과는 달리 도덕적 규범의 근거를 인간이 경험할 수 있는 사실에서 찾고 있다. 직각론적 윤리설은 존재 내지 사실에 관한 인식으로부터 당위 내지 가치에 관한 이론을 추리해 낼 수 없다고 주장하는 학설이다. 직각론적 윤리설은 도덕의 근본 원리를 사실에 관한 명제를 전제로 삼고 간접적으로 추리할 수 없으며 모종의 선천적 능력을 동원하여 직접적으로 파악할 수 있다고 주장하는 학설이다. 이들은 ① 시비, 선악 등의 가치는 객관적으로 실재하는 것, 즉 대상 자체가 본유하는 특성으로서 어떠한 주관에 의해서도 생멸되거나 증감됨이 없다는 것과 ② 정상적으로 정신이 발달한 모든 사람은 시비 또는 선악을 판별할 수 있는 선천적 능력을 가지고 있다는 점에서 공통적인 입장을 취하고 있다.

갑 : 자식이 용돈을 주지 않는다고 어머니를 잔인하게 계획적으로 살해하고 외국으로 도망간 것은 천인공노할 죄악이야. 왜냐하면 부모에게 효도하라는 하늘의 명령을 어겼기 때문이지.

을 : 지하철역에서 돈을 달라고 하는 걸인에게 돈을 주면 묘한 쾌감을 느끼기 때문에 돈을 준다고 하는 사람의 행동은 선한 행동이 아니지.

병 : 치료하기 어려운 위중한 병에 걸려 있는 부친에게 곧 나을 것이라고 거짓으로 말하는 것은 진정한 의미의 효도라고 말할 수가 없어.

정 : AI를 가지고 있어 자율적으로 운전하고 있는 무인 자동차에 대해서 그 차가 교통사고를 일으켰을 때 도덕적 책임을 물을 수가 없어.

무 : 큰 배가 빙산에 부딪혀서 침몰하게 되어 1개의 구명선에 많은 승객들이 타고 있었다. 구명선은 하나밖에 없었다. 이때 너무 많은 사람들이 하나의 구명선에 타고 있어 이 구명선이 침몰하게 되었을 때 몇몇 사람들을 강제로 하선하게 하여 다른 사람들의 목숨을 구하는 것은 올바르다.

⟨예 시⟩

Ⓐ 갑의 주장은 형이상학적 윤리설에 근거하고 있어 그의 인간관을 받아들이지 않으면 정당화될 수 없다.

Ⓑ 을의 주장은 직각론적 윤리설에 근거하여 자연주의적 윤리설을 비판하고 있다.

Ⓒ 병의 주장은 부친에게 거짓말한다고 해서 병을 더 낫게 하는 효과가 있지 않기 때문이라고 말하여 자연주의적 윤리설에 근거하고 있다.

Ⓓ 정의 주장은 무인 자율 자동차에게 도덕적 책임을 물을 수 없으나 그 소유자에게 민사적 책임을 물을 수 있다고 말하고 있다.

Ⓔ 무의 주장은 상황보다는 윤리적 가치 자체를 먼저 존중하는 직각론적 윤리설의 입장에서 보면 도덕적으로 정당화될 수 없다

① Ⓐ와 Ⓑ

② Ⓑ와 Ⓒ

③ Ⓒ와 Ⓓ

④ Ⓓ와 Ⓔ

⑤ 없다.

⟨문제 I-12⟩ 다음 본문에서 제시된 내용을 보고 추리하고 판단한 ⟨예시⟩들 중에서 잘못 추리한 것을 고르시오.

다음과 같은 신 존재 증명 방식은, 일반인들에게는 설계 논증(the Argument from Design)으로 알려져 있는데, 페일리의 시계와 팽글로스의 안경 등과 같은 사례를 통하여 불후의 명성을 얻게 되었다. 아퀴나스는 다음과 같이 주장한다 : 우리들은 자연물과 같이 인식(생각)을 하

지 못하는 사물들이 하나의 목적을 향해 움직인다는 것을 안다. 그리고 이러한 사실은 그 사물들이 최선의 결과를 얻기 위해 항상 혹은 거의 항상 똑같은 방식으로 움직이고 있다는 것에서 분명하게 나타난다. 따라서 그 사물들이 자신들의 목적을 우연적으로가 아니라 설계에 의해 달성한다는 것은 명백하다. 지성이 없는 것은 무엇이든지, 지성을 갖고 태어난 하나의 존재가 이끌어 가지 않으면, 목적을 향해 움직일 수가 없다. 이는 마치 화살을 활을 쏘는 궁수가 이끌어 가는 것과 같다. 그러므로 모든 자연의 사물들을 이 사물들의 목적으로 이끌어 가는 어떤 지성의 존재가 존재한다. 그리고 이러한 존재를 우리는 하느님이라고 부른다.

신 존재를 변호하였던 18세기의 다양한 변증론자들이 이 논증을 설득력 있게 어떻게 지지하였는가에 대해서는 힉이 아주 풍부하게 상세히 기록하고 있다. 나는 여기서는 더햄의 책 『물리신학』(1713)과 『천체신학』(1714)을 참조하여 말할 것이다. 『물리신학』은 자연을 누군가가 지배하고 있으므로 인구 과잉의 문제들이 자동적으로 발생하지 않는다는 사실을 중요하게 언급하고 있다. 『천체신학』은 행성들에 관해서, 하나는 이러한 형태를, 다른 하나는 이와 전혀 다른 형태로 존재하기보다는, 예를 들어 하나는 사각형으로, 다른 하나는 다각형으로, 또 다른 하나는 길이가 길고, 그리고 또 다른 것은 이와 다른 형태로 (…) 있다든지 하기보다는, 모든 행성들이 왜 둥근 형태로 있는가에 대한 이면의 이유가 확실히 존재해야만 한다고 주장하고 있다.

그런데 내가 주장하는 것은, 아퀴나스의 다섯 번째 증명 방식에서 문제가 되는 것은 그의 논증 패턴이 아니라 그의 전제들이라는 것이다. 왜냐하면 자연현상에 있는 상당한 양의 규칙성들과 구조를 보게 되면 우리들은 가장 최선의 설명을 선택해야만 한다고 아퀴나스가 주장하기 때문이다. 그는 가장 최선의 설명이란 분명한 목적을 가진 지성적인 설계를 상정하는 것이라고 하는 전제를 덧붙이고 있다. 이러한 전제는 우리들이 부정하고 있다. 그러나 과학적 추론이란 가장 최선의 (이용 가능한) 설명의 내용들을 참인 것으로 수용하는 것이라는 입장은, 많은 현대 철학자들이 다양한 형식으로 견지하고 있는 하나의 입장이다.

　그래서 나는 다음과 같이 주장한다 : 우리들은 자연물과 같은 많은 사물들이 자신들의 움직임, 반응, 진화에서 많은 규칙성들을 보여 주고 있다는 사실을 알고 있다. 이러한 사실은 우연적으로 일어난 일로 치부하여 그렇게 일어났다고 주장할 수 있거나 아니면 겉으로 드러난 현상의 이면에 있는 미시 구조를 상정하여 그렇게 일어나는 것을 설명할 수 있다. 가장 최선의 설명으로 추론하는 것이 올바른 과학적 관행이기 때문에 우리들은 후자의 과정을 취해야만 한다. 그리고 또한 우리들은, 미시 구조를 상정하는 최선의 과학 이론들에 의해 드러나게 된 세계 그림의 내용은, 글자 그대로 참된 표현으로서 수용해야만 한다.

〈예 시〉

갑 : 어떤 산 정상에 한글로 "나는 존재한다."는 형태의 돌무더기가 자연스럽게 놓여 있고, 이 돌무더기 놓임 현상을 최선으로 설명하는 이론이 하느님의 존재를 상정하고 있다면 하느님이 존재한다는 것을 수용해야만 한다고 아퀴나스는 변론하고 있다.

을 : 저자는 원자나 분자의 존재를 상정하는 미시 과학 이론을 통해 자연현상을 설명하는 과학자들의 태도를, 신의 존재를 전제하여 자연현상을 설명하는 중세의 스콜라철학자와 유사하다고 보고 있다.

병 : 저자는 세계 현상을 설명하는 여러 가지 이론들 중에서 최선으로 설명하는 이론이 과학 이론이며, 이 과학 이론이 그리는 세계는 참된 것으로 수용해야 한다고 주장한다.

정 : 저자의 주장에 따르면 전자레인지에서 음식물을 데우는 것은 우연적으로 일어난 것이 아니고 전자레인지 속의 요정들이 음식물을 데운다고 설명하는 것이 최선의 설명이라고 믿는 사람은 요정의 존재를 믿을 것이다.

무 : 빛이 휘어 나타나는 중력렌즈 현상을 가장 잘 설명하고 있는 천체 이론이 블랙홀의 존재를 상정하고 있기 때문에 블랙홀은 존재한다.

① 갑과 을
② 을과 병
③ 병과 정
④ 정과 무
⑤ 무와 갑

〈문제 I-13〉다음 글의 논지로 가장 적합한 것은?

물리학의 근본 법칙들은 실재 세계의 사실들을 정확하게 기술하는가? 이 질문에 확신을 가지고 그렇다고 대답할 사람은 많지 않을 것이다. 사실 다양한 현상들을 설명하는 데 사용되는 물리학의 근본 법칙들은 모두 이상적인 상황만을 다루고 있는 것 같다. 정말로 물리학의 근본 법칙들이 이상적인 상황만을 다루고 있다면 이 법칙들이 실재 세계의 사실들을 정확히 기술한다는 생각에는 문제가 있는 듯하다.

가령 중력의 법칙을 생각해 보자. 중력의 법칙은 "두 개의 물체가 그들 사이의 거리의 제곱에 반비례하고 그 둘의 질량의 곱에 비례하는 힘으로서 서로 당긴다."는 것이다. 이 법칙은 두 물체의 운동을 정확하게 설명할 수 있는가? 그렇지 않다는 것은 분명하다. 만약 어떤 물체가 질량뿐만이 아니라 전하를 가지고 있다면 그 물체들 사이에 작용하는 힘은 중력의 법칙만으로 계산된 것과 다를 것이다. 즉 위의 중력의 법칙은 전하를 가지고 있는 물체의 운동을 설명하지 못한다.

물론 사실을 정확하게 기술하는 형태로 중력의 법칙을 제시할 수 있다. 가령, 중력의 법칙은 "중력 이외의 다른 어떤 힘도 없다면, 두 개의 물체가 그들 사이의 거리의 제곱에 반비례하고 그 둘의 질량의 곱에 비례하는 힘으로 서로 당긴다."로 수정될 수 있다. 여기서 '중력 이외의 다른 어떤 힘도 없다면'이라는 구절이 추가된 것에 주목하자. 일단, 이렇게 바뀐 중력의 법칙이 참된 사실을 표현한다는 것은 분명해 보인다. 그러나 이렇게 바꾸면 한 가지 중요한 문제가 발생한다.

어떤 물리법칙이 유용한 것은 물체에 적용하는 힘들을 통해 다양하고 복잡한 현상을 설명할 수 있기 때문이다. 물리법칙은 어떤 특정한 방식으로 단순한 현상만을 설명하는 것을 목표로 하지 않는다. 중력의 법칙 역시 마찬가지다. 그것이 우리가 사는 세계를 지배하는 근본적인 법칙이라면 중력이 작용하는 다양한 현상들을 설명할 수 있어야 한다. 하지만 '중력 이외의 다른 어떤 힘도 없다면'이라는 구절이 삽입되었을 때, 중력의 법칙이 설명할 수 있는 영역은 무척 협소해진다. 즉 그것은 오로지 중력만이 작용하는 아주 특수한 상황만을 설명할 수 있을 뿐이다. 결과적으로 참된 사실들을 진술하기 위해 삽입된 구절은 설명력을 현저히 감소시킨다. 이 문제는 거의 모든 물리학의 근본 법칙들이 가지고 있다.

2014년 5급 공채 · 외교관후보자 선발 제1차시험 및
지역인재 7급 견습직원 선발 필기시험 A책형 (문16)

① 물리학의 근본 법칙은 그 영역을 점점 확대하는 방식으로 발전해 왔다.
② 물리적 자연현상이 점점 복잡하고 다양해짐에 따라 물리학의 근본 법칙도 점점 복잡해진다.
③ 더 많은 실재 세계의 사실들을 기술하는 물리학의 법칙이 그렇지 않은 법칙보다 뛰어난 설명력을 가진다.
④ 물리학의 근본 법칙들은 이상적인 상황을 다루고 있어 실재 세계의 사실들

을 정확하게 기술하는 데 어려움이 없다.

⑤ 참된 사실을 정확하게 기술하려고 물리법칙에 조건을 추가하면 설명 범위가 줄어 다양한 물리현상을 설명하기 어려워진다.

〈문제 I-14〉 다음 글에서 알 수 있는 것은?

> 1965년 노벨상 수상자 게리 버커는 '시간의 비용'이 시간을 소비하는 방식에 따라 변화한다고 주장했다. 예를 들면 수면이나 식사 활동은 영화 관람에 비해 단위 시간당 시간의 비용이 작다. 그 이유는 수면과 식사가 생산적인 활동에 기여하기 때문이다. 잠을 못 자거나 식사를 제대로 하지 못해 체력이 떨어진다면, 생산적인 활동에 제약을 받기 때문에 수면과 식사 활동에 들어가는 시간의 비용이 영화 관람에 비해 작다고 볼 수 있다. 베커는 "주말이나 저녁에는 회사들이 문을 닫기 때문에 활용할 수 있는 시간의 길이가 길어지고 이에 따라 특정 행동의 시간의 비용이 줄어든다."고도 지적한다. 시간의 비용이 가변적이라는 개념은, 기대수명이 늘어나서 사람들에게 더 많은 시간이 주어지는 것이 시간의 비용에 영향을 미칠 수 있다는 점에서 의미가 있다.
>
> 시간의 비용이 가변적이라고 생각한 이는 베커만이 아니었다. 스웨덴의 경제학자 스테판 린더는 서구인들이 엄청난 경제 성장을 이루고도 여유를 누리지 못하는 이유를 논증한다. 경제가 성장하면 사람들의 시간을 쓰는 방식도 달라진다. 임금이 상승하면 직장 밖 활동에 들어가는 시간의 비용이 늘어난다. 일하는 데 쓸 수 있는 시간을 영화나 책을 보는 데 소비하면 그만큼의 임금을 포기하는 것이다. 따라서 임금이 늘어난 만큼 일 이외의 활동에 들어가는 시간의 비용도 함께 늘어난다는 것이다.
>
> 베커와 린더는 사람들에게 주어진 시간을 고정된 양으로 전제했다. 1965년 당시의 기대수명은 약 70세였다. 하루 24시간 중 8시간을 수면에 쓰고 나머지 시간에 활동이 가능하다면, 평생 408,800시간의 활동 가

능 시간이 주어지는 셈이다. 하지만 이 방정식에서 변수 하나가 바뀌면 어떻게 될까? 기대수명이 크게 늘어난다면 시간의 가치 역시 달라져서, 늘 시간에 쫓기는 조급한 마음에도 영향을 주게 되지 않을까?

① 베커에 따르면, 2시간의 수면과 1시간의 영화 관람 중 시간의 비용은 후자가 더 크다.

② 베커에 따르면, 평일에 비해 주말에 단위 시간당 시간의 비용이 줄어드는데, 그 감소폭은 수면이 영화 관람보다 더 크다.

③ 린더에 따르면 임금이 삭감되었는데도, 노동의 시간과 조건이 이전과 동일한 회사원의 경우, 수면에 들어가는 시간의 비용은 이전보다 줄어든다.

④ 베커와 린더 모두, 개인이 느끼는 시간의 비용이 작아질수록 주관적인 시간의 길이가 길어진다고 생각한다.

⑤ 베커와 린더 모두, 시간의 비용이 가변적이라고 생각했지만, 기대수명이 시간의 비용에 영향을 미치는지 여부에 관해서는 서로 다른 견해를 가지고 있다.

- 2017년도 국가공무원 5급 공채·외교관후보자 선발 제1차 시험 및 지역인재 7급 선발 필기시험 언어논리 영역 ㉮책형(문3)

〈문제 I-15〉 다음 글을 근거로 판단할 때 옳은 것은?

국내 K리그는 10개의 경기장에서 진행되는데, 각 경기장은 서로 다른 도시에 있다. 또 이 10개 도시 중 5개는 대도시이고 5개는 중소도시이다. 매일 5개 경기장에서 각각 한 경기가 열리며 한 시즌 당 각 경기장에서 열리는 경기의 횟수는 10개 경기장 모두 동일하다.

대도시 경기장은 최대 수용 인원이 3만 명이고, 중소도시의 경기장은 최대 수용 인원이 2만 명이다. 대도시 경기장의 경우는 매 경기 60%의 좌석 점유율을 나타내고 있는 반면 중소도시 경기장의 경우는 매 경기 70%의 좌석 점유율을 보이고 있다. 특정 경기장의 관중 수는 그 경기장의 좌석 점유율에 최대 수용 인원을 곱하여 구한다.

① 국내 K리그의 1일 최대 관중 수는 16만 명이다.
② 중소도시 경기장의 좌석 점유율이 10%p 높아진다면 대도시 경기장 한 곳의 관중 수보다 중소도시 경기장 한 곳의 관중수가 더 많아진다.
③ 내년 시즌부터 4개의 대도시와 6개의 중소도시에서 경기가 열린다면 K리그의 한 시즌 전체 누적 관중 수는 올 시즌 대비 2.5% 줄어든다.
④ 대도시 경기장의 좌석 점유율이 중소도시 경기장과 같고 최대 수용 인원은 그대로라면, K리그의 1일 평균 관중 수는 11만 명을 초과하게 된다.
⑤ 중소도시 경기장의 최대 수용 인원이 대도시 경기장과 같고 좌석 점유율은 그대로라면, K리그의 1일 관중 수는 11만 명을 초과하게 된다.

- 2015년 5급 및 7급 국가공무원 민간경력자 일괄채용 필기시험 상황판단영역 재책형 문23

〈문제 I-16〉 다음은 어떤 주장을 뒷받침하는 대표적인 예이다. 그 주장으로 가장 적절한 것은?

　X-선 사진을 통해 폐 질환 진단법을 배우고 있는 의과 대학 학생을 생각해 보자. 그는 암실에서 환자의 가슴을 찍은 X-선 사진을 보면서, 이 사진의 특징을 설명하는 방사선 전문의의 강의를 듣고 있다. 그 학생은 가슴을 찍은 X-선 사진에서 늑골뿐만 아니라 그 밑에 있는 폐, 늑골의 음영, 그리고 그것들 사이에 있는 아주 작은 반점들을 볼 수 있다. 하지

만 처음부터 그럴 수 있었던 것은 아니다. 첫 강의에서는 X-선 사진에 대한 전문의의 설명을 전혀 이해하지 못했다. 그가 가리키는 부분이 무엇인지, 희미한 반점이 과연 특정 질환의 흔적인지 전혀 알 수 없었다. 전문의가 상상력을 동원해 어떤 가상적 이야기를 꾸며 내는 것처럼 느껴졌을 뿐이다. 그러나 몇 주 동안 이론을 배우고 실습을 하면서 지금은 생각이 달라졌다. 그는 문제의 X-선 사진에서 이제는 늑골뿐 아니라 폐도 볼 수 있게 되었다. 그가 탐구심을 갖고 좀 더 노력한다면 폐와 관련된 생리적인 변화, 흉터나 만성질환의 병리학적 변화, 급성질환의 증세와 같은 다양한 현상들까지도 자세하게 경험하고 알 수 있게 될 것이다. 그는 전문가로서 새로운 세계에 들어선 것이고, 그 사진의 명확한 의미를 지금은 대부분 해석할 수 있게 되었다. 이론과 실습을 통해 새로운 세계를 볼 수 있게 된 것이다.

2008년도 행정·외무고시 및 견습직원 선발 1차시험 언어논리영역 꿈책형 (문13)

① 관찰은 배경지식에 의존한다.
② 과학에서의 관찰은 오류가 있을 수 있다.
③ 과학 장비의 도움으로 관찰 가능한 영역은 확대된다.
④ 관찰 정보는 기본적으로 시각에 맺히는 상에 의해 결정된다.
⑤ X-선 사진의 판독은 과학데이터 해석의 일반적인 원리를 따른다.

I.4.6 논증 구조도 : 논리적 분석의 도해

- 논증에 나타난 전제와 결론의 전개 방향과 구조를 화살표로 나타낸 것을 논증 구조도라 한다.
- 논증 구조도는 논증을 이루고 있는 여러 명제들에 대해 하나하나 번호를 붙이고 그 논리적 연결 관계와 전개를 분석하여 화살표로 논의의 지지 방

향을 표현한다.

논리적 전개 구조와 지지 방향을 보여 주는 논증 구조도의 작성은 다음의 순서로 진행한다.

① 논증을 구성하는 명제들을 찾고, 명제에 ①, ②, ③ 등의 번호를 붙인다.
② 논리적 근거 지음에 관한 명제들의 연결 관계를 찾아 논증의 전개 구조를 분석한다.
③ 결론과 전제를 찾는다.
④ 최종 결론을 논증 구조도의 맨 아래에 우선적으로 배열한다.
⑤ 결론을 전제의 아래에 두고 전제로부터 결론으로 진행하는 논증의 전개 방향을 화살표로 표시한다.
⑥ 부분 논증과 전체 논증의 관계를 따져 논증 구조도를 만든다.

〈논증 구조도의 기본 유형〉

▶ 하나의 전제가 하나의 결론을 지지하는 직렬논증(I형 논증)

직렬논증은 하나의 전제가 하나의 결론을 직선적으로 지지하고 있는 단순한 구조이다.

예) ① 키가 크면 싱겁다는 옛 격언이 있다.
　　② 키가 큰 김군은 싱거울 것이다.

▸ 전제가 결론을 각각 지지하는 유형의 병렬논증(V형 논증)

병렬논증은 하나의 결론을 지지하기 위해 두 개 이상의 전제들을 제시하였지만, 개별 전제들이 각각 독립적으로 결론을 지지하는 구조이다.

예) ① 추운 겨울에 높은 산을 등산하는 것은 심장 운동에 위험하다.
　　② 추운 날의 운동은 혈관을 수축시켜 심장을 빠르게 뛰게 만든다.
　　③ 가파른 곳에서 등산하는 것은 심장을 빠르게 뛰게 만든다.

▸ 전제들이 논리적으로 결합하여 함께 결론을 지지하는 유형의 결합논증(T형 논증)

결합논증은 두 개 이상의 전제가 유기적인 논리적 연관 관계를 가지고 있거나 결론의 근거를 더 증강시키는 방식으로 결합하여 하나의 결론을 지지하는 논증이다.

예) ① 그는 배구를 잘한다.
　　② 왜냐하면 그는 키가 크고 손이 크고,
　　③ 키가 크고 손이 큰 사람은 배구를 잘하기 때문이다.

〈논리적 분석의 도해 사례 1〉

본문

> 다이아몬드는 지구상에서 매우 보기 드문 것이며, 따라서 그것을 발견하는 데에는 평균적으로 많은 노동의 시간이 필요하다.

분석

① 다이아몬드는 지구상에서 매우 보기 드물다.
② 다이아몬드를 발견하는 데에는 평균적으로 많은 노동의 시간이 필요하다.

결론 : ② 다이아몬드를 발견하는 데에는 평균적으로 많은 노동의 시간이
　　　　필요하다.
전제 : ① 다이아몬드는 지구상에서 매우 보기 드물다.

　〈논증 구조도〉
　　　①
　　　↓
　　　②

〈논리적 분석의 도해 사례 2〉

본문

> 의사가 불치의 병에 걸린 환자에게 그 병명을 알려주는 것이 도덕적으로 마땅한가? 당연히 병명을 알려주어야 한다고 생각된다. 왜냐하면 의사와

> 환자와의 관계는 마치 목사와 평신도, 변호사와 고객의 관계처럼 상호 신뢰를 바탕으로 이루어진 관계이기 때문이다. 더군다나 이들의 관계가 도덕적인 신뢰를 바탕으로 이루어지지 않는다면 과연 이 세상에서 어느 것을 믿을 수 있겠는가? 그러므로 병원 당국은 이러한 신뢰 관계를 제도적으로 보장할 수 있는 장치를 마련하여 의사와 환자가 먼저 서로 신뢰할 수 있도록 해야 한다.

분석

① 의사가 불치의 병에 걸린 환자에게 그 병명을 알려주는 것이 도덕적으로 마땅한가? 당연히 병명을 알려주어야 한다고 생각된다.

② 왜냐하면 의사와 환자와의 관계는 마치 목사와 평신도, 변호사와 고객의 관계처럼 상호 신뢰를 바탕으로 이루어진 관계이기 때문이다.

③ 더군다나 이들의 관계가 도덕적인 신뢰를 바탕으로 이루어지지 않는다면 과연 이 세상에서 어느 것을 믿을 수 있겠는가?

④ 그러므로 병원 당국은 이러한 신뢰 관계를 제도적으로 보장할 수 있는 장치를 마련하여 의사와 환자가 먼저 서로 신뢰할 수 있도록 해야 한다.

최종결론 :

④ 그러므로 병원 당국은 이러한 신뢰 관계를 제도적으로 보장할 수 있는 장치를 마련하여 의사와 환자가 먼저 서로 신뢰할 수 있도록 해야 한다.

전제(중간결론) :

① 의사가 불치의 병에 걸린 환자에게 그 병명을 알려주는 것이 도덕적으로 마땅한가? 당연히 병명을 알려주어야 한다고 생각된다.

전제 :

② 왜냐하면 의사와 환자와의 관계는 마치 목사와 평신도, 변호사와 고객의

관계처럼 상호 신뢰를 바탕으로 이루어진 관계이기 때문이다.

③ 더군다나 이들의 관계가 도덕적인 신뢰를 바탕으로 이루어지지 않는다면 과연 이 세상에서 어느 것을 믿을 수 있겠는가?

〈논증 구조도〉

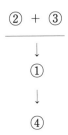

〈문제 I-17〉 다음 글을 논리적으로 분석하고 논증 구조도를 그려보시오.

---

① 오늘은 화요일이든지 수요일이 될 것이다. ② 오늘은 화요일이 될 수 없다. ③ 왜냐하면 저 교회에서 예배를 드리고 있고, ④ 그리고 저 교회는 항상 수요일에만 예배를 드리기 때문이다. ⑤ 그래서 오늘은 분명히 수요일이 될 것이다.

• 결론 :

• 전제 :

• 논증 구조도 :

〈문제 I-18〉 다음 글을 논리적으로 분석하고 논증 구조도를 그려보시오.

---

① 나는 저 여학생이 인도네시아에 유학 가기 전부터 알고 있었다. ② 그리고 내가 저 여학생이 인도네시아 유학을 마치고 돌아오기 전에도 만나고 있었다. ③ 당신은 그녀가 인도네시아 유학에서 돌아오기 전에는 그녀를 만나 본 적이 없다. ④ 그러므로 나는 당신이 저 여학생을 만나기 이전부터 만나고 있었다.

• 결론 :

• 전제 :

• 논증 구조도 :

〈문제 I-19〉 다음 논증의 구조를 분석한 것으로 가장 적절한 것은? (단 ↓ 는 '위의 문장이 아래 문장을 지지함을 의미함'을, ⓐ+ⓑ는 'ⓐ와 ⓑ가 결합됨' 을 의미한다.)

ⓐ 만약 어떤 사람에게 다가온 신비적 경험이 그가 살아갈 수 있는 힘으로 밝혀진다면, 그가 다른 방식으로 살아야 한다고 다수인 우리가 주장할 근거는 어디에도 없다. 사실상 신비적 경험은 우리의 모든 노력을 조롱할 뿐 아니라, 논리라는 관점에서 볼 때 우리의 관할 구역을 절대적으로 벗어나 있다. ⓑ 우리 자신의 더 '합리적인' 신념은 신비주의자가 자신의 신념을 위해서 제시하는 증거와 그 본성에 있어서 유사한 증거에 기초해 있다. ⓒ 우리의 감각이 우리의 신념에 강력한 증거가 되는 것과

마찬가지로, 신비적 경험도 그것을 겪은 사람의 신념에 강력한 증거가 된다. ⓓ 우리가 지닌 합리적 신념의 증거와 유사한 증거에 해당하는 경험은, 그러한 경험을 한 사람에게 살아갈 힘을 제공해 줄 것이 분명하다. ⓔ 신비적 경험은 신비주의자들에게는 살아갈 힘이 되는 것이다. ⓕ 신비주의자들의 삶의 방식이 수정되어야 할 '불합리한' 것이라고 주장할 수는 없다.

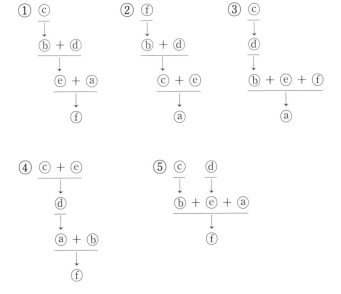

- 2017년도 국가공무원 5급 공채·외교관후보자 선발 제1차 시험 및 지역인재 7급 선발 필기시험 언어논리 영역 가책형 (문15)

〈문제 I-20〉 다음에 나타난 논증의 구조를 올바르게 도식화한 것은?(단 ↓ 는 밑줄 위의 문장들이 화살표가 가리키는 문장을 논리적으로 지지함을 의미한다.)

> ㉠ 어떤 행위에 의해 직접적으로 영향을 받을 사람 모두가 그 행위가 이루어지길 선호한다면 그 행위는 도덕적으로 정당하다. ㉡ 체세포 제공자는, 자연 임신에 의해 아이를 낳을 경우 자신의 유전자를 반만 물려줄 수 있지만 복제 기술을 이용할 경우 자기 유전자를 온전히 물려줄 수 있다는 이유에서 복제 기술을 선호할 것이다. ㉢ 복제 기술을 통해 태어날 인간은 복제 기술이 사용되지 않았더라면 태어나지 못했을 것이므로 복제 기술의 사용을 선호할 것이다. ㉣ 복제 기술에 의해 직접적으로 영향을 받을 사람은 자기 체세포를 이용하는 복제 기술을 통해서 아이를 가지려는 사람들과 복제 기술을 통해서 태어날 인간뿐이다. ㉤ 체세포 제공자와 복제 기술로 태어날 인간은 모두 복제 기술의 사용을 선호할 것이다. ㉥ 복제 기술을 인간에게 사용하는 것은 도덕적으로 정당하다.
>
> 2009년 행정·외무고등고시 및 견습직원선발 1차시험 언어논리영역 경책형 (문37)

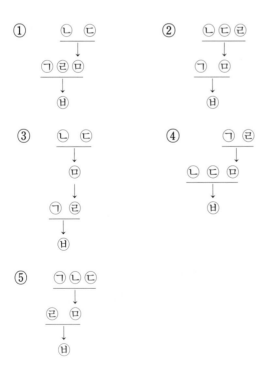

I.5 논리적 분석의 주요 개념

I.5.1 타당성과 건전성

앞의 I.2 '논리와 논리학'에서 어느 논증이 올바른 논리적 관계를 갖는지를 알아보기 위해서 아래의 두 논증을 비교하여 고찰하였다.

❶ 모든 사람은 죽는다. 　모든 철학자는 죽는다. 　그래서 모든 철학자는 사람이다.	❷ 태양은 지구보다 작거나 달보다 　작다. 　태양은 지구보다 크다. 　그래서 태양은 달보다 작다.

논증 ❶은 올바른 논리적 관계를 가지고 있지 않은 논증으로서 타당하지 않고, 논증 ❷는 올바른 논리적 관계를 가지고 있는 논증으로서 타당하다. (논증 ❶의 비타당성에 관해서는 p.129, 논증 ❷의 타당성에 관해서는 p.272를 참조.)

그런데 여기서 논증 ❷가 타당하다 할지라도 상식적 직관으로는 납득하거나 수용하기가 매우 어렵다. 전제의 일부와 결론의 내용이 사실이 아닌 거짓이기 때문이다.

이러한 상황에서 타당성과 건전성 개념의 도입이 필요하다.

타당성(validity)	건전성(soundness)
전제를 참이라 할 때, 결론이 거짓이 아닌 경우	타당하면서 전제와 결론의 내용이 사실적으로 참인 경우

이러한 개념 분류에 따르면 논증 ❷는 타당하지만 건전하지 않다고 말할 수 있다.

I.5.2 명제의 강도와 논리적 지지 강도

명제의 강도(strength)는 주장자가 해당 명제가 참이라고 여기는 신뢰성을 부여하는 정도를 말하며, 논리적 지지 강도는 전제가 결론을 지지하는 강도를 말한다.

명제의 강도

명제의 강도는 두 명제가 언급하고 있는 내용을 비교하여 판단한다. 두 명제를 비교하여 실제로 참인가의 여부와는 무관하게 명제가 언급하는 내용이 구체적으로 더 많은 명제가 상대적으로 강도가 더 높다고 말한다. 구체적으로 더 많은 내용을 언급할수록 명제는 거짓이 될 가능성이 많아지며, 이러한 가능성에도 불구하고 주장자가 이러한 명제의 진리를 주장하는 것은 그만큼 그 명제의 진리에 대해 신뢰성을 더 많이 부여하기 때문이다. 다음 두 명제의 강도를 비교해 보자.

(1) 한국에는 인구 200만 이상의 도시들이 있다.
(2) 한국에는 인구 200만 이상의 도시로서 부산이 있다.

위 명제들에서 명제(2)는 명제(1)보다 상대적으로 명제의 강도가 더 높다. 왜냐하면 명제(2)는 부산이라는 특정 도시를 언급하고 있어 명제(1)보다 구체적으로 더 많은 내용을 언급하여 주장자가 신뢰성을 더 부여하고 있기 때문이다.

하나의 명제를 다른 명제와 비교할 때, 다른 명제는 언급하지 않는 고유명사나 특정 수치를 언급하면서 상대적으로 구체적인 내용을 더 많이 말하면 이 명제가 참이 될 환경조건은 보다 더 구체적으로 한정되어 나타나면서 다른 명제보다 거짓이 될 가능성이 높아진다. 이 경우에 거짓이 될 가능성이 더 높은 이 명제를 주장한다는 것은, 주장자가 이 명제의 진리를 다른 명제의 진리보다 더 신뢰하고 있다는 것을 함축한다. 그래서 이 명제의 강도는 비교되는 다른 명제의 강도보다 상대적으로 더 높다고 말한다. 이와 반대로 보다 더 일반적인 내용을 언급하는 명제는 참이 될 수 있는 환경조건을 더 다양하게 많이 함축한다. 이 경우에 이 명제의 강도는 비교하는 다른 명제보다 상대적으로 낮다고 말할 수 있다. 다음 두 명제의 강도를 비교해 보자.

(3) 한국에는 인구 200만 이상의 대도시들이 있다.
(4) 한국에는 대도시가 있다.

명제(3)은 명제(4)보다 강도가 높다고 할 수 있다. 명제(3)은 명제(4)에 비해 인구 200만 이상의 대도시라는 구체적 내용을 말하여 참이 될 수 있는 환경조건이 보다 구체적으로 나타나 참이 될 수 있는 범위가 좁기 때문이다. 그래도 주장자가 명제(3)을 주장한 것은 이 명제의 진리를 명제(4)에 비해 더 신뢰하기 때문이다. 즉, 주장자가 명제(4)와 비교하여 명제(3)의 진리에 대해 더 신뢰성을 부여하고 있다고 볼 수 있다.

- 명제의 진리에 대한 주장자의 신뢰성 부여의 측면에서 보면 부정문은 일반적으로 긍정문보다 더 많은 내용을 함축하기 때문에 강도가 더 낮다.
- 명제의 강도가 높아질수록 구체화되어 해당 명제가 참이 될 범위의 폭이 좁아지며, 명제의 강도가 낮아질수록 일반화되어 해당 명제가 참이 될 범위의 폭은 넓어진다.
- 명제의 강도는 귀납논리에서 전제가 결론을 지지하는 정도를 비교하여 같은 주제에 관한 여러 귀납 논증들의 논리적 지지 강도를 상대적으로 평가할 때 중요한 역할을 한다. 즉, 명제의 강도는 귀납 논증의 개연성을 판단할 때 중요하게 작용한다. 전제에 나타난 명제들의 강도가 높을수록 그리고 결론에 나타난 명제의 강도가 낮을수록 귀납 논증의 개연성(타당성을 가질 가능성)의 정도는 높아진다.
- 명제의 강도는 신뢰성 부여에서 심리적인 영향이 많이 작용할 수 있다.

논리적 지지 강도

논리적 지지 강도는 전제가 결론을 지지하는 강도를 말한다. 논리적 지지 강도는 논증을 구성하는 전제와 결론이 실제로 참인가 거짓인가의 여부가 아니라 전제를 참이라고 할 때 결론이 거짓이 될 가능성의 정도에 따라 판단한다. 이러한 정도는 일차적으로 논리의 종류에 따라 다르다.

논리의 종류로는 형식논리와 변증논리가 있으며, 형식논리에는 연역논리와 귀납논리가 있다. 논리의 종류에 관해서는 다음절에서 구체적으로 고찰한 후에 후반부에서 각 논리에 대한 논리적 지지 강도를 서로 비교하면서 상대적으로 판단할 것이다.

I.5.3 논리의 종류

형식논리와 변증논리

▶ 변증논리

- 사유의 내용을 분석하면서 논리를 전개하는 양상을 가진다.
- 전제에 있는 모순이나 문제가 되는 내용을 부정적 지지근거로 제시하면서 논리가 전개되며, 대부분 대화의 방식으로 진행된다.
- 논리 전개의 방향이나 정당성 여부가, 문제 제기의 관점이나 내용, 상황이나 맥락에 따라 결정되기 때문에, 올바른 논리와 잘못된 논리를 구별할 수 있는 보편적인 추리 규칙의 존재가 가능하지 않다. 그래서 논리적 지지 강도는 추리 규칙을 포함하고 있는 형식논리보다 약하다.
- 고대 그리스 소피스트, 소크라테스, 플라톤이 대화에서 많이 전개하였던 논리(dialektike)이다.

> **용기에 관한 대화에서 소크라테스가 사용하는 변증논리의 사례**
>
> 질문자 : "소크라테스여, 용기란 무엇입니까?"
> 소크라테스 : "당신은 용기를 무엇이라고 생각합니까?"
> 질문자 : "나는 용기를 전장에서 적진을 향해 돌진하는 것이라고 생각합니다."
> 소크라테스 : "만약에 적군의 병력이 1만 명이고 우리의 병력은 7천 명이라고
> 하더라도 용감하게 돌진하는 것이 용기입니까?"
> 질문자 : "그러한 경우라면 후퇴하는 것도 용기라고 할 수 있습니다."

▶ 형식논리
- 논의 주제와 내용보다는 논증 형식에 근거하여 올바른 논리와 잘못된 논리를 구별한다.
- 논증에 나타난 명제가 사실적으로 참인가의 여부를 문제 삼지 않고 형식적인 타당성만 고려한다.
- 올바른 논리와 잘못된 논리를 구별할 수 있는 추리 규칙과 올바른 논리로 전개하는 논증 형식을 보여 준다.
- 연역논리와 귀납논리가 있으며 연역논리의 논리적 지지 강도가 귀납논리의 논리적 지지 강도보다 강하다.

연역논리와 귀납논리

▶ 연역논리
- 일반적인 보편적 사실들이나 법칙들로부터 구체적인 특수한 사실들이나 개별 경우를 결론으로 추리한다.
- 추리하는 논리적 전제가 참이면 결론은 필연적으로(반드시) 참이 된다.
- 전제의 진리가 결론으로의 추리 과정에서 그대로 보존된다.
- 논리적 지지 강도가 귀납논리와 비교하여 상대적으로 강하지만, 전제가 결론을 논리적으로 함축하기 때문에, 추리 과정에서 정보와 지식의 내용이 확장될 수 있는 측면이 거의 없다.[30]

> 모든 사람은 죽는다.
> 모든 철학자는 사람이다.
> ─────────────────
> 그러므로 모든 철학자는 죽는다.

▶ 귀납논리

- 구체적인 특수한 사실들이나 수집한 개별 경우들로부터 일반적인 보편적인 사실들이나 법칙들을 결론으로 추리한다.

- 결론으로 진행하는 추리 과정에서 전제의 진리가 그대로 보존되지 않을 가능성이 많다. 그래서 전제가 참이라도 결론이 거짓이 될 개연성(확률)이 있다.

- 논리적 지지 강도가 연역논리에 비해 상대적으로 매우 취약하지만, 추리 과정에서 정보와 지식이 확장될 수 있는 측면이 연역논리보다 비교적 강하다.[31]

> 올해 을숙도에 온 백조들은 모두 하얗다.
> 시베리아에 있는 백조들은 하얗다.
> ─────────────────
> 그러므로 모든 백조는 하얗다.

논리에 대한 논리적 지지 강도 비교

- 논리적 지지 강도에서, 형식논리와 변증논리를 비교하면 올바른 논리와 잘못된 논리를 구별할 수 있는 추리 규칙과 형식이 있는 형식논리가 변증논리보다 논리적 지지 강도가 강하다고 볼 수 있다.

- 연역논리와 귀납논리의 논리적 지지 강도를 비교하면, 연역논리에서는 전

---

30 그래서 연역에 근거한 논증이 단순한 순환논증에 불과한 것이 아닌가에 관한 여러 논변들이 있다.

31 귀납추리를 확장 추리(ampliative inference)라고 말하기도 한다.

제들의 진리가 결론의 진리를 절대적으로 보장하지만, 귀납논리에서는 전제들의 진리가 결론의 진리를 절대적으로 확실하게 보장하지 못하고 개연적으로 보장한다. 다시 말하면 전제가 참일 때 연역논리에서는 결론이 거짓이 될 가능성이 거의 없지만, 귀납논리에서는 거짓이 될 가능성이 있다. 따라서 연역논리에서의 논리적 지지 강도가 귀납논리에서의 논리적 지지 강도보다 강하다.

I.5.4 사용(Use)과 언급(Mention)

언어 사용에서 자주 일어나는 현상은, 어떤 표현이 어떤 것을 말하기 위해 사용되고 있는 경우와 그 표현 자체를 언급하고 있는 경우의 혼동이다. 예를 들면 다음과 같은 경우에서이다.

① 이순신은 거북선을 만든 장군이다.
② '이순신'은 3음절로 된 단어이다.

①의 경우에 '이순신'이라는 고유명사는 장군인 어떤 사람 이순신을 지시하기 위해 사용되었고, ②의 경우에 따옴표에 있는 '이순신'은 따옴표 안에 있는 표현 자체나 이름을 말하기 위해 언급되었다. 언급되고 있는 표현은 항상 따옴표 안에 있는 표현이다.

논리학에서는 프레게의 제안에 따라 언급의 경우에는 따옴표를 사용하여 표현이 사용되고 있는 경우와 구분하고 있다. 그래서 다음과 같은 경우의 명제는 거짓으로 간주한다. 표현이 거북선을 만들 수 없기 때문이다.

③ '이순신'은 거북선을 만든 장군이다.

**〈문제 I-21〉 다음 문장이 참이 될 수 있는 방식으로 따옴표를 사용하여 사용
과 언급을 구분해 보시오.**

Ⓐ a의 대문자는 A이다.

Ⓑ 이 책의 1장은 논리란 무엇인가에 관한 내용이다.

Ⓒ 사랑은 이음절이다.

Ⓓ 논리학에서 P, Q는 보통 명제를 지칭하기 위해 사용된다.

Ⓔ P가 언명 지금 비가 오고 있다를, Q는 언명 날씨가 매우 춥다를 지칭
하기 위해 사용하고 있다면, 그러면 논증 지금 비가 오고 있다 그러므
로 날씨가 매우 춥다는 다음과 같이 기호화할 수 있다. P, 그러므로 Q.

I.5.5 논리학의 학문적 특성

논리학은 추리의 건전성이 아니라 타당성을 추구하기 때문에 사실과학이 아
니라 형식과학이면서 규범과학의 특성을 가지고 있다.

형식과학(formal science)
- 사유의 추론 내용이 아니라 추리의 형식적 타당성에만 관심을 가지고 탐구
한다. 그래서 논증을 구성하는 명제들이 참인가의 여부는 고려하지 않는다.
- 형식과학과는 달리 건전성에 관심을 두고 탐구하며, 그래서 명제의 내용
이 사실적으로 참인가의 여부를 경험적으로 탐구하고 연구하는 과학이 사
실과학(factual science)이다.
- 논리학은 형식과학이다.

규범과학(normative science)
- 특수한 경험적 사실의 내용에 근거하여 규칙을 발견하거나 정립하는 것이

아니라, 선천적인 형식 규칙의 체계를 정립하고 이 체계에 따라 선천적인 사유 규칙(추리 규칙)을 탐구한다.
- 규범과학과는 달리, 세계 내 있는 사실이나 현상을 기술하고 탐구하는 과학이 기술(記述)과학(descriptive science)이다.[32]
- 논리학은 규범과학이다.

논리학의 분석범위
- 논리학에 근거한 비판적 분석을 통해 할 수 있는 것과 할 수 없는 것은 다음과 같은 표로 나타낼 수 있다.

논리학에서 할 수 없는 것	논리학에서 할 수 있는 것
사실적으로 참된 명제로 타당한 논증을 구성할 수 없다.	논증의 타당성을 비판적으로 분석할 수 있다.
사실적으로 참인지 거짓인지를 말할 수 없다.	전제와 결론의 논리적 지지 관계를 말할 수 있다.
하나의 논증이 건전한지를 말할 수 없다.	하나의 논증이 타당한가를 말할 수 있다.
귀납적 추론에 의해 나온 결론을 인과적 관계에 의해 정당화할 수 없다.	연역적 추론에 의해 나온 결론을 논리적 관계에 의해 정당화할 수 있다.
내용적으로 그리고 수사학적으로 논증에 대한 지지를 더 강화할 수 없다.	오류를 피하면서 수사학적으로 설득력을 증진시킬 수 있는 기반을 제공할 수 있다.

---

[32] 예를 들어 어떤 특정 지역에서 사용하는 사투리를 수집하여 기록하는 것은 기술 과학의 영역에 속한다고 볼 수 있다. 그러나 언어의 사용 규칙을 만드는 문법 이론은 규범과학의 영역에 속한다고 볼 수 있다.

II
연역논리 : 삼단논법

- 일상생활 논리에서 사용하는 대표적인 연역논리의 체계는 삼단논법이다. 삼단논법은 학문의 도구(organon, 방법)로 사용하였던 syllogism을 지칭한다. 그리스어인 'syllogism'의 원의미는 '함께 생각하다, 전제와 결론을 결부시키다'이다. 용어 'syllogism'을 '삼단논법(三段論法)'으로 번역한 것은, 세 개의 명제와 세 개의 개념으로 구성되어, 두 개의 명제가 전제의 역할을, 한 개의 명제가 결론의 역할을 하는 삼단 구조로 된 논증의 형태에 근거하고 있다.

- 삼단논법은 아리스토텔레스가 만든 연역논리학 체계(기원전 335년)에서 처음 등장하였다. 아리스토텔레스는 연역에 대해서 "연역은 어떤 것들이 전제될(supposed) 때, 다른 어떤 것이 이것들이 그렇다고 전제되었기 때문에 필연적으로 결과한다고 말하는 방식이다."[1]라고 말한다. 여기서 전제된 어떤 것이란 논증의 전제(protasis)를, 필연적으로 결과하는 다른 어떤 것은 결론(sumperasma)을, 필연적으로 결과한다는 것은 타당하게 추리한다는 것을 말한다.

- 아리스토텔레스 사후에 그의 강의 형태의 저서들을 수집하고 분류하면서,

---

1 이를 영어로 번역하면 다음과 같다. A deduction is speech(logos) in which, certain things having been supposed, something different from those supposed results of necessity because of their being so. (Prior Analytics I.2, 24b18–20)

그의 제자들이 특별히 학문의 도구(organon, 방법)에 관한 아리스토텔레스의 강의용 저서들이라고 간주한 6개의 저서[2]들을 따로 모아서 편집하여 '오르가논(Organon)'이라는 명칭을 붙였다. 이 저서들에서 나타난 대표적인 논리학의 체계가 연역논리인 Syllogism(삼단논법)이다.

- 삼단논법으로는 전제에 나타나는 명제가 어떤 것이냐에 따라 정언 삼단논법, 선택삼단논법, 조건 삼단논법이 있다. 삼단논법의 정언 삼단논법의 추리론은 아리스토텔레스의 저서 『분석론 전서』에 주로 나타난다.

- 조건 삼단논법은 BC 3세기 헬레니즘 시대 스토아학파의 3대 수장이었던 크리시포스(Chrysippus, BC 280-207)가 개발하였으며, 명제논리의 형식으로 된 논증이다.

- 2세기에 의사 갈렌(Galen)이 과학적 지식의 증명을 위해서, 아리스토텔레스의 정언 삼단논법과 스토아학파의 조건 삼단논법을 통합한 논리 체계를 제시하였고, 아리스토텔레스 제자들이 이러한 체계의 삼단논법으로 정립하였다.[3]

II.1 근본 법칙

삼단논법을 비롯한 연역논리의 체계에서 논리적 추론 규칙들에 대해 최종적인 타당성 근거가 되는 근본 법칙으로 모순율, 동일률, 배중률이 있다.

▶ 모순율(law of non-contradiction)
- 하나의 명제는 참이면서 동시에 거짓이 될 수 없다. 즉, 명제 A와 명제-A는 동시에 참이 될 수 없다.
- 예를 들어, 명제 "나는 오늘 아침에 밥을 먹었다."와 명제 "나는 오늘 아침

---

2 〈범주론 Categories〉, 〈해석론 On Interpretation〉, 〈분석론 전서 Prior Analytics〉, 〈분석론 후서 Posterior Analytics〉, 〈변증론 Topics〉, 〈궤변론 On Sophistical Refutations〉이다.
3 인터넷 철학백과사전 Stanford Encyclopedia of Philosophy의 항목 'ancient logic'.

에 밥을 먹지 않았다."는 동시에 참이 될 수 없다.
- 기호로 표시하면, "−(A&−A)"는 항상 참이다.

▸ 동일률(law of identity)
- 모든 개별 사물이 그 자신과 동일하다고 하는 명제는 항상 참이다. 즉, 명제 "A는 A이다."는 항상 참이다.
- 예를 들어, 명제 "이순신은 이순신이다."는 항상 참이다.
- 기호로 표시하면, "A→A"는 항상 참이다.

▸ 배중률(law of excluded middle)
- 하나의 명제와 그를 부정하는 명제 중에서 하나는 반드시 참이다. 즉, 명제 A와 명제 −A 중에서 하나는 반드시 참이다.
- 예를 들어, 명제 "나의 이름은 박세영이다."와 명제 "나의 이름은 박세영이 아니다." 중에서 하나는 반드시 참이다.
- 기호로 표시하면, "A∨−A"는 항상 참이다.

〈문제 II-1〉 인문대 강의실 1002호에 있던 강의실용 시계가 사라졌는데 이에 관해 학생들이 다음과 같이 말하였다. 이 학생들 중에서 한 사람만이 거짓말을 하고 있다. 누가 거짓말을 하고 있으며 시계를 가져갔을지 추리해 보시오.

갑 : 병이 가져갔습니다.
을 : 갑이 가져갔습니다.
병 : 내가 가져가지 않았습니다.
정 : 갑이 거짓말을 하고 있습니다.

〈문제 II-2〉 다음 글의 ㉠이 참일 때, 참일 수 있는 주장은?

12세기 이후 유럽의 대학에서 아리스토텔레스를 연구하는 사람들이 많아지면서 당시 기독교 교리와 위배되는 생각들이 공공연히 주장되기 시작했다. 이에 위기를 느낀 파리 주교 에티엔 탕피에는 1277년에 아리스토텔레스의 견해로 알려진 219개 항목이 대학에서 교육되는 것을 금지했다. 그 중에 ㉠다섯 항목은 다음과 같다:

- 논리적으로 불가능한 일은 절대적으로 불가능하다.
- 신이라도 여러 개의 세계를 만들 수 없다.
- 아무것도 없는 상태에서는 어떤 것도 생겨날 수 없고 신이라도 무로부터 세계를 창조할 수는 없다.
- 부모의 도움 없이 오직 신의 힘만으로 사람을 만들어 낼 수 없다.
- 우리는 자명하게 참인 것이나 그런 참으로부터 입증될 수 있는 것만을 믿어야 한다.

2015년 5급 공채·외교관후보자 선발 제1차시험 및
지역인재7급 견습직원선발 필기시험 인책형 (문34)

① 영희는 자기 자신보다 키가 크다.

② 충분히 많은 사람들이 믿으면 둥근 삼각형이 존재한다고 믿어도 된다.

③ 우리가 사는 세계는 약 137억 년 전 아무것도 없는 상태에서 빅뱅을 통해 생겨났다.

④ 신은 우리가 사는 세계와 비슷하지만 세부 특징이 조금 다른 세계를 여럿 만들 수 있다.

⑤ 정자와 난자를 체외 수정시켜 탄생한 시험관 아기는 다른 사람과 아무런 차이가 없는 사람이다.

II.2 개념과 명제

삼단논법의 논리적 분석의 대상은 세 개의 명제들로 된 논증이고 이 논증에서
두 개의 명제는 전제, 하나의 명제는 결론으로 사용하고 있다.

　명제는 주어 개념과 술어 개념으로 구성되어 있다. 먼저, 개념의 특성, 종류,
정의에 관하여 살펴보자.

II.2.1 개념

개념의 특성
개념은 내포(內包, intension)와 외연(外延, extension)을 갖는다.

내포 : 개념이 지시하는 대상의 속성(성질)들의 집합

예) 개념 ‘인간’의 내포에는 이성, 직립, 황인종 등이 있다.

외연 : 개념을 적용할 수 있는 대상들의 집합

예) 개념 ‘인간’의 외연은 소크라테스, 이순신 등 인간의 집합 전체이다.

　개념의 내포의 수가 증가하면 구체화가 촉진되고(사람 → 황인종), 외연의
수가 증가하면 일반화가 촉진된다(사람 → 동물).

개념의 종류
외연의 포섭 관계에 의해 두 개념을 비교하여 종개념과 유개념으로 구분

▸ 종(種)개념(species)과 유(類)개념(genus)
　종개념 : 외연이 상대적으로 작은 개념

유개념 : 외연이 상대적으로 큰 개념

예) 개념 '사람'과 '동물'을 비교하면 외연이 상대적으로 작은 개념인 '사람'은 종개념, 외연이 상대적으로 큰 개념인 '동물'은 유개념

▶ 동위개념과 종차

하나의 동일한 유개념 밑에 포함되어 있는 종개념은 동위개념이고, 이 동위개념들을 구별할 수 있게 하는 본질적인 속성을 종차(種差, specific difference)라고 한다. 예를 들어 생물과 무생물은 동위개념이고 생물과 무생물을 구별할 수 있게 하는 본질적인 속성인 생명 있음을 종차라 한다.

▶ 모순개념과 반대 개념

동위 명사로서 내포의 질적인(본질적 속성의) 측면에서 전혀 중복될(겹칠) 수 없어 제3의 중간 개념이 존재하지 않는 모순개념과 내포의 질적인 측면에서 정도의 차이가 존재하여 일부 중복될(겹칠) 수 있으므로 제3의 중간 개념이 존재하는 반대 개념이 있다.

예) 모순개념 – 남자와 여자, 유와 무, 유한과 무한, 삶과 죽음

　　반대 개념 – 흑과 백, 대와 소, 강대국과 약소국, 승리와 패배, 반대와 찬성

▶ 선택 개념과 교차개념

동위 명사로서 외연의 측면에서 공통부분이 존재하지 않아 배타적으로 분리되는 선택[4](disjunctive) 개념과 그 외연이 일부 겹쳐 공통부분이 존재하는 교차개념이 있다.

예) 선택 개념 – 흑과 백, 동물과 식물

4　다른 논리학 책에서는 선언 개념, 분리 개념이라고도 한다. 여기서는 일상적으로 많이 사용하고 있는 용어 '선택'을 택하여, 선택 개념으로 한다.

　교차개념 – 학생과 남자, 학자와 교육자

개념의 정의

　개념의 의미를 명료하게 만들기 위해 논리적 정의(定義, definition) 방식을 사용한다. 정의하고자 하는 개념을 피정의항, 피정의항을 정의하는 개념을 정의항이라 한다. 논리적 정의 방식은 다음과 같다.

$$\text{피정의항} = \text{최근류 개념} + \text{종차}$$

- 최근류 개념은 어떤 하나의 개념과 가장 가까운 관계에 있는 유개념이다. 개념 '동물'은 개념 '사람'의 최근류 개념이다.
- 개념 '사람'을 논리적으로 정의하면, 최근류 개념 '동물' + 종차 '이성'으로 되어 '사람은 이성적 동물이다'가 된다.
- 정의항에 나타나는 종차는 그 정의하고자 하는 개념(피정의항)이 가리키는 대상의 본질적 속성을 기술하여야 한다.

예) 집배원은 가장 많이 걸어 다니는 직업에 종사하는 사람이다.(×)
　　집배원은 우편물을 수집하고 배달하는 사람이다.(○)

- 정의는 동어반복과 같이 피정의항의 내용이 정의항에 그대로 들어가 순환되어서는 안 된다.

예) "원인이란 결과를 일으키는 어떤 것을 말한다."(×) 동어반복
　　"원인이란 현상의 일종으로서 탐구 현상보다 시간적으로 먼저 생기면서 그것을 일으키게 하는 현상을 말한다."(○)

〈문제 II-3〉 다음 보기에 제시된 개념과 같은 관계를 가진 개념끼리 묶인 것을 고르시오.

〈보 기〉

삶과 죽음

---

① 소년과 소녀   ② 여름과 겨울
③ 길다와 짧다   ④ 흰색과 검은색

〈문제 II-4〉 다음 중 관계가 다른 하나를 고르시오.

① 연구자 – 교수
② 장미 – 꽃
③ 어린이 – 소녀
④ 곤충 – 누에
⑤ 참외 – 채소

〈문제 II-5〉 다음 중 개념 간의 관계가 다른 것을 고르시오.

① 흑 – 백
② 야구 – 축구
③ 밥 – 김치
④ 맥주 – 막걸리
⑤ 된장 – 고추장

II.2.2 명제(proposition)

삼단논법의 논증은 세 개의 명제가 두 개의 전제와 하나의 결론을 구성하고 있다. 명제는 주연과 진릿값의 특성을 갖는다. 진릿값의 특성에 주목하여 논리적 분석을 하는 논리학이 인공언어를 사용하는 현대 기호논리학[5]이며, 주연의 특성에 주목하여 논리적 분석을 하는 논리학이 일상 언어를 사용하는 전통적인 고전 논리학이다. 일상 언어를 사용하는 일상생활 논리의 체계는 아리스토텔레스 논리학을 근간으로 하는 전통적인 고전 논리학에 기초하고 있다.

명제의 특성

주연(周延, distribution) : 하나의 명제가 자신이 포함하고 있는 주어와 술어 개념의 외연을 전부 언급하는 것을 말한다.

예1) 명제 "모든 사람은 죽는다."에서 이 명제는 주어 개념 '사람'의 외연을 모두 언급하고 있어 주어 개념은 주연되었고, 술어 개념 '죽음'에 관해서는 사람의 죽음만을 언급하고 있어 부주연되었다고 말한다.

예2) 명제 "어떤 사람도 개가 아니다."에서 이 명제는 주어 개념 '사람'의 외연을 모두 언급하고 있어 주어 개념 '사람'은 주연되었고, 술어 개념 '개'의 외연 전체를 분석하니 사람이 하나도 없다는 것을 언급하고 있으므로 술어 개념은 주연되었다.

예3) 명제 "약간의 사람은 성실하다."에서 이 명제는 주어 개념 '사람'의 외연 일부만 언급하고 있어 주어 개념은 부주연되었고, 술어 개념 '성실'에 관해서 사람의 성실함만을 언급하고 있어 부주연되었다.

---

[5] 진릿값에 근거하여 타당성을 조사하는 방식은 IV부 '기호논리학' 부분에서 구체적으로 다룰 것이다.

예4) 명제 "약간의 사람은 성실하지 않다."에서 이 명제는 주어 개념 '사람'
의 외연 일부만 언급하고 있어 주어 개념은 부주연되었고, 술어 개념
'성실'의 외연 전체를 분석하니 일부 사람이 배제된다는 것을 언급하고
있으므로 술어 개념은 주연되었다.

주연 관계를 명제에 적용하여 분석할 경우에, 주어의 경우에는 그 앞에 '모
든' 등의 용어가 나타나면 그 주어는 주연되고, 술어의 경우에는 부정 술어가
나타나면 그 술어는 주연된다.

명제의 종류
명제의 종류로는 정언명제, 선택 명제, 조건명제가 있다.

① 정언명제(categorical proposition)
어떤 대상이나 사태에 관한 어떤 내용을 정언적(단언적)으로 주장하는 명제
로서 다음과 같은 표준 형식의 명제가 있다. 표준 형식의 정언명제는 다음에서
구체적으로 설명할 것이다.

예) 모든 사람은 죽는다.(전칭긍정)
　　어떤 사람도 성실하지 않다.(전칭부정)
　　약간의 사람은 성실하다.(특칭긍정)
　　약간의 사람은 성실하지 않다.(특칭부정)

② 선택 명제(disjunctive proposition)
어떤 대상이나 항목을 선택지로 제시하고 있는 명제로서 선언(選言)명제라
고도 한다.

예) A이거나 B이다. 산에 가거나 바다에 간다.

③ 조건명제(hypothetical proposition, conditional proposition)
조건적 판단을 나타내는 조건명제로서 가언(假言)명제라고도 한다.

예) 만약 A라면 B다. 만약 구름이 끼면 비가 온다.

정언명제의 표준 4형식

일상 언어의 문법에 근거한 양적 분류 기준과 질적 분류 기준으로 명제들을 구분하면 다음과 같다.

1) 양적 분류 기준 : 주어 개념의 외연을 어느 정도 범위로 언급하는가에 따라 분류한다. 즉, 외연 전체를 언급하는가, 외연 일부를 언급하는가, 하나의 개별자만을 지칭하는가에 따라 다음과 같이 분류한다.

① 전칭(全稱)명제(universal proposition)
주어 명사 앞에 외연 전체를 언급하는 용어 '모든(all)'이 나타나거나 부정적 의미로 외연 전체를 언급하는 용어 '어떤 …도'가 나타난 명제

예) 모든 사람은 죽는다.
    어떤 사람도 성실하지 않다.

② 특칭(特稱)명제(particular proposition)
주어 명사 앞에 외연 일부만을 언급하는 용어 '약간의(some)'가 나타난 명제

예) 약간의 사람은 성실하다.
    약간의 사람은 성실하지 않다.

③ 개별(個別)명제[6](singular proposition)
개별자를 지칭하는 고유명사가 주어로 나타난 명제

예) 소크라테스는 철학자다.

2) 질적 분류 기준 : 주어 개념의 외연과 술어 개념의 외연이 전부, 혹은 일부 교차하고 있다는 것을 긍정적으로 기술하느냐 부정적으로 기술하느냐에 따라 긍정문과 부정문으로 분류한다. 만약 교차하고 있다고 기술하면 긍정문, 교차하지 않는다고 기술하면 부정문이다.

이러한 질적 측면을 명료하게 표현하기 위해 문법적으로 부정 술어가 등장한다. 부정 술어가 명제에 명시적으로 있으면 부정문, 없으면 긍정문으로 분류한다.[7] 예를 들어 다음과 같은 명제를 보자.

(1) 약간의 사람은 성실하다.
(2) 약간의 사람은 성실하지 않다.
(3) 약간의 사람은 불성실하다.

위의 명제 중에서 부정 술어가 없는 명제(1)과 명제(3)은 긍정문이다. 반면에 부정 술어가 있는 명제(2)는 부정문이다. 명제(2)와 명제(3)은 동일한 의미를 가지고 있지만 문법적 형식에서 부정 술어가 있는가 없는가에 따라 부정문과 긍정문으로 구분된다.

그러므로 하나의 명제가 긍정문인가, 아니면 부정문인가에 관한 판단은 문법적 형식의 측면에서 부정 술어가 있느냐 없느냐에 따라 결정한다.

긍정문 : 예) "모든 사람은 죽는다."
          "약간의 사람은 부지런하다."

부정문 : 예) "어떤 사람도 영원히 살지 못한다."

---

6   단칭명제라고 부르기도 한다.
7   물론 영어로 표현된 전칭부정문 "No S is P."의 경우는 예외이지만, 한국어 명제 "어떤 S도 P가 아니다."에는 문법적 형식을 그대로 적용할 수 있다.

"약간의 사람은 부지런하지 않다."

양적 분류 기준과 질적 분류 기준에 따라 구분된 명제들의 조합으로 4가지 표준 형식의 정언명제를 정의한다.

개별 명제는 전칭명제의 특수한 경우로 간주하고, 위의 일상 언어 문법 기준에 따른 주어 개념과 술어 개념의 가능한 결합으로부터 다음과 같은 표준 형식의 정언명제가 나온다.

① 전칭긍정명제(A) : 모든 S는 P다. All S are P.

예) "모든 사람은 죽는다."

전칭이고 긍정문이며, 참이 되기 위해서는 주어 개념의 외연 전부가 술어 개념의 외연과 교차하고 있어야만 한다.

② 전칭부정명제(E) : 어떤 S도 P가 아니다.[8] No S is P.

예) "어떤 사람도 성실하지 않다.

전칭이고 부정문이며, 참이 되기 위해서는 주어 개념의 외연과 술어 개념의

---

[8] 전칭긍정명제 "All S are P."의 부정인 전칭부정명제는, 부정 술어가 있어야만 부정문이 된다는 질적 기준에 따라 형식적으로는 "All S are not P."가 되어야 하지만, 이 부정명제는 "Some S are not P."라는 부분부정의 의미를 가지고 있다. 그래서 명제 "All S are P."의 부정명제는 명사 S와 명사 P의 완전 배타적 관계를 의미하는 전부 부정이 되어야 한다. 많은 논리학 교재가 영어로 전부 부정을 의미하는 명제 "No S is P."를 전칭부정명제로 사용하고 있고, 한국에서도 이에 걸맞게 "어떤 S도 P가 아니다."로 번역하여 사용하고 있다. 그런데 명제 "No S is P."에는 술어 부분에 부정 술어가 나타나지 않아 긍정을 부정으로, 부정을 긍정으로 전환시키는 환질의 경우에, 부정 개념을 부정 술어로 처리함으로 약간의 어려움을 야기할 수 있다. 그러나 "어떤 S도 P가 아니다."라고 우리말로 번역하면 부정 술어가 있어야 한다는 부정의 형식적 측면과 전칭부정명제가 가지는 전부 부정의 의미론적 측면을 잘 만족시키고 있다.

외연이 하나도 교차하지 않아야만 한다. 즉 배타적이어만 한다.

③ 특칭긍정명제(I) : 약간의 S는 P다. Some S are P.

　　예) "약간의 사람은 성실하다."

특칭이고 긍정문이며, 참이 되기 위해서는 주어 개념의 외연과 술어 개념의 외연이 일부 교차하고 있어야만 한다.

④ 특칭부정명제(O) : 약간의 S는 P가 아니다. Some S are not P.

　　예) "약간의 사람은 성실하지 않다."

특칭이고 부정문이며, 참이 되기 위해서는 주어 개념의 외연의 일부가 술어 개념의 외연과 교차하지 않아야만 한다.

※ 라틴어로 '나는 긍정한다' 는 'affirmo' 인데, 여기서 전칭긍정명제는 맨 앞의 모음 철자 A를 사용하여 A명제로, 특칭긍정명제는 그 다음의 모음 철자 I를 사용하여 I명제로 지칭한다. 또한 라틴어로 '나는 부정한다' 는 'nego' 인데, 여기서 전칭부정명제는 맨 앞의 모음 철자 E를 사용하여 E명제로, 특칭부정명제는 그 다음의 모음 철자 O를 사용하여 O명제로 지칭한다.

〈문제 Ⅱ-6〉 다음 명제들의 표준 형식을 쓰시오.

① 남자는 누구나 용감하다.
② 거짓을 말하는 성직자는 결코 없다.
③ 생선을 좋아하지 않는 사람들도 있다.
④ 사람들은 대부분 이웃에 호의적이다.
⑤ 동물들에게는 이성이 없다.
⑥ 신경과민인 화가들도 있다.
⑦ 인간은 죽게 마련이다.
⑧ 동물들은 본능적이다.
⑨ 소금은 쓴맛이 나지 않는다.
⑩ 반짝이는 것이라고 모두 금은 아니다.
⑪ 사악한 사람들이 존재한다.
⑫ 사악한 사람들만 있는 것은 아니다.

Ⅱ.3 직접추리

추리는 어떤 하나의 명제로부터 논리적 관계를 가지고 다른 하나의 명제로 진행하는 것이다. 이러한 진행에는 직접추리(immediate inference)와 간접추리(mediate inference)가 있다.

　직접추리는 추리에 도움을 주는 매개념이나 매개 명제의 중계 없이(immediately) 직접적으로 어떤 하나의 명제로부터 다른 하나의 명제를 추리하는 것이다. 간접추리는 추리에 도움을 주는 매개념이나 매개 명제의 중계를 거쳐(mediately) 간접적으로 어떤 하나의 명제로부터 다른 하나의 명제를 추리하는 것이다. 간접추리가 좁은 의미의 삼단논법으로서, 삼단논법의 추리를 대표한다.

직접추리의 방식에는, 명제들 사이의 직접적인 논리적인 관계에 의해 다른 명제의 진릿값을 추리하는 방식과 주어 개념의 위치와 술어 개념의 위치를 바꾸거나 명제의 질을 변환시켜 명제의 형태를 변형시키는 방식이 있다.

직접추리에는 명제 간의 논리적 관계로 직접추리하는 대당 관계에 의한 추리와, 명제의 형태를 바꾸어 직접추리하는 환질과 환위에 의한 추리가 있다.

II.3.1 대당 관계에 의한 직접추리

대당 관계(opposition)에 의한 추리는 표준 4형식의 정언명제들 간의 논리적 관계에 의해 진행한다. 이 논리적 관계는 주연보다는 진릿값과 집합 연산기호에 의해 이해하는 것이 쉽다.

표준 4형식의 정언명제 각각에 관해 주어 개념과 술어 개념의 외연이 교차하고 있는 것을 집합 연산기호로 표시하면 다음과 같다.

① A(전칭긍정)명제

  표준 형식 : 모든 S는 P다. All S are P.

- A명제가 참이 되기 위해서는 주어 개념의 외연이 술어 개념의 외연에 완전히 포함되어야 한다. 예를 들어 명제 "모든 사람은 죽는다."가 참인 것은 사람의 외연이 죽음의 외연에 모두 포함되어 있기 때문이다. 즉 죽지 않는 사람이 하나도 존재하지 않기 때문에 참이다. 그러나 명제 "모든 사람은 성실하다."는 성실하지 않는 사람이 존재하기 때문에 거짓이다. 즉 사람의 외연이 성실의 외연에 모두 포함되지 않으므로 거짓이다.
- 이상과 같은 특성을 집합 연산기호로 표시하면, 전칭긍정명제는 주어 개념의 집합(S)과 술어 개념의 차집합(-P)의 공통 집합(S&-P)이 존재하지

않아야만(공집합이 되어야만) 참이 된다. 이를 집합 연산기호로 표시하면 아래와 같다.

$$S \ \& \ -P \ = \ \varnothing$$

② E(전칭부정)명제

　표준 형식 : 어떤 S도 P가 아니다. No S is P.

- E명제가 참이 되기 위해서는 주어 개념의 외연과 술어 개념의 외연의 교차하는 공통부분이 하나도 존재하지 않아야 한다. 즉 교차하지 않아야 한다. 예를 들어 명제 "모든 사람은 개가 아니다."가 참인 것은 사람의 외연과 개의 외연이 하나도 교차하지 않기 때문이다. 즉 사람이면서 개인 사물이 하나도 존재하지 않기 때문에 참이다. 그러나 명제 "모든 사람은 성실하지 않다."는 성실한 사람이 존재하기 때문에 거짓이다. 즉 사람의 외연과 성실의 외연이 교차하는 공통부분인 성실한 사람이 존재하기 때문에 거짓이다.
- 이상과 같은 특성을 집합 연산기호로 표시하면, 전칭부정명제는 주어 개념의 집합(S)과 술어 개념의 집합(P)의 공통 집합(S&P)이 존재하지 않아야만(공집합이 되어야만) 참이 된다. 이를 집합 연산기호로 표시하면 아래와 같다.

$$S \ \& \ P \ = \ \varnothing$$

③ I(특칭긍정)명제

　표준 형식 : 약간의 S는 P다. Some S are P.

- I명제가 참이 되기 위해서는 주어 개념의 외연과 술어 개념의 외연이 교차

하는 공통부분에 적어도 하나의 대상이 존재해야 한다. 즉 교차하는 공통
부분이 있어야만 한다. 예를 들어 명제 "약간의 사람은 성실하다."가 참인
것은 사람의 외연과 성실의 외연이 교차하는 공통부분이 있기 때문이다.
즉 성실한 사람이 적어도 하나는 존재하기 때문에 참이다. 그러나 명제
"약간의 사람은 개다."는 생물학적으로 개이면서 사람인 사물이 존재하지
않기 때문에 거짓이다. 즉 사람의 외연과 개의 외연이 교차하는 공통부분
이 존재하지 않기 때문에 거짓이다.

- 이상과 같은 특성을 집합 연산기호로 표시하면, 특칭긍정명제는 주어 개
념의 집합(S)과 술어 개념의 집합(P)의 공통 집합(S&P)이 적어도 하나는
존재해야만(공집합이 되지 않아야만) 참이 된다. 이를 집합 연산기호로 표
시하면 아래와 같다.

    $S \& P \neq \varnothing$

④ O(특칭부정)명제

    표준 형식 : 약간의 S는 P가 아니다. Some S are not P.

- O명제가 참이 되기 위해서는 주어 개념의 외연이 술어 개념의 외연에 완
전히 포함되지 않아야만 한다. 예를 들어 명제 "약간의 사람은 성실하지
않다."가 참인 것은 사람의 외연이 성실의 외연에 완전히 포함되지 않기
때문이다. 즉 성실하지 않는 사람이 적어도 하나는 존재하기 때문에 참이
다. 그러나 명제 "약간의 사람은 동물이 아니다."는 동물이 아닌 사람이 존
재하지 않기 때문에 거짓이다. 즉 사람의 외연이 동물의 외연에 모두 포함
되기 때문에 거짓이다.
- 이상과 같은 특성을 집합 연산기호로 표시하면, 특칭부정명제는 주어 개
념의 집합(S)과 술어 개념의 차집합(-P)의 공통 집합(S&-P)이 적어도 하
나는 존재해야만(공집합이 되지 않아야만) 참이 된다. 이를 집합 연산기호

로 표시하면 아래와 같다.

$$S \ \& \ -P \neq \varnothing$$

이상과 같이 집합 연산기호로 표시된 외연의 교차를 벤다이어그램을 통해 표현하면 표준 4형식의 정언명제에 나타나는 개념들의 관계는 다음과 같이 표시할 수 있다.[9]

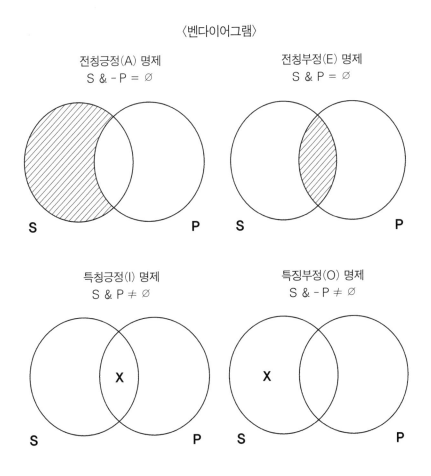

⟨벤다이어그램⟩

전칭긍정(A) 명제
S & - P = ∅

전칭부정(E) 명제
S & P = ∅

특칭긍정(I) 명제
S & P ≠ ∅

특징부정(O) 명제
S & - P ≠ ∅

---

9 빗금 친 부분은 공집합(∅)을 표시하고 × 표시한 부분은 구성원이 적어도 하나는 존재한다는 것을 의미한다.

표준 4형식의 정언명제들은, 명제 상호 간에 가지고 있는 논리적 관계에 근거하여 다음과 같은 대당 관계를 갖는다.

① 모순(contradiction)

둘 모두 진릿값을 공유할 수 없어 한쪽이 참이면 다른 쪽은 반드시 거짓이 되거나, 한쪽이 거짓이면 다른 쪽은 반드시 참이 되는 관계이다.

▸ A명제$(S \& -P = \varnothing)$[10]와 O명제$(S \& -P \neq \varnothing)$의 모순 관계

〈모순〉

A명제 $S\&-P=\varnothing$	함축 방향	O명제 $S\&-P\neq\varnothing$
T	→	F
F	→	T
F	←	T
T	←	F

〈모순 관계 사례〉

A명제 $S\&-P=\varnothing$	함축 방향	O명제 $S\&-P\neq\varnothing$
모든 사람은 동물이다 T	⇄	약간의 사람은 동물이 아니다 F
모든 사람은 성실하다 F	⇄	약간의 사람은 성실하지 않다 T

---

10 괄호 안의 기호는 집합 연산기호이다. 이 집합 연산기호를 비교하면 모순 관계가 보다 분명하게 드러난다.

▸ E명제(S & P = ∅)와 I명제(S & P ≠ ∅)의 모순 관계

〈모순〉

E명제 S&P=∅	함축 방향	I명제 S&P≠∅
T	→	F
F	→	T
F	←	T
T	←	F

〈모순 관계 사례〉

E명제 S&-P=∅	함축 방향	I명제 S&-P≠∅
어떤 사람도 개가 아니다 T	⇄	약간의 사람은 개다 F
어떤 사람도 성실하지 않다 F	⇄	약간의 사람은 성실하다 T

② 대소(subalternation)[11]

- 전칭명제와 특칭명제 사이의 관계로서, 전체에 해당하는 전칭이 참이면 부분에 해당하는 특칭은 반드시 참이지만, 전칭이 거짓일 경우에는 특칭은 참이 되거나 거짓이 될 수 있다(그래서 진릿값은 불명이다).
- 또 만약 특칭이 참일 경우에는 전칭은 참이 되거나 거짓이 될 수 있으며 (그래서 진릿값은 불명이다), 특칭이 거짓일 경우에는 전칭은 반드시 거짓이 된다.[12]

---

11 함축(implication)이라고도 한다.
12 부분에 해당하는 특칭명제에 적용해도 거짓이라면 전체에 해당하는 전칭에 적용해도 당연히 거짓이 된다.

▶ A명제와 I명제의 대소 관계

〈대소〉

A명제	함축 방향	I명제
T	→	T
F	→	X(불명)
X(불명)	←	T
F	←	F

〈대소 관계 사례〉

A명제	함축 방향	I명제
모든 사람은 이성적 동물이다　T	→	약간의 사람은 이성적 동물이다　T
모든 사람은 성실하다　　　　F 모든 사람은 개다　　　　　F	→ X	약간의 사람은 성실하다　　　T 약간의 사람은 개다　　　　F
모든 사람은 개다　　　　　F	←	약간의 사람은 개다　　　　F
모든 사람은 성실하다　　　　F 모든 사람은 동물이다　　　　T	X ←	약간의 사람은 성실하다　　　T 약간의 사람은 동물이다　　　T

▶ E명제와 O명제의 대소 관계

〈대소〉

E명제	함축 방향	O 명제
T	→	T
F	→	X(불명)
X(불명)	←	T
F	←	F

〈대소 관계 사례〉

E명제		함축 방향	O명제	
어떤 사람도 개가 아니다	T	→	약간의 사람은 개가 아니다	T
어떤 사람도 성실하지 않다	F	→ X	약간의 사람은 성실하지 않다	T
어떤 사람도 동물이 아니다	F		약간의 사람은 동물이 아니다	F
어떤 사람도 동물이 아니다	F	←	약간의 사람은 동물은 아니다	F
어떤 사람도 성실하지 않다	F	X ←	약간의 사람은 성실하지 않다	T
어떤 사람도 개가 아니다.	T		약간의 사람은 개가 아니다	T

③ 반대(contrary)

전칭명제들 사이의 관계로서, 둘 다 거짓은 될 수 있으나 둘 다 참이 될 수 없는 관계이다. 그래서 한쪽이 참이면 다른 쪽은 반드시 거짓이 되나, 한쪽이 거짓일 경우에는 다른 쪽은 참이 되거나 거짓이 될 수 있다(그래서 진릿값은 불명이다).

▶ A명제와 E명제의 반대 관계

〈반대〉

A명제	함축 방향	E명제
T	→	F
F	→	X(불명)
F	←	T
X(불명)	←	F

〈반대 관계 사례〉

A명제	함축 방향	E명제
모든 사람은 이성적 동물이다 T	→	어떤 사람도 이성적 동물이 아니다 F
모든 사람은 성실하다 F 모든 사람은 개다 F	→ X	어떤 사람도 성실하지 않다 F 어떤 사람도 개가 아니다 T
모든 사람은 개다 F	←	어떤 사람도 개가 아니다 T
모든 사람은 성실하다 F 모든 사람은 동물이다 T	X ←	어떤 사람도 성실하지 않다 F 어떤 사람도 동물이 아니다 F

④ 소반대(subcontrary)

특칭 명제들 사이의 관계로서, 둘 다 참은 될 수 있으나 둘 다 거짓이 될 수 없는 관계이다. 그래서 한쪽이 참이면 다른 쪽은 참이 되거나 거짓이 될 수 있는데(그래서 진릿값은 불명이다), 한쪽이 거짓일 경우에는 다른 쪽은 반드시 참이 된다.

▸ I명제와 O명제의 소반대 관계

〈소반대〉

I명제	함축 방향	O명제
T	→	X(불명)
F	→	T
X(불명)	←	T
T	←	F

〈소반대 관계 사례〉

I명제		함축 방향	O명제	
약간의 사람은 성실하다	T	→×	약간의 사람은 성실하지 않다	T
약간의 사람은 동물이다	T		약간의 사람은 동물이 아니다	F
약간의 사람은 개다	F	→	약간의 사람은 개가 아니다	T
약간의 사람은 성실하다	T	×←	약간의 사람은 성실하지 않다	T
약간의 사람은 개다	F		약간의 사람은 개가 아니다	T
약간의 사람은 동물이다	T	←	약간의 사람은 동물이 아니다	F

〈대당 관계 사각형〉

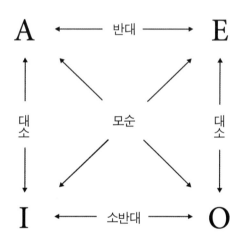

II.3.2 환질 환위에 의한 직접추리

환질 환위에 의한 추리는 명제의 의미를 동일하게 유지하면서 긍정문을 부정
문으로, 부정문을 긍정문으로 명제의 질을 바꾸거나(환질), 명제의 진릿값을
동일하게 유지하면서 명제의 주어 개념을 술어의 위치로, 술어 개념을 주어의
위치로 바꾸어(환위) 직접추리하는 방식이다.

① 환질(obversion)

- 명제의 질을 변환시켜 직접추리하는 방식이다.
- 의미는 동일하게 유지하면서 명제의 술어를 긍정 → 부정, 부정 → 긍정으로 변환시킨다.
- 변환시킨 후에는 부정 개념이 반드시 등장한다.

$Asp \rightarrow Es\bar{p}$ (모든 사람은 죽는다. → 어떤 사람도 영원히 살지 못한다.)

(不死가 아니다.)

$Esp \rightarrow As\bar{p}$ (어떤 사람도 성실하지 않다. → 모든 사람은 불성실하다.)

$Isp \rightarrow Os\bar{p}$ (약간의 사람은 성실하다. → 약간의 사람은 불성실하지 않다.)

$Osp \rightarrow Is\bar{p}$ (약간의 사람은 성실하지 않다. → 약간의 사람은 불성실하다.)

〈환질 명제〉

명제	환질된 명제	특 성
Asp	$\rightarrow Es\bar{p}$	부정 술어 + 부정개념
Esp	$\rightarrow As\bar{p}$	긍정술어 + 부정개념
Isp	$\rightarrow Os\bar{p}$	부정 술어 + 부정개념
Osp	$\rightarrow Is\bar{p}$	긍정 술어 + 부정개념

② 환위(conversion)

- 주어 개념과 술어 개념의 위치를 바꾸어 다시 서술하여 직접추리하는 방식이다.
- 원래 명제에서 부주연된 개념은 변환하면서 주연시키지 않는다.
- 원래 명제의 질을 환질시키지 않는다.
- 명제의 진릿값을 그대로 유지하면서 환위시킨다.
- 변환 후에 진릿값이 그대로 유지되는가의 여부에 따라, 환위가 완전히 가능한 완전 환위(E명제와 I명제), 제한된 경우에만 가능한 제한환위(A명

제), 환위가 전혀 불가능한 환위 불가(O명제)의 경우가 있다.

▶ 제한 환위 : A명제

A명제 : $Asp \not\rightarrow Aps (\rightarrow Ips)$

Asp를 Aps로 환위시킬 경우에 부주연된 술어 개념 P가 주연되고 진릿값은 그대로 유지되지 않기 때문에 완전한 환위는 불가능하다.

아래 명제의 예에서 부주연된 술어 개념 '동물'을 주어로 환위시키면 환위된 명제에서는 이 개념을 주연시키게 되어 원래의 명제의 진릿값이 그대로 유지되지 않는다. 그래서 완전 환위가 불가능하다.

예) "모든 사람은 동물이다."(A명제, 참)

   $\not\rightarrow$ "모든 동물은 사람이다."(A명제, 거짓) : 완전 환위 불가

그러나 Asp의 진릿값이 참일 경우에는, Asp를 제한적으로 환위시켜 Ips가 된 경우 원래의 명제의 술어 개념의 부주연이 환위시킨 후에도 그대로 유지되고 진릿값도 대소(함축) 관계에 의해 Ips가 참이 되기 때문에 이러한 경우로 제한하여 환위를 허용한다.

위의 예에서 부주연된 술어 개념 '동물'은 주어로 환위시킨 후에도 그대로 부주연 상태로 있고, 원래의 명제의 진릿값이 그대로 유지됨으로 I명제로의 제한 환위는 가능하다.

예) "모든 사람은 동물이다."(A명제, 참)

   $\rightarrow$ "약간의 동물은 사람이다."(I명제, 참) : 제한 환위 가능

▶ 완전 환위 : E명제와 I명제

E명제 : Esp → Eps

원래 명제에 부주연된 개념이 없고, 환위시킨 후에도 진릿값이 그대로 유지됨으로 완전 환위가 가능하다.

예) "어떤 사람도 개가 아니다."
　　→ "어떤 개도 사람이 아니다." : 완전 환위 가능

I명제 : Isp → Ips

원래 명제에서 부주연된 개념은, 환위시킨 후에도 그대로 부주연되어 있고 원래의 명제의 진릿값이 그대로 유지됨으로 완전 환위가 가능하다.

예) "약간의 사람은 성실하다."
　　→ "약간의 성실한 것은 사람이다." : 완전 환위 가능

▶ 환위 불가 : O명제

O명제 : Osp ↛ Ops

원래 명제에서 부주연된 주어 개념을 술어 위치로 환위시키면 부정 술어에 나타난 개념이 되어 주연되고, 환위시킨 후에 원래의 명제의 진릿값이 그대로 유지되지 않기 때문에 환위가 불가능하다.

예) "약간의 사람은 성실하지 않다."
　　↛ "약간의 성실한 것은 사람이 아니다." : 환위 불가

위의 예에서 부주연된 주어 개념 '사람'을 술어 위치로 환위시키면, 부정 술어의 개념이 되어('사람이 아니다') 주연된다.[13] 또한 환위시킨 후에 원래의 명제의 진릿값이 그대로 유지되지 않으므로 환위가 불가능하다.

〈환위 가능 명제〉

명제	환위된 명제	환위의 성격
Asp	→ Ips	제한 환위
Esp	→ Eps	완전 환위
Isp	→ Ips	완전 환위
Osp	↛ Ops	환위 불가

③ 전환질 환위(full contraposition)

하나의 명제를 연속적으로 환질 → 환위 → 환질시키는 변환 방식이다.

원래의 명제에 있는 주어 개념과 술어 개념의 위치뿐만 아니라 개념의 질까지도 모두 바꾸기($sp \to \bar{p}\,\bar{s}$) 때문에, 대우 환위(對偶換位) 또는 대우법이라고도 한다.

Asp →(환질) Es$\bar{p}$ →(완전 환위) E$\bar{p}$s →(환질) A$\bar{p}\bar{s}$: 가능

Esp →(환질) As$\bar{p}$ →(제한 환위) I$\bar{p}$s →(환질) O$\bar{p}\bar{s}$: 제한 가능

Isp →(환질) Os$\bar{p}$ ↛(환위 불가) : 전환질 환위 불가

---

13 원래 명제 "약간의 사람은 성실하지 않다."가 언급하는 부분은 성실하지 않는 사람(사람의 일부)이어서 사람이 부주연되어 나타나는데, 환위시킨 명제 "약간의 성실한 것은 사람이 아니다."가 언급하는 부분은 사람이 아닌 성실한 것(성실한 개와 같이 성실한 것의 일부)이어서 개념 '사람'이 부정되면서 주연되어 나타난다. O명제의 경우에 환위되기 전에 언급하는 영역과 환위된 후에 언급하는 영역은 서로 다르다. 이러한 점은 벤다이어그램으로 그려보면 분명하게 나타난다.

Osp →(환질) I$s\bar{p}$ →(완전 환위) I$\bar{p}s$ →(환질) O$\bar{p}\bar{s}$: 가능

〈전환질 환위 가능 명제〉

명제	전환질 환위된 명제	전환질 환위 가능
Asp	→ A$\bar{p}\bar{s}$	가능
Esp	→ O$\bar{p}\bar{s}$	제한 가능
Isp	↛	불가능
Osp	→ O$\bar{p}\bar{s}$	가능

④ 이환법(裏煥法, inversion)

- 하나의 명제에 대해서 이 명제의 주어 개념을 부정하는 부정개념이 주어에 나타나도록 명제를 변환시키는 방식이다.
- 주어 개념의 질을 긍정에서 부정으로 변환시키기($sp \to \bar{s}p$, 혹은 $sp \to \bar{s}\bar{p}$) 때문에 이환(裏煥-속을 바꾼다는 의미)법이라고 부른다.
- Asp와 Esp만 제한적으로 가능하고 다른 형식의 명제는 이환법에 의해 다른 명제로 변환시킬 수가 없어, 이환법으로 변환시킬 수 있는 표준 4형식의 명제는 매우 제한되어 있다.
- A명제의 경우에는 환질 → 환위 → 환질 → 환위시키는 변환 방식으로, E명제의 경우에는 환위 → 환질 → 환위시키는 변환 방식으로 가능하다.

Asp →(환질) E$s\bar{p}$ →(환위) E$\bar{p}s$ →(환질) A$\bar{p}\bar{s}$ →(제한 환위) I$\bar{s}\bar{p}$: 제한 가능

Esp →(완전 환위) Eps →(환질) A$p\bar{s}$ →(제한 환위) I$\bar{s}p$: 제한 가능

Isp →(완전 환위) Ips →(환질) O$p\bar{s}$ ↛(환위 불가) : 이환법 불가

Osp ↛(환위 불가) : 이환법 불가

〈이환 가능 명제〉

명제	이환된 명제	이환 가능
Asp	→ I$\overline{s}\overline{p}$	제한 가능
Esp	→ I$\overline{s}p$	제한 가능
Isp	↛	불가능
Osp	↛	불가능

참고 : 환질 환위와 조건문의 역, 이, 대우의 관계

　환질 환위의 변환 방식과 비슷하게 수학에서 사용하고 있는 조건명제 사이의 변환 관계에는, 조건명제의 전건과 후건의 위치, 명제의 질적 변화 여부에 따라 역, 이, 대우의 관계가 있다. 역(逆, converse)은 환위의 방식으로 변환시켜 만들어지는 관계다.[14] 이(裏, inverse)는 이환의 결과와 비슷하게 나타나도록 변환시켜 만들어지는 관계다.[15] 대우(對偶, contraposition)는 전환질 환위의 결과와 비슷하게 나타나도록 변환시켜 만들어지는 관계다.[16] 이 관계는 조건명제의 경우에만 적용될 수 있는 것으로서, 대당 추리와 비슷한 것처럼 보이지만, 그 성격이 근본적으로 다르다.[17] 이 관계를 이해하고 분석하기 위해서는 현대 기호논리학에서 전제하는 조건명제에 관한 실질 함축적인 해석을 알아야만 한다.

14　역의 관계를 살펴보면, 전건 명제(P)와 후건 명제(Q)의 위치를, 마치 환위에서 주어와 술어의 위치를 바꾼 것처럼, 전건 명제는 후건의 위치로 후건 명제는 전건의 위치로 자리바꿈하였다.

15　이의 관계를 살펴보면, 원래 명제의 주어를 부정 개념으로 변환시키는 이환법의 환위처럼, 원래 조건명제의 전건과 후건(P와 Q)을 모두 부정문(- P와 - Q)으로 환질시켰다.

16　대우 관계를 살펴보면, 원래 명제의 주어와 술어 개념을 모두 환질시키고 위치까지도 환위시키는 전환질 환위처럼, 원래 조건명제의 전건과 후건을 모두 환질시키고 또 전건과 후건의 위치까지도 자리바꿈하였다.

17　이 관계를 보통 사각형으로 표시하고 있어, 언뜻 대당 관계와 비슷하게 보이지만 전혀 다른 논리적 관계이다. 예를 들면 수학의 역, 이, 대우 관계에 관한 사각형 그림에서 대각선으로 나타나는 대우 관계는 모순이 아니라 동치관계이다. 즉 P → Q는 - Q → - P와 진릿값이 같다. 역과 이의 관계를 통해서는 진릿값을 추론할 수 없다. 즉 명제 P → Q가 참이라고 할 때 그 역이 되는 Q → P의 진릿값이나 그 이가 되는 - P → - Q의 진릿값은 불명이다.

〈역 · 이 · 대우의 관계〉

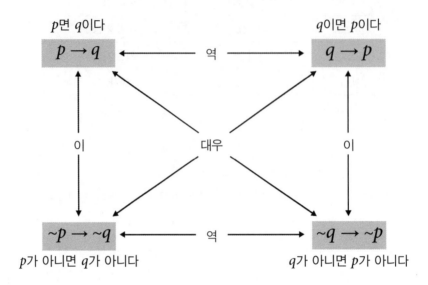

〈문제 II-7〉 명제 "모든 소나무는 사철나무다."가 진리(T)일 경우에 아래 명제들의 진릿값을 쓰시오.

① 약간의 소나무는 사철나무다. (   )

② 모든 사철나무는 소나무다. (   )

③ 약간의 비사철나무는 비소나무다. (   )

④ 모든 비소나무는 사철나무다. (   )

⑤ 약간의 비사철나무는 소나무다. (   )

〈문제 II-8〉 대당 관계, 환질, 환위의 직접추리에 근거하여 다음 논증의 타당성을 조사하시오.

---

① 모든 고통스러운 수술은 장기이식 수술이다. 따라서 어떤 장기이식 수술은 고통스러운 수술이다.

② 모든 보험회사는 비인도적인 영리 업체이다. 따라서 어떤 보험회사는 인도적인 영리 업체가 아니다.

③ 모든 범죄 조력자는 처벌을 받을 만한 범죄자가 아니다. 따라서 처벌을 받을 만한 어떤 범죄자는 범죄 조력자이다.

④ 항상 웃기만 하는 모든 사람은 정말로 유머 감각이 있는 사람이 아니다. 따라서 정말로 유머 감각이 있는 어떤 사람은 항상 웃기만 하는 사람이 아니다.

⑤ 모든 전위 예술가는 평범한 사람이 이해하기 힘든 사람이다. 따라서 평범한 사람이 이해하기 힘들지 않은 어떤 사람은 전위적이지 않은 예술가이다.

II.4 간접추리

간접추리에는 중계하면서 추리에 도움을 주는 매개념이나 매개 명제가 등장한다. 간접추리의 형태로 존재하는 삼단논법에는, 논증의 전제에 정언명제가 나타나는 정언 삼단논법, 선택 명제가 나타나는 선택삼단논법, 조건명제가 나타나는 조건 삼단논법이 있다.

II.4.1 정언 삼단논법

정언 삼단논법의 논증 형식

▶ 삼단논법 논증에 나타나는 명제(proposition)들의 명칭

논증 형식 주어 술어		명제들의 명칭
전제1 M P	→	대전제 : 대개념이 나타난 전제
전제2 S M	→	소전제 : 소개념이 나타난 전제
결론 S P	→	결 론 : 주어에 소개념, 술어에 대개념이 있는 명제

▶ 삼단논법 논증에 나타나는 명사(term)들의 명칭

M – 매개념(중명사, middle term) :

전제에만 나타나는 개념으로서 주연 관계에 의해 대개념과 소개념을 중계한다.

P – 대개념(대명사, major term) :

결론의 술어에 나타난 개념으로서 결론이 참이 되기 위해서는 외연이 소개념의 외연보다 작아서는 안 된다.

S – 소개념(소명사, minor term) :

결론의 주어에 나타난 개념으로서 결론이 참이 되기 위해서는 외연이 대개념의 외연보다 커서는 안 된다.

삼단논법 논증의 격(Figure)

Ⅰ격	Ⅱ격	Ⅲ격	Ⅳ격
M P	P M	M P	P M
S M	S M	M S	M S
S P	S P	S P	S P

- 결론의 소개념(S)과 대개념(P)이 전제에서도 결론에서와 같이 주어와 술어의 자리에 위치하는가에 따라 논증의 격이 구분된다.

- I격은 결론의 소개념과 대개념이 전제에서도 결론에서와 같이 주어와 술어의 자리에 각기 위치하고 있다. 논증의 타당성이나 구조도 누구나 쉽게 파악하여 이해할 수 있을 정도로 분명하다.[18]

- II격은 결론의 소개념과 대개념 중에서 소개념만이 전제에서도 결론에서와 같이 주어의 자리에 위치하고 있다. 결론의 술어인 대개념은 전제에서는 술어가 아닌 주어의 자리에 위치하고 있다. I격보다는 부자연스러운 흐름이지만 다른 III, IV격보다는 전개가 자연스러워, 논증의 타당성이나 구조를 쉽게 이해할 수 있다.

- III격은 결론의 소개념과 대개념 중에서 대개념만이 전제에서도 결론에서와 같이 술어의 자리에 위치하고 있다. 결론의 주어인 소개념은 전제에서는 주어가 아닌 술어의 자리에 위치하고 있다. II격보다 논증의 전개가 부자연스러워 논증의 구조가 쉽게 파악되지 않는다.

- IV격은 결론의 소개념과 대개념 모두가 전제에서 결론에서와는 전혀 다르게 주어와 술어의 자리에 위치하고 있다. 즉, 소개념은 술어의 자리에, 대개념은 주어의 자리에 위치하고 있다. 삼단논법 4개의 격 중에서 논증의 전개가 가장 부자연스러워 논증의 구조가 다소 복잡하다고 간주된다.

삼단논법 논증의 식(Mood)

논증 형식	들어갈 수 있는 명제
대전제	← A명제, E명제, I명제 O명제
소전제	← A명제, E명제, I명제 O명제
결론	← A명제, E명제, I명제 O명제

---

18 아리스토텔레스는 제I격의 삼단논법 논증들만이 보충적인 증명이 없이 그 자체로 자명하고 완전하기 때문에, I격의 삼단논법 논증 형식에 근거하여 다른 격의 삼단논법들의 타당성이 환위와 대당 관계에 의해 증명될 수 있다고 보았다.

삼단논법의 논증에는 A, E, I, O 표준 4형식의 명제만이 들어갈 수 있다.

삼단논법의 논증에 표준 형식 4개의 명제만이 들어갈 수 있기 때문에, 가능한 논증 형식의 수는 256개이다.[19] 이 중에서 타당한 논증 형식의 수는 아래와 같이 24개이다.

▶ 타당한 24개 삼단논법 논증 형식

I격	II격	III격	IV격
AAA-1식	AEE-2식	AAI-3식	AAI-4식
AAI-1식	AEO-2식	AII-3식	AEE-4식
AII-1식	AOO-2식	EAO-3식	AEO-4식
EAE-1식	EAE-2식	EIO-3식	EAO-4식
EAO-1식	EAO-2식	IAI-3식	EIO-4식
EIO-1식	EIO-2식	OAO-3식	IAI-4식

이러한 24개 타당한 논증 형식을 256개의 가능한 논증 형식에서 구별하기 위해서는, 삼단논법 논증의 타당성을 검사할 수 있는 타당성 조사 규칙이 필요하다.

고전 논리학의 이러한 타당성 조사 규칙은 아리스토텔레스가 만든 것은 아니다. 아리스토텔레스가 의도한 타당성 조사 방법은 논증의 4가지 격에 바탕한 것이었다. 즉, 논증 I격의 타당성이 자명하다고 간주하고 다른 격의 논증은 환질 환위에 의해 I격의 논증으로 변환시키거나 모순 대당 관계와 같이 논리적으로 대조하여 그 타당성을 보여 주는 것이었다.

---

[19] 가능한 논증 형식의 수를 계산하면 4^3(64)식 × 4격 = 256이다.

삼단논법의 타당성 조사 규칙

① 공리

> **공리**
>
> 두 개념(S와 P)이 같은 제3의 개념(M)과 일치한다면 두 개념도 서로 일치한다.[20]
>
> 두 개념(S와 P) 중의 하나와 제3의 개념(M)이 일치하는데, 나머지 다른 하나는 같은 제3의 개념과 일치하지 않는다면, 처음의 두 개념(S와 P)도 서로 일치하지 않는다.[21]
>
> 두 개념(S와 P)이 모두 같은 제3의 개념(M)과 일치하지 않는다면 이 두 개념은 서로 일치할 수도 있고 일치하지 않을 수도 있어 그 일치관계가 확정될 수 없다.[22]

② 삼단논법 논증의 형식적 요건

- 정언적 삼단논법의 논증은 세 개의 개념이 각각 두 번씩 나타나고, 전제에는 두 개의 명제가, 결론에는 한 개의 명제가 나타나는 표준 논증 형식으로 구성되어야 한다.

- 정언적 삼단논법에서 사용하는 논증은, 실제로 존재하는 대상들이나 속성을 지시하는 개념들이 주어와 술어로 나타나는, 존재적 의미(existential import)[23]를 가지는 명제들만으로 구성되어야 한다. 이 책에서 다루는 일

---

20 S=M이고 P=M일 경우에, S=P이다.

21 S=M이고 P≠M일 경우에, S≠P이다. 또는 S≠M이고 P=M일 경우에, S≠P이다.

22 S≠M이고 P≠M일 경우에, S=P인지 또는 S≠P, 아니면 S와 P가 서로 독립적인지 확정할 수 없다.

23 명제의 존재적 의미는 어떤 특정한 대상의 존재를 주장하는 명제의 속성이다. 그래서 어떤 명제가 존재적 의미를 가지고 있다는 것은, 이 명제가 특정한 종류의 대상이나 속성의 존재를 전제하고 어떤 진리를 주장하는 것이다. 명제를 구성하고 있는 개념들이 지시하는 대상이나 속성이 존재하지 않을 경우에 이 명제의 진릿값이 결정될 수 없다면 이 명제는 존재적 의미를 가지고 있지 않다. 예를 들어 "부산에 눈이 온다."는 명제는, 개념 '부산'이 지시하는 대상이 존재

상생활 논리학에서는 삼단논법의 논증에 나타나는 명제들에 대해서 불(G. Boole)식의 해석은 허용하지 않는다.[24]

③ 타당성 조사 규칙[25]

■ (R1) 매개념은 적어도 한번은 주연되어야 한다(그렇지 않으면 매개념 부주연의 오류를 범한다).

하기 때문에 이 명제의 진릿값을 결정할 수 있게 되며, 그래서 이 명제는 존재적 의미를 가지고 있다고 말한다. 명제 "도깨비는 무섭다."는 개념 '도깨비'가 존재하지 않기 때문에 진릿값을 가질 수가 없고, 그래서 이 명제는 존재적 의미를 가지고 있지 않다고 말한다. 존재적 의미를 가지지 못한 문장의 형성은, 다양한 기능을 가지고 사용되면서 일상적인 대화에 많이 등장하는 존재하지 않는 대상이나 속성을 표현할 수밖에 없기 때문에 가지게 되는 일상 언어 문법의 특성이다. 이러한 특성을 인공언어중심주의자는 일상 언어의 단점이자 문제점이라고 비판하기도 한다. 일상 언어 중심의 논리학은 이러한 점을 극복하기 위해 논리적 분석 대상을 존재적 의미를 가지는 명제로 국한시키는 것이 어쩌면 불가피한 일이라 볼 수 있다.

존재적 의미에 관한 논의는 삼단논법 논증에 들어올 수 있는 전칭명제의 진릿값 해석에 관한 논의에서 시작한다. 전통 심단논법 추리에서는 정언 삼단논법의 논증에 들어올 수 있는 명제의 자격을 존재적 의미를 가지고 있는 명제들로 국한한다. 즉 존재적 의미를 갖지 않는 명제는 진릿값을 가질 수가 없어 삼단논법 논증에 들어올 수 없다. 그러나 전칭명제에 관한 불(Boole)식의 해석은, 전칭명제를 단문인 정언명제가 아니라 분자(복합)명제인 조건명제로 해석하고 조건명제를 실질 함축(material implication)의 의미로 해석하기 때문에 존재적 의미를 가지고 있지 않은 전칭명제(A와 E)도 진릿값을 가질 수가 있고 삼단논법 논증에 들어올 수 있다. 이러한 불식의 해석은 대당 관계에 의한 추론과 타당한 삼단논법의 추론 형식에서 전통 논리학과는 다른 타당성 기준과 판단을 제시한다. 여기서는 불식의 해석을 따르지 않고 전통적인 고전 논리학의 체계를 따른다.

24　불식의 해석이 일상생활 논리의 기반이 되는 상식적 직관에 부합하는가에 대해서는 약간의 논란이 있다. 고전 논리학에서 논리적 분석의 대상을 존재적 의미를 가진 명제만으로 제한함으로써 그만큼 일상생활 논리학은 분석 대상이 제한된다는 약점을 가지고 있다. 불식의 해석에 따른 정언명제의 표준 4형식에 관한 논리적 분석은 pp.263-4를 참조.

25　이 책은 타당성 조사의 방법으로 벤다이어그램 방법을 주된 방법으로 다루지 않는다. 벤다이어그램 방법은 고전 논리학의 타당성 조사 규칙에 의한 방법보다 복잡하고 기계적으로 원활하게 이루어지지 않는다. 논리학의 목적 중 중요한 것이 논증의 타당성 여부를 신속하고 정확하게 조사하는 것이라면 형식적이고 자동 기계적으로 이루어지는 타당성 조사 방법을 선호하는 것이 당연하기 때문에 여기서는 삼단논법에 관한 전통적인 타당성 조사 규칙에 의한 타당성 조사 방법만을 다룬다.

또한 많은 논리학 교재에서 보면 타당성 조사 규칙으로 다양한 여러 가지 규칙을 제시하여 타당성 조사 방법을 복잡하게 만드는 경우가 많이 있다. 그런데 논리학의 목적은 간략하고도 신속 정확하게 타당성 조사를 수행하는 것이다. 그래서 여기서는 타당한 논증들을 모두 빠짐없이 정확하게 식별해 줄 수 있는 간략한 규칙만을 고찰한다.

매개념이 한번도 주연되지 않으면 매개념의 외연의 범위가 확정되지 못하므로 전제에서 대개념과 소개념의 외연의 교차 관계를 확정할 수가 없기 때문에 전제가 참이라도 결론이 참이라는 것을 보장할 수가 없다.

▶ 타당한 논증

> 모든 사람은 죽는다.
> 모든 철학자는 사람이다.
> _____
> 그러므로 철학자는 죽는다.

▶ 타당하지 않은 논증 : 매개념 부주연의 오류

> 모든 사람은 죽는다.
> 모든 철학자는 죽는다.
> _____
> 그러므로 철학자는 사람이다.

위의 논증은, 전제가 참이고 결론이 참이어서 일면 타당한 것처럼 보이지만 논리적으로 타당하지 않다. 그 이유는, 매개념 '죽음'이 주연되지 않아, 대개념 '사람'과 소개념 '철학자'의 외연이 교차하는가의 여부가 전제에서 드러나지 않아, 전제가 참이라 하더라도 결론이 거짓이 될 수 있는 가능성이 있기 때문이다.[26] 이러한 가능성을 보여 주는 것이, 위와 똑같은 논증 형식을 가지면서 결론이 사실적으로 거짓임을 보여 주는 다음과 같은 반례 논증이다.

> 모든 사람은 죽는다.
> 모든 개는 죽는다.
> _____
> 그러므로 개는 사람이다.

---

26 결론이 참인 것은 전제의 참과 같은 논리적 근거에서가 아니라 사실적 근거에서이다.

■ (R2) 전제에서 부주연인 개념을 결론에서 주연시켜서는 안 된다(그렇지 않으면 소개념부당주연의 오류나 아니면 대개념부당주연의 오류를 범한다).

전제에서 부주연인 개념을 결론에서 주연시키게 되면, 전제에 없는 내용을 결론이 함축하게 되어 전제가 참이라 하여도 결론이 거짓이 될 수 있는 가능성이 있다.

▸ 타당하지 않은 논증 : 소개념부당주연의 예

> 모든 영웅은 소신을 관철한다.
> 모든 영웅은 사람이다.
> ────────────────
> 그러므로 모든 사람은 소신을 관철한다.

위 논증은 소전제에서 부주연인 소개념 '사람'을 결론에서 주연시키고 있어 타당하지 않다. 영웅의 소신 관철을 모든 사람에게로 확대 적용하고 있다.

▸ 타당하지 않은 논증 : 대개념부당주연의 예

> 모든 한국 사람은 지식을 추구한다.
> 어떤 중국인도 한국인이 아니다.
> ────────────────
> 그러므로 어떤 중국인도 지식을 추구하지 않는다.

위 논증은 대전제에서 부주연인 대개념 '지식을 추구한다'를 결론에서 주연시키고 있어 타당하지 않다. 지식 추구를 중국인에까지 확대 적용하고 있다.

■ (R3) 부정문의 경우

(R3.1) 전제는 모두 부정문이어서는 안 된다(그렇지 않으면 배타적 전제의

오류를 범한다).

　전제가 둘 다 부정문이면, 부정은 주어 개념과 술어 개념의 배타적 교차 관계를 나타내기 때문에, 전제의 부정문들 속에 나타난 매개념은 대개념과 소개념의 외연의 교차(함축) 관계를 중계할 수가 없다.

▶ 타당하지 않은 논증 : 배타적 전제의 오류의 예

어떤 사람도 소가 아니다.	어떤 사람도 소가 아니다.
어떤 개도 소가 아니다.	어떤 남자도 소가 아니다.
그러므로 어떤 개도 사람이 아니다.	그러므로 어떤 남자도 사람이 아니다.

■ (R3.2) 전제 중의 하나가 부정문이면 결론은 반드시 부정문이 되어야만 하고, 아니면 결론은 반드시 긍정문이 되어야만 한다.(그렇지 않으면 부당긍정(부정)의 오류를 범한다.)[27]

　전제에 배타적 관계를 표현하는 명제가 나타난다면 전제에 없는 내용을 결론이 가질 수 없어서 결론도 배타적 관계를 표현하는 부정명제가 나타나야 한다.

27　규칙 R3.2의 후반부 내용을 하나의 타당성 조사 규칙("전제가 모두 긍정이면 결론은 반드시 긍정이어야 한다.")으로 만들어 독립적으로 부당부정의 오류를 규정하기도 한다. 그러나 이 규칙은 AAO-4식만 걸러낸다. 이 규칙을 범하는 다른 논증들은 R1과 R2가 형식적으로 걸러낸다. 다음의 논증을 분석해 보자.

〈논증1〉	〈논증2〉 AAO-4식
약간의 과일은 맛있다.(긍정)	맛이 있는 모든 것은 과일이다.(긍정)
모든 사과는 과일이다.(긍정)	모든 과일은 사과다.(긍정)
그러므로 약간의 사과는 맛이 없다.(부정)	그러므로 약간의 사과는 맛이 없다.(부정)

〈논증1〉은 형식적으로 매개념 부주연의 오류(R1)와 대개념부당주연의 오류(R2)를 범하고 있다. 〈논증2〉는 형식적으로는 R1과 R2의 오류를 범하지 않지만 전제에 없는 배타적 관계(부정)가 결론에 나타나 질적으로 정당하지 않다. AAO-4식의 질적 부당성만 지적하는 규칙은 규칙 R3.2에 비해 잉여적이다.

▸ 타당한 논증

> 어떤 사람도 성실하지 않다.
> 모든 철학자는 사람이다.
> ───────────────
> 그러므로 어떤 철학자도 성실하지 않다.

▸ 타당하지 않은 논증 : 부당긍정의 오류의 예

> 모든 영웅은 용감하다.
> 어떤 남자도 용감하지 않다.
> ───────────────
> 그러므로 모든 남자는 영웅이다.

위 논증은 전제에 있는 부정의 질적 내용이 결론에 전달되지 않아 타당하지 않다.

■ (R4) 특칭문의 경우[28]

(R4.1) 전제는 모두 특칭문이어서는 안 된다(그렇지 않으면 양특칭전제의 오류를 범한다).

전제가 특칭문만으로 구성된 논증 형식을 분석해 보면, 모두가 오류를 범하고 있다. 전제에 특칭긍정문(I)만 모두 있을 경우에는 매개념 부주연의 오류를,

---

28 특칭문에 관한 타당성 조사 규칙은 불필요하다고 간주하는 경우도 있다. 왜냐하면 앞에 제시된 타당성 조사 규칙 R1, R2, R3.1, R3.2만으로도 이러한 논증 형식의 오류를 밝혀내는 것이 모두 가능하기 때문이다. 즉, 특칭문에 관한 타당성 조사 규칙을 어기게 되면 반드시 앞에 제시된 규칙들 중의 하나도 어기게 된다. 그래서 이 규칙은 잉여적이라고 할 수 있다. 그러나 특칭문에 관한 타당성 조사 규칙의 구조가 부정문에 관한 타당성 조사 규칙과 유사하기 때문에 이해하기가 쉽고 검증 재확인의 차원에서 타당성 조사를 할 수 있기 때문에 특칭문에 관한 타당성 조사 규칙을 별도로 제시하였다.

특칭긍정문(I)과 특칭부정문(O)만 있을 경우에는 대개념부당주연의 오류나 매개념 부주연의 오류를, 특칭부정문(O)만 모두 있을 경우에는 배타적 전제의 오류를 범하게 된다.

  ■ (R4.2) 전제중의 하나가 특칭문이면 결론은 반드시 특칭문이 되어야만 한다(그렇지 않으면 부당전칭의 오류를 범한다).

이 규칙을 어긴 논증형식 AIA(매개념 부주연이나 소개념 부당주연), AOE(대개념 부당주연이나 소개념 부당주연, 매개념 부주연), EIE(소개념 부당주연이나 대개념 부당주연)는 오류를 범한다.

  ▶ 삼단논법의 타당성 조사 규칙 총괄표

타당성 조사 규칙		규칙을 어기면 → 통사적 오류
(R1) 매개념은 적어도 한번은 주연되어야 한다.		매개념 부주연의 오류
(R2) 전제에서 부주연인 개념을 결론에서 주연시 켜서는 안 된다.		소개념부당주연의 오류 대개념부당주연의 오류
부정문 (R3)	(R3.1) 전제는 모두 부정문이어서는 안 된다.	배타적 전제의 오류
	(R3.2) 전제 중의 하나가 부정문이면 결론은 부정문, 아니면 긍정문이 되어야 한다.	부당긍정(부정)의 오류
특칭문 (R4)	(R4.1) 전제는 모두 특칭문이어서는 안 된다.	양특칭전제의 오류
	(R4.2) 전제중의 하나가 특칭문이면 결론은 반드시 특칭문이 되어야만 한다.	부당전칭의 오류

〈문제 II-9〉 다음 논증들을 표준 형식으로 정식화하고 그 타당성을 조사하시오.

① 모든 M은 P다.
  어떤 M도 S가 아니다.
  그러므로 어떤 S도 P가 아니다.
② 모든 M은 -P다.
  어떤 M도 -S가 아니다.
  그러므로 어떤 S도 P가 아니다.
③ 모든 달팽이는 연체동물이다.
  모든 달팽이는 뼈 없는 동물이다.
  그러므로 뼈 없는 모든 동물은 연체동물이다.
④ 모든 홍합은 연체동물이다.
  모든 소라는 연체동물이다.
  그러므로 모든 소라는 홍합이다.
⑤ 어떤 극피동물도 뼈 있는 동물이 아니다.
  어떤 달팽이도 극피동물이다.
  그러므로 어떤 달팽이도 뼈 없는 동물이다.
⑥ 어떤 P도 M이 아니다.
  어떤 M도 -S가 아니다.
  그러므로 어떤 S도 P가 아니다.
⑦ 어떤 아메바도 척추동물이 아니다.
  모든 아메바는 원생동물이다.
  그러므로 어떤 원생동물도 척추동물이 아니다.
⑧ 모든 홍합은 연체동물이다.
  모든 연체동물은 뼈 없는 동물이다.
  그러므로 뼈 없는 약간의 동물은 홍합이다.

⑨ 모든 연체동물은 뼈 없는 동물이다.

　　어떤 불가사리도 연체동물이 아니다.

　　그러므로 어떤 불가사리도 뼈 있는 동물이다.

⑩ 어떤 도롱뇽도 뼈 없는 동물이 아니다.

　　어떤 극피동물도 뼈 있는 동물이 아니다.

　　그러므로 어떤 극피동물도 도롱뇽이 아니다.

⑪ 어떤 P도 -M이 아니다.

　　어떤 M도 -S가 아니다.

　　그러므로 어떤 S도 P가 아니다.

〈문제 II-10〉(가) ─ (아) 중 논리 전개가 올바르지 않은 것은?

(가) 모든 민족주의자는 애국자이다. 어떤 애국자는 달변가가 아니다.
그러므로 어떤 민족주의자는 달변가이다.

(나) 어떤 선비는 명예를 가장 중요시한다. 명예를 가장 중요시하는
사람은 모두 정직하다. 그러므로 선비들 중에는 정직한 사람도
있다.

(다) 모든 자본주의 국가는 미국의 동맹이다. 어떤 동방 국가는 미국
의 동맹이 아니다. 그러므로 어떤 동방 국가는 자본주의 국가가
아니다.

(라) 어떤 공산주의자도 영원히 살지 않는다. 유한한 생명을 지닌 모든
것은 불완전한 것이다. 그러므로 모든 완전한 것은 공산주의자가
아니다.

(마) 모든 비회원은 소탈하지 않은 사람이다. 모든 소설가는 회원이다.
그러므로 소탈하지 않은 사람은 소설가가 아니다.

(바) 부지런한 사람은 누구나 정치가가 될 수 있다. 부지런하지 않은 어떤 사람도 공무원 자격이 없다. 당신 친구들 중에 아무도 정치가가 되지 못한다. 따라서 당신 친구 중에 아무도 공무원 자격이 없다.

(사) 모든 철학자가 실존주의자는 아니다. 모든 실용주의자들은 실존주의자이다. 어떤 철학자들은 존 듀이 이론의 지지자가 아니다. 그러므로 존 듀이 이론의 지지자는 실용주의자이다.

(아) 도박은 비교육적이다. 악기 연주는 어느 것도 학생들에게 금지되지 않는다. 비교육적인 것은 학생들에게 금지된다. 그러므로 도박은 악기 연주가 아니다.

2012년도 제28회 입법고시 언어논리영역 책형 가 (문9)

① (가), (마), (사)
② (나), (마), (바)
③ (가), (다), (바), (사)
④ (나), (라), (사), (아)
⑤ (다), (라), (마), (아)

일상생활에서의 정언 삼단논법의 활용

- 일상생활에서 사용하는 정언 삼단논법 중에는 3개의 명제와 3개의 개념으로 된 표준 형식의 논증만 있는 것이 아니라, 이를 활용한 여러 가지가 있다.

- 대화자들이 서로 익히 잘 알고 있는 일반 법칙이거나 개별 사실일 경우에 이를 생략하고 2개의 명제 형태로 나타날 수 있고(약식삼단논법), 삼단논법의 논증이 사슬처럼 연결하여 연쇄적으로 나타나 전제에 3개 이상의 명제나 개념이 나타날 수 있다(연쇄 삼단논법).

1) 약식삼단논법(Enthymeme)

일반적으로 널리 알려져 있거나 대화에 참여한 사람들이 모두 익히 잘 알고 있는 명제를 묵시적으로 전제하고 생략하여 전개하는 삼단논법이다.

이러한 약식삼단논법의 경우에 이 논증이 타당하다고 가정하고, 생략되었거나 함축된 명제나 개념들을 찾아, 불완전 형태로 된 삼단논법 논증을 완전한 형태의 타당한 논증으로 만들어 그 건전성을 검토한다.

ⓐ 제1급(the first order) 삼단논법 : 대전제 생략

대화자 간에 일반적으로 잘 알려져 있거나 앞의 논증에서 증명한 내용을 가진 대전제를 생략하고 전개한 논증 형식

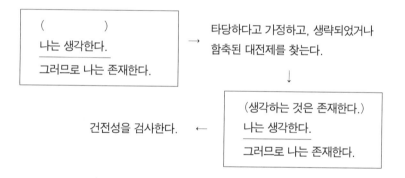

ⓑ 제2급(the second order) 삼단논법 : 소전제 생략

대화자 간에 일반적으로 잘 알려져 있거나 앞의 논증에서 증명한 내용을 가진 소전제를 생략하고 전개한 논증 형식

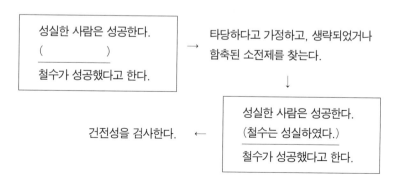

ⓒ 3급(the third order) 삼단논법 : 결론 생략

대화자들 모두가 인정하고 있거나 확인한 내용을 가진 결론을 생략하고 전개
한 논증 형식이다. 대개 반어법 형태로 나타난다.

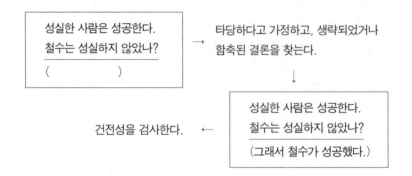

〈문제 II-11〉 결론을 참으로 하는 〈전제 2〉를 고르시오.

〈전제 1〉 예정이를 좋아하는 어떤 사람은 분홍색을 좋아한다.

〈전제 2〉 (   )

〈결 론〉 낭만적이지 않은 어떤 사람은 분홍색을 좋아한다.

---

① 예정이를 좋아하는 모든 사람은 낭만적이지 않다.

② 예정이를 좋아하는 어떤 사람은 낭만적이지 않다.

③ 예정이를 좋아하는 모든 사람은 분홍색을 좋아한다.

④ 예정이를 좋아하는 어떤 사람은 분홍색을 좋아하지 않는다.

⑤ 예정이를 좋아하는 어떤 사람은 낭만적이지 않고 분홍색을 좋아하지 않는다.

〈문제 Ⅱ-12〉 "모든 악어는 잔인한 동물이다. 약간의 기어 다니는 동물은 악어
이다."로부터 참이 될 수 있는 것을 고르시오.

〈 보   기 〉

　(가) 모든 악어는 기어 다닌다.
　(나) 잔인한 동물 중에는 기어 다니는 것이 있다.
　(다) 어떤 악어도 기어 다니는 것이 없다.

①　(가)
②　(나)
③　(다)
④　(나), (다)
⑤　참인 것이 없다.

〈문제 Ⅱ-13〉 다음 추론에서 빈칸에 들어갈 문장으로 가장 적절한 것을 고르시오.

사색은 진정한 의미에서 예술이다.
예술은 인간의 삶을 풍요롭게 만든다.
─────────────────────
그러므로 (　　　　　　　　　　　　)

①　사색과 예술은 진정한 의미에서 차이가 있다.
②　사색은 인간의 삶을 풍요롭게 만든다.
③　예술가가 되려면 사색을 많이 해야 한다.
④　사색은 예술이 태어나는 모태가 된다.
⑤　인간의 삶을 풍요롭게 만드는 것은 사색이다.

〈문제 II-14〉 다음 〈보기〉의 명제를 통해 얻을 수 있는 결론으로 타당한 것을 고르시오.

〈보 기〉

모든 전화기는 휴대폰이다.
어떤 플라스틱은 전화기이다.

① 모든 플라스틱은 전화기이다.
② 모든 휴대폰은 플라스틱이다.
③ 모든 플라스틱은 휴대폰이다.
④ 어떤 플라스틱은 휴대폰이다.
⑤ 모든 전화기는 플라스틱이다.

2) 연쇄 삼단논법(Sorites)

- 2개 이상의 삼단논법 논증을 결합하여 전개하는 논증으로서 전제에 3개 이상의 정언명제가 나타나는 삼단논법의 논증 형식이다.

- 처음 2개의 정언명제로 구성된 삼단논법 논증으로부터 나온 결론이 그 아래 다음 추론의 전제로 기능하고, 이 전제와 그 아래 다음 명제로 구성된 삼단 논법 논증으로부터 나온 결론이 또 그 아래 다음 추론의 전제로 기능하는 등 의 방식으로, 연쇄적 방식으로 전개하는 논증이며, 마지막에 전체 논증의 결론이 나타난다.

- 연쇄 삼단논법은 일상생활에서 강한 인상을 주어 설득을 하려는 연설문 등에 많이 사용되고 있다. 선행 명제의 술어가 그 다음 명제의 주어로 나타나면서 자연스러운 라임(rhyme)을 형성하는 방식으로 전개하는 아리스 토텔레스식이 처음에 나왔다. 후에 아리스토텔레스식보다 다소 부자연스러운 라임으로 전개하는 고클레니우스식이 르네상스 시대에 나왔다.

ⓐ 아리스토텔레스식

- 선행 명제의 술어가 그 다음 명제의 주어가 되는 방식으로 전개한다. 결론의 주어 개념인 소개념이 맨 첫 전제에 나타나고 결론의 술어 개념인 대개념이 맨 마지막 전제에 나타난다.
- 대부분 전칭긍정명제(A)만을 이 논증의 전개에 사용할 수 있지만, 통상 1격으로 전개된 논증의 맨 마지막 전제에 전칭부정명제(E)를, 논증의 맨 처음 전제에 특칭긍정명제(I)를 한 번만 사용할 수 있다. 그러나 특칭부정명제(O)는 전제에 사용할 수 없다.[29]
- 만약 전칭부정명제(E)가 이 위치가 아닌 다른 곳에 나타나면 대개념부당주연의 오류를 범하게 되고, 특칭긍정명제(I)가 이 위치가 아닌 다른 곳에 나타나면 매개념부주연의 오류를 범하게 된다.

▶ 형식

A는 B다.
B는 C다. → (∴ A는 C다.)
C는 D다. ↵
──────────
∴ A는 D다.

예)

> (1) 모든 이기적인 사람은 멀리 내다보지 못한다.
> (2) 멀리 내다보지 못하는 사람은 불의를 범하기 쉽다.
> (3) 불의를 범하는 사람은 감옥에 가기 쉽다.
> ──────────
> 그러므로 모든 이기적인 사람은 감옥에 가기 쉽다.

───────────

29　전제에 E명제와 I명제가 같이 나타나면 결론에는 반드시 O명제가 나타나야 한다.

- 위 연쇄 삼단논법 논증의 구조를 분석하면, 먼저 명제(1)과 명제(2)로
부터 명제 "그래서 모든 이기적인 사람은 불의를 범하기 쉽다."를 중간
결론으로 이끌어 낼 수 있다. 즉,

(1) 모든 이기적인 사람은 멀리 내다보지 못한다.

(2) 멀리 내다보지 못하는 사람은 불의를 범하기 쉽다.

(숨은 중간 결론) 그러므로 모든 이기적인 사람은 불의를 범하기 쉽다.

다음에 이렇게 이끌어 낸 숨은 중간 결론과 명제(3)으로부터 명제 "그러므로 모
든 이기적인 사람은 감옥에 가기 쉽다."를 최종 결론으로 이끌어 낼 수 있다. 즉,

(숨은 중간 결론) 모든 이기적인 사람은 불의를 범하기 쉽다.

(3) 불의를 범하는 사람은 감옥에 가기 쉽다.

그러므로 모든 이기적인 사람은 감옥에 가기 쉽다.

〈문제 II-15〉 다음 논증이 타당한지를 분석해 보시오.

철학자는 아무도 신을 믿지 않는다.

신을 믿지 않는 모든 사람은 종교인이 아니다.

어떤 종교인은 사회운동가다.

그러므로 어떤 사회운동가는 철학자가 아니다.[30]

ⓑ 고클레니우스(Goclenius)식

- 르네상스 시대 독일의 논리학자 고클레니우스(1547-1628)가 발견한 연쇄

---

30   아리스토텔레스식이면서 전칭부정명제(E)가 맨 마지막이 아닌 전제들에, 특칭명제(I)가 맨
처음이 아닌 맨 마지막 전제에 나타난 형식이다. 환질시켜야 한다는 점에 주의하자.

삼단논법이다.

- 선행 명제의 주어가 그 다음에 바로 나타나는 명제의 술어가 되는 방식으로 전개한다. 결론의 주어 개념인 소개념이 맨 마지막 전제에 나타나고 결론의 술어 개념인 대개념이 맨 첫 전제에 나타난다.

- 대부분 전칭긍정명제(A)만을 이 논증의 전개에 사용할 수 있지만, 통상 1격으로 전개된 논증의 맨 처음 전제에 전칭부정명제(E)를, 논증의 맨 마지막 전제에 특칭긍정명제(I)를 한 번만 사용할 수 있다. 그러나 특칭부정명제(O)는 아리스토텔레스식과 마찬가지로 전제에 사용할 수 없다.

- 만약 전칭부정명제(E)가 이 위치가 아닌 다른 곳에 나타나면 대개념부당주연의 오류를 범하게 되고, 특칭긍정명제(I)가 이 위치가 아닌 다른 곳에 나타나면 매개념부주연의 오류를 범하게 된다.

▶ 형식

A는 B다.
C는 A다. → (∴ C는 B다)
D는 C다. 　　　 ↵
―――――――
∴ D는 B다.

예)

모든 사람은 죽는다.
소크라테스는 사람이다.
플라톤의 스승은 소크라테스다.
크산티페의 남편은 플라톤의 스승이다.
―――――――――――――――
그러므로 크산티페의 남편은 죽는다.

〈문제 II-16〉 아리스토텔레스식 논증의 구조를 분석한 것처럼 위 연쇄 삼단논법 논증의 전개 구조를 각자 분석해 보시오.

〈문제 II-17〉 다음 〈보기〉의 명제는 전제로 사용되고 있는데, 이 전제들 모두로부터 타당하게 추리할 수 있는 명제를 고르시오.

〈보 기〉

모든 사과는 맛있다.

맛있는 과일은 당분이 많다.

당분이 많은 것은 어떤 것도 건강에 좋지 않다.

---

① 사과라고 해서 모두 맛있는 것은 아니다.

② 당분이 많은 과일은 맛이 있다.

③ 모든 사과는 건강에 좋지 않다.

④ 건강에 좋은 것은 모두 당분이 적다.

⑤ 당분이 많은 과일은 먹지 말아야 한다.

II.4.2 선택삼단논법

- 일상생활에서 "배를 먹거나 사과를 먹어라." 등과 같이 어떤 것을 선택하 도록 말하는 대화에서 많이 쓰이는 논증이다. 이때 선택의 대상으로 제시 된 것을 선택지(選擇肢, disjunct)라고 한다. 예를 들어 앞의 명제에서 배 를 먹는 것과 사과를 먹는 것이 선택지로 제시되었다.

- 선택 명제가 대전제에 나타난 삼단논법이다.

- 개념이 아니라 명제의 형식(선택문)에 근거하여 전개하는 논증으로서 개

념의 주연 관계에 근거하여 타당성 조사를 할 수 없으나, 명제의 진릿값에 의해서 타당성 조사를 할 수 있다. 이러한 타당 조사 방법은 현대 기호논리학의 체계에서 가능하다.[31]

- 따라서 개념의 주연 관계에 근거하여 타당성 조사를 하는 고전 논리학의 체계에는 선택삼단논법 논증의 타당성을 평가할 수 있는 규칙이 없다. 단지 타당한 선택삼단논법 논증 형식만을 제시하고 있다. 그래서 타당성 여부는 그러한 논증 형식에 부합하는가의 여부에 따라 판단한다.

- 타당성 조사 규칙은 프레게와 러셀로부터 시작된 현대 기호논리학의 체계에서 등장한다.

- 선택삼단논법은 대전제에 선택 명제가, 소전제에 1개의 정언명제가 나타난 논증이다. 소전제의 정언명제는 대전제의 선택 명제의 선택지에 관한 긍정문이나 부정문이 올 수 있다.

- 소전제의 정언명제가 긍정문이면 결론에는 부정문이, 부정문이면 긍정문이 나타난다.

일상 언어에서 선택의 2가지 용법

선택 명제에 있는 선택지들 중에서 하나를 선택하는 것을 의미하는 용어 '혹은(or)'의 일상생활 언어 사용에는 다음과 같은 두 가지 의미의 용법이 있다.

배타적 용법(exclusive usage) : 선택지 중에서 반드시 한 가지만을 선택할 수 있다.

비배타적 용법(non-exclusive usage) : 선택지 중에서 한가지 이상을 선택할 수 있다.

- 예를 들어 명제 "사과를 먹거나 배를 먹어라."에 대해서, 이 명제를,

---

31 이러한 타당성 조사 방법은 IV부 '기호논리학' 부분에서 다룰 것이다.

배타적 용법으로 사용하면 사과나 배 중에서 하나를 먹는 것만 허용하지, 사과와 배 둘 다 먹는 것은 허용하지 않는다는 의미로 사용한다.

비배타적 용법으로 사용하면, 사과나 배 중에서 하나를 먹는 것을 허용할 뿐만 아니라, 사과와 배 둘 다 먹는 것도 허용하는 의미로 사용한다.

- 영어와 우리말은 선택을 의미하는 용어 '...혹은(or)...'을 배타적 용법과 비배타적 용법에서 동일하게 사용하지만, 라틴어는 선택을 배타적 용법의 의미로 사용할 경우에는 용어 'aut'를, 비배타적 용법의 의미로 사용할 경우에는 용어 'vel'를 사용한다.
- 이상과 같은 구분에 따라 가능한 선택삼단논법 논증에는 배타적 선택삼단논법과 비배타적 삼단논법이 있다.

고전 선택삼단논법에서 타당하다고 간주하는 논증 형식

배타적 선택삼단논법	비배타적 선택삼단논법
A는 B이든가 C이다. A는 B다. ∴ A는 C가 아니다.	A는 B이든가 C이다. A는 B가 아니다. ∴ A는 C다.
김 씨는 남자이든가 여자이다. 김 씨는 남자다 ∴ 김 씨는 여자가 아니다	김 씨는 철학자이든가 과학자이다. 김 씨는 철학자가 아니다 ∴ 김 씨는 과학자다
선택의 배타적 용법 : aut 소전제에 긍정문이 나타나고, 결론에 부정문이 나타난다.	선택의 비배타적 용법 : vel 소전제에 부정문이 나타나고, 결론에 긍정문이 나타난다.

현대 기호논리학은 선택의 의미를 비배타적인 vel의 용법[32]만으로 채택하여 대부분 정의하고 있다. 그래서 배타적 aut의 용법으로 사용하는 고전 논리학의 선택삼단논법의 논증 형식은 타당하지 않다고 간주한다. 예를 들어 아래의 선택 논증(1)과 (2)의 경우에, 고전 선택삼단논법에서는 모두 타당하다. 그러나 현대 기호논리학에서는 논증(1)만 타당하다.

선택삼단논법 논증 (1) : 타당

> 트럼프는 평화를 사랑하거나 전쟁을 사랑한다.
> 트럼프는 평화를 사랑하지 않는다.
> ─────────────────────
> ∴ 트럼프는 전쟁을 사랑한다.

선택삼단논법 논증 (2) : 비타당

> 내년은 평년이거나 윤년이다.
> 내년은 평년이다.
> ─────────────────────
> ∴ 내년은 윤년이 아니다.

---

32 현대 기호논리학에서 표준적으로 사용하는 비배타적인 vel의 용법과 배타적인 용법 aut의 용법을 진리표로 나타내면 다음과 같다. 현대 기호논리학에서는 선택에 관한 기호로 용어 'vel'에서 유래한 'v' 를 사용하여, 선택문을 'PvQ' 로 나태내고 있다.

P	Q	P vel Q	P aut Q
T	T	T	F
T	F	T	T
F	T	T	T
F	F	F	F

〈문제 II-18〉 연필, 지우개, 볼펜, 색연필, 필통 등 다섯 가지 상품만을 파는 문구점이 있다. 가게 주인은 다음 〈보기〉의 네 가지 조건을 내걸고 이를 지키는 손님에게만 상품을 팔았는데, 한 학생이 이 조건을 지키고 학용품을 구입해서 갔다. 이 학생이 구입한 상품은 무엇인지 고르시오.

〈 보 기 〉

(가) 색연필과 필통 중 한 가지를 반드시 사야 한다.

(나) 지우개와 볼펜 중에서는 한 가지밖에 살 수 없다.

(다) 볼펜과 색연필을 사려면 둘 다 사야 한다.

(라) 필통을 사려면 연필과 색연필도 반드시 사야 한다.

① 색연필, 필통　　　② 지우개, 볼펜

③ 볼펜, 색연필　　　④ 연필, 볼펜, 필통

⑤ 연필, 지우개, 필통

〈문제 II-19〉 예정이의 고양이 트레비앙의 색깔은 흰색 또는 검정색, 또는 노란색 중 하나이다. 다음 정보 중 적어도 하나는 옳고 하나는 틀렸다. 트레비앙의 색깔을 고르시오.

정보 1 : 트레비앙은 검정색이 아니다.

정보 2 : 트레비앙은 흰색이거나 노란 색이다.

정보 3 : 트레비앙은 흰색이다.

① 흰색　　② 검정색　　③ 노란색　　④ 알 수 없다.

〈문제 II-20〉 다음 (가)와 (나)는 별개의 상황으로 설정된 것이다. 각 조건에 따를 때 옳은 것은?

(가) 수사 과정에서 세 명의 도둑 용의자가 다음과 같은 진술을 하였다.

　갑 : 저는 도둑질을 하지 않았습니다.

　을 : 병은 확실히 도둑질을 하지 않았습니다.

　병 : 도둑질을 한 사람은 바로 저입니다.

그런데 나중에 세 명 중 두 명은 거짓말을 했다고 자백하였고, 도둑은 한 명이라는 것이 밝혀졌다.

(나) 수사 과정에서 세 명의 도둑 용의자가 다음과 같은 진술을 하였다.

　A : 저는 결코 도둑질을 하지 않았습니다.

　B : A의 말은 참말입니다.

　C : 제가 도둑질을 하였습니다.

그런데 나중에 도둑은 한 명이고 그 도둑은 거짓말을 했다는 것이 밝혀졌다.

2016년도 제32회 입법고시 언어논리영역 책형 가 (문7)

① 갑은 참말을 하였다.

② B는 거짓말을 하였다.

③ A는 참말을 하였다.

④ 병은 도둑질을 하였다.

⑤ 을과 A가 도둑질을 하였다.

II.4.3 조건 삼단논법

- 조건 삼단논법 논증은 일상생활에서 "이번 시험의 성적을 5등 이상 올리면 용돈을 10만원 줄게." 등과 같이 조건을 제시하여 약속을 하거나, "구름이 끼면 비가 온다."와 같이 결과의 발생조건을 말하는 대화에서 많이 쓰이는 논증이다.
- 조건명제가 대전제에 나타난 삼단논법이다.
- 선택삼단논법과 마찬가지로 개념이 아니라 명제의 형식(조건명제)에 근거하여 전개하는 논증으로서 개념의 주연 관계에 근거하여 타당성 조사를 할 수 없으나, 명제의 진릿값에 의해 타당성 조사를 할 수 있다.
- 개념의 주연 관계에 근거하여 타당성 조사를 하는 고전 논리학의 체계에는 조건 삼단논법 논증의 타당성을 평가할 수 있는 규칙이 없다. 단지 타당한 선택삼단논법 논증 형식만을 제시하고 있다. 그래서 타당성 여부는 그러한 논증 형식에 부합하는가의 여부에 따라 판단한다.
- 스토아학파의 크리시포스가 이 논증을 발견하였다고 전해진다.
- 현대 기호논리학의 창시자 중의 한 사람인 프레게가 그 중요성을 인식하였으며, 타당성 조사 규칙은 프레게와 러셀로부터 시작된 현대 기호논리학의 체계에서 등장한다.
- 조건명제 "만약 A라면 B다(A → B)."에서 A에 나타난 명제를 전건(前件, antecedent)이라고 하고, B에 나타난 명제를 후건(後件, consequent)이라고 말한다.

조건 삼단논법의 논증 형식[33]

- 대전제에 조건명제가 나타나고 소전제가 긍정문이면 결론도 긍정문이 나타나는 긍정식과, 소전제가 부정문이면 결론도 부정문으로 나타나는 부정

---

33 참고로 기호 논리학에서 많이 사용하고 있는 기호로 논증을 표현하면, 전건 긍정식은 P → Q, P / ∴ Q, 후건 부정식은 P → Q, -Q / ∴ -P이다. 타당하지 않은 오류인 전건 부정식은 P → Q, -P / ∴ -Q, 후건 긍정식은 P → Q, Q / ∴ P이다.

식이 있다.

- 소전제에 전건에 관한 긍정문이 나타나면 전건 긍정식, 부정문이 나타나면 전건 부정식이 되며, 후건에 관한 긍정문이 나타나면 후건 긍정식, 부정문이 나타나면 후건 부정식이 된다.

- 이러한 구분에 따라 조건 삼단논법의 논증 형식은 다음과 같이 4가지 형식으로 나타난다. 이 논증 형식들 중에서 전건 긍정식과 후건 부정식만을 타당한 것으로 간주하며. 이러한 판단은 현대 기호논리학의 타당성 조사 규칙에 부합한다.

전건 긍정식[34] : 타당	후건 긍정식 : 비타당(오류)
A라면 B이다. A이다. ∴ B이다.	A라면 B이다. B이다. ∴ A이다.
소전제에 전건의 긍정문이 있음 결론에 후건의 긍정문이 나타남	소전제에 후건의 긍정문이 있음 결론에 전건의 긍정문이 나타남

전건 부정식 : 비타당(오류)	후건 부정식 : 타당
A라면 B이다. A가 아니다. ∴ B가 아니다.	A라면 B이다. B가 아니다. ∴ A가 아니다.
소전제에 전건의 부정문이 있음 결론에 후건의 부정문이 나타남	소전제에 후건의 부정문이 있음 결론에 전건의 부정문이 나타남

---

34 현대 기호논리학에서는 타당한 전건 긍정식을 MP(Modus Ponens)로, 후건 긍정식을 MT(Modus Tollens)로 약칭하기도 한다.

▶ 타당한 조건 삼단논법 논증의 예

타당한 전건 긍정식 예	타당한 후건 부정식[35] 예
봄이 오면 제비가 날아온다. 봄이 왔다. ——— ∴ 제비가 왔다.	교육이 널리 보급되면 문맹률이 낮아진다. 문맹률이 낮아지지 않았다. ——— ∴ 교육이 널리 보급되지 않았다.

▶ 타당하지 않은 조건 삼단논법 논증의 예

비타당한 전건 부정식에 근거한 오류의 예	비타당한 후건 긍정식에 근거한 오류의 예
교통사고가 나면 지각한다. 교통사고가 나지 않았다. ——— ∴ 지각하지 않았다.	전쟁이 일어나면 많은 인명 살상이 일어난다. 인명 살상이 많이 일어났다. ——— ∴ 전쟁이 일어난 것이다.

〈문제 II-21〉 다음 〈보기〉의 조건만으로 알 수 있는 것을 고르시오.

〈보　기〉

비가 오는 날이면 갑돌이는 갑순이를 생각한다.

비가 오는 날이면 길동이도 갑순이를 생각한다.

① 비가 오는 날이면 갑돌이는 갑순이를 만난 적이 있다.

35　후건 부정식이 타당하다는 것을 알게 되면, 앞서 대당 추리에서 참조한 조건명제의 대우 관계를 이해할 수가 있다. 즉 'P → Q'가 참이면, 이 명제와 대우 관계인 '-Q → -P'가 후건 부정식에 의해 참이 된다는 것을 이해할 수 있다.

② 길동이도 갑돌이만큼 갑순이를 좋아한 적이 있다.

③ 갑돌이, 갑순이, 길동이는 서로 알고 지내는 사이다.

④ 비가 오는 날이면 갑순이를 생각하는 사람들이 있다.

〈문제 II-22〉 다음 글이 참이라고 할 때 〈보기〉의 진술 중 반드시 참인 것은?

전문가 태스크포스의 구성과 홍보팀의 협력 두 가지가 모두 뒷받침된다면 새 인력 관리 체계의 성공은 확실히 보장된다. 새 인력 관리 체계는 집단 전체에 신선한 의욕을 불어넣을 뿐만 아니라 새로운 활동 역량을 가져다줄 것이다. 그뿐 아니라 이 체계가 성공한다면 시스템 내의 세부 영역 간 의사소통도 눈에 띄게 활성화 될 것이다. 세부 전문 영역 간의 활발한 의사소통이 이루어지지 않는다면 시스템 전체 규모의 성장도 이루어질 수 없다.

이런 관계를 잘 아는 경영자는 새 인력 관리 체계의 도입을 적극적으로 고려한다. 그런데 전문가 태스크포스를 구성할 경우 적어도 단기적으로는 인건비 지출의 총액이 8% 정도 증가하게 된다는 점이 문제였다. 그럼에도 불구하고 경영자는 이미 지난 주에 전문가 태스크포스를 구성했다. 장기적으로는 총 비용 역시 절감되리라고 확신했기 때문이다.

2005년 행정 · 외무고시 선발 1차시험 언어논리영역 채책형 (문10)

━━━━━━━━━━━━━ 〈보 기〉 ━━━━━━━━━━━━━

ㄱ. 홍보팀의 협력이 없이는 새 인력 관리 체계가 성공할 수 없다.

ㄴ. 시스템의 전체 규모가 성장한다면 그것은 새 인력 관리 체계가 성공
했음을 뜻한다.

ㄷ. 경영자는 단기적인 인건비 지출의 증가가 장기적으로 총 비용의 증
가를 수반하는 것은 아니라고 믿는다.

ㄹ. 만일 새 인력 관리 체계가 실패한다면 홍보팀의 협력이 없었기 때문
이라고 할 수 있다.

---

① ㄱ, ㄷ　　② ㄱ, ㄹ　　③ ㄴ, ㄷ　　④ ㄷ, ㄹ　　⑤ ㄱ, ㄴ, ㄹ

II.4.4 딜레마(Dilemma)

- 일상생활에서 용어 '딜레마'는 어떤 방도를 선택하든지 간에 곤란한 상황
결과에 처하게 되었을 때 많이 사용하는 용어이다. 그래서 일반 사람들은
딜레마가 잘못된 논증이라고 오해하고 있다.

- 보통 딜레마에 처했다고 하는 것은, 두 선택지들 중에서 어느 하나의 선택
지를 선택해야만 하는 경우에, 어떤 쪽을 선택하더라도 불만족스러운 결
과(자기를 찌르는 뿔)가 오는 상황[36]을 말한다.

---

[36] 윤리적인 측면에서 많이 거론되는 대표적인 딜레마 상황으로 트롤리 딜레마(Trolley
Dilemma)가 있다. 트롤리는 흙이나 바위 등을 운반하는 화차를 말하는데, 다음과 같은 상황에
서 어떤 선택을 할 것인가에 관한 것이다. "트롤리는 선로를 따라 달려오고 있고, 진행 선로에는
다섯 사람이 위험을 모르고 일하고 있다. 다른 선택 선로에는 한 사람만이 위험을 모르고 일하
고 있다. 이때 선로 밖의 선로 변환기 옆에 서 있는 어떤 사람이 이를 보고 어떤 선택을 할 것인
가? 진행 선로를 변환시키는 장치를 잡아당기면 다섯 사람의 생명은 구하지만 다른 선택 선로에
있는 한 사람은 죽게 되는 상황이 발생하고, 그대로 두면 진행 선로에 있는 다섯 사람이 죽게 된
다. 선로 변환기를 당기는 행위는 도덕적으로 허용될 수 있는가?" 이러한 상황을 변형시켜 다른
선로에 있는 그 한 사람이 친척이라고 할 경우에 어떠한 선택을 할 것인가를 물을 수 있다. 이

- 용어 'Dilemma'는 받아들이도록 제시된 두 개의 명제나 가정을 의미한다. 용어 'di'는 2를 의미하며, 용어 'lemma'는 명제나 가정(assumption)을 말한다. 그래서 딜레마는 양도(兩刀)논법, 양각(兩角)논법이라고 불린다.[37]
- 딜레마는 선택 명제와 조건명제가 결합하여 구성되어진 타당한 논증 형식이다. 역설(paradox), 오류(fallacy) 등과는 다른 논증이며 이것들과 혼동해서는 안 된다. 타당한 논증이기 때문에 딜레마에 대한 대처는 형식적인 논리적 타당성보다는 내용적인 건전성 측면에서 고려해야 한다.

딜레마 논증 형식[38]

- 딜레마는 대전제에 2개의 조건명제가 있고, 소전제에 1개의 선택 명제가 있는 논증이다. 소전제의 선택 명제에 나타난 선택지를 딜레마의 뿔들(horns of a dilemma)이라고도 부른다. 결론에는 정언명제나 선택 명제가 나타난다.
- 결론에 정언명제가 나타나면 단순(simple) 딜레마이고, 선택 명제가 나타면 복잡(complex) 딜레마이다.
- 소전제의 1개의 선택 명제에 대전제의 두 조건명제의 전건의 긍정명제가 나타나 전건 긍정식의 형식으로 진행하면 구성적(constructive) 딜레마이고, 두 조건명제의 후건의 부정명제가 나타나 후건 부정식의 형식으로 진행하면 파괴적(destructive) 딜레마이다.
- 이러한 구분에 근거한 가능한 조합으로 4가지의 딜레마 논증 형식이 가능하다.

딜레마 문제는 어떤 진행 길에 한 사람이 무단 횡단할 경우에, 무인 자동차 AI가 사건처리 과정에서 하게 되는 판단과 관련하여 많이 논의되고 있다.

37 참고로, 세 가지 선택지 중에서 어떤 것을 택하더라도 나쁜 결과가 발생하게 되는 진퇴양난의 상황을 트릴레마(trilemma : tri(3) + lemma)라 한다. 트릴레마를 삼각 딜레마 혹은 삼중 딜레마라고 부르기도 한다.

38 참고로 현대 기호논리학의 기호로 해당 딜레마의 논증 형식을 나타내면 각각 다음과 같다.

① $(A \rightarrow C) \& (B \rightarrow C), A \vee B / \therefore C$ ② $(A \rightarrow B) \& (A \rightarrow C), -B \vee -C / \therefore -A$

③ $(A \rightarrow B) \& (C \rightarrow D), A \vee C / \therefore B \vee D$ ④ $(A \rightarrow B) \& (C \rightarrow D), -B \vee -D / \therefore -A \vee -C$

① 단순 구성적 딜레마(simple constructive dilemma)

논리적 형식	특징
A이면 C이든지 B이면 C다. A이거나 B이다. ∴ C이다.	- 대전제에 후건이 동일한 두 조건명제들이 나타난다. - 소전제에 이 조건명제들의 전건을 선택지로 한 선택 명제가 나타난다. - 결론에 이 조건명제들의 동일한 후건이 정언명제로 나타난다. - 전건 긍정식 사용

② 단순 파괴적 딜레마(simple destructive dilemma)

논리적 형식	특징
A이면 B이든지 A이면 C다. B가 아니거나 C가 아니다. ∴ A는 아니다.	- 대전제에 전건이 동일한 두 조건명제들이 나타난다. - 소전제에 이 조건명제들의 후건의 부정을 선택지로 한 선택 명제가 나타난다. - 결론에 이 조건명제들의 동일한 전건을 부정한 정언명제가 나타난다. - 후건 부정식 사용

③ 복잡 구성적 딜레마(complex constructive dilemma)

논리적 형식	특징
A이면 B이든지 C이면 D다. A이거나 C이다. ∴ B이거나 D다.	- 대전제에 두 조건명제들이 나타난다. - 소전제에 이 조건명제들의 전건을 선택지로 한 선택 명제가 나타난다. - 결론에 이 조건명제들의 후건을 선택지로 한 선택 명제가 나타난다. - 전건 긍정식 사용

④ 복잡 파괴적 딜레마(complex destructive dilemma)

논리적 형식	특징
A이면 B이든지 C이면 D다. B가 아니거나 D가 아니다. ∴　A가 아니거나 C가 아니다.	- 대전제에 두 조건명제들이 나타난다. - 소전제에 이 조건명제들의 후건의 부정을 　선택지로 한 선택 명제가 나타난다. - 결론에 이 조건명제들의 전건의 부정을 선 　택지로 한 선택 명제가 나타난다. - 후건 부정식 사용

딜레마 논증의 예

단순 구성적 딜레마	단순 파괴적 딜레마
① 상품의 가격을 올리면 판매가 급감할 것이다. 상품의 질을 낮추면 판매가 급감할 것이다. 상품의 가격을 올리거나 상품의 질을 낮출 것이다. ∴ 그러므로 판매가 급감할 것이다.	② 만약 내가 미남이라면 여성들로부터 인기를 얻을 것이다. 만약 내가 미남이라면 아이돌이 되었을 것이다. 나는 여성들로부터 인기를 얻지 못하였거나 아이돌이 되지 못하였다. ∴ 나는 잘 생기지 못하였다.
복잡 구성적 딜레마	**복잡 파괴적 딜레마**
③ 로마 황제에게 세금을 바치라고 대답하면 유대 애국주의자들로부터 배척을 받을 것이다. 로마 황제에게 세금을 바치지 말라고 대답하면 로마 당국으로부터 처벌받아 배척을 받을 것이다. 로마 황제에게 세금을 바치거나 바치지 않든지 해야 한다. ∴ 유대 애국주의자들로부터 배척을 받거나 로마 당국으로부터 처벌받아 배척을 받을 것이다.	④ 만약 하와가 뱀의 유혹에 넘어가지 않았다면 해산의 고통을 겪지 않았을 것이다. 만약 아담이 하와의 설득에 넘어가지 않았다면 노동의 고통을 겪지 않았을 것이다. 하와가 해산의 고통을 겪고 있거나 아담이 노동의 고통을 겪고 있다. ∴ 하와는 뱀의 유혹에 넘어갔거나 아담이 하와의 설득에 넘어갔다.

딜레마에 대처하는 방법

- 딜레마는 타당한 형식의 추리이면서, 상대방을 곤란한 상황으로 몰아가기 때문에, 수사학적 화법으로 많이 사용하고 있다.
- 딜레마의 소전제에 제시된 선택지 중에서 어떠한 것을 선택하더라도 곤란한 상황으로 이어지기 때문에 이 선택지는 상대방을 찌르는 뿔로 비유된다.
- 딜레마는 타당한 논증이기 때문에 내용적인 측면에서 건전성을 검토하여 대처한다.
- 딜레마를 만났을 때 대처하는 방법으로는 선택지로 나타난 뿔을 잡는 방법과 뿔을 피하는 방법이 있다.

① 뿔을 잡는다(take the dilemma by the horns)
- 뿔을 잡는 방법은 제시된 선택지들에 대해 정면으로 직접 논박하여 대처하는 방법이다.
- 이 방법은 대전제에 나타난 조건명제 중의 적어도 하나가 사실적으로 거짓이라는 것을 밝히는 방법(건전성 분석의 방법)과 제시된 딜레마와 똑같은 논리적 형식을 가지면서 서로 상충하는 결론을 제시하는 반증 딜레마(counter-dilemma)의 방법이 있다.

ⓐ 건전성 분석의 방법
아래의 딜레마 논증을 분석해 보자.

---

① 소득 성장 주도 경제정책을 시행하지 않으면 빈부 격차가 더욱 벌어지게 된다.
② 소득 성장 주도 경제정책을 시행하면 대기업들의 투자 감소로 일자리가 줄어들어 빈부 격차가 더욱 벌어지게 된다.
③ 소득 성장 주도 경제정책을 시행하거나 시행하지 않는다.
   그러므로 빈부 격차가 더욱 벌어지게 된다.

▶ 전제①과 ②의 진리에 대해 경제학적으로 케인즈학파와 신자유주의 경제학파 간에 많은 논란이 되고 있어 참이라고 단정 지을 수 없고 좀 더 많은 요인들을 분석해야 한다. 그래서 전제①과 ②가 참이 아니라는 증거를 보여주면 이 딜레마 논증의 건전성은 무너지고 설득력을 상실하게 된다.

또 다른 논증을 분석해 보자.

> 선생님의 강의 내용이 교과서나 참고서에 있다면 배울 필요가 없을 것이다.
> 선생님의 강의 내용이 교과서나 참고서에 없다면 배워서는 안 될 내용이다.
> 선생님의 강의 내용은 교과서나 참고서에 있거나 없는 내용이다.
> ─────────────────────────────
> 그러므로 선생님의 강의는 배울 필요가 없거나 배워서는 안 될 것이다.

▶ 교과서나 참고서에 있다고 반드시 배울 필요가 없다는 것은 참이라고 할 수 없다. 교과서에 있는 내용이라는 사실 자체가 배워야 할 중요한 내용이라는 것을 보여준다고 말할 수 있기 때문이다. 또한 교과서나 참고서에 없다고 해서 반드시 배워서는 안 될 내용이라고 판단할 수 없다. 스스로 찾아서 공부하도록 유도하기 위해 배워야 할 내용을 교과서에 포함시키지 않을 수도 있기 때문이다. 그래서 두 전제들이 모두 거짓이다.

ⓑ 반증 딜레마의 방법

이 대처 방법은 제시된 딜레마 논증과 똑같은 논증 형식을 가지면서 모순되는 결론을 추리하여 반박하는 방법이다. 이 방법은 성공하면 수사학적으로 아주 큰 영향력을 미칠 수 있는데 이 논증의 전개 형식은 다음과 같다.

원래의 딜레마 논증 형식	반증 딜레마의 논증 형식
A이면 B이든지 C이면 D다. A이거나 C이다. ∴ B이거나 D다.	A이면 -D이든지 C이면 -B다. A이거나 C이다. ∴ -D이거나 -B다.
네가 거짓말을 안 하고 정직하게 정치 한다면, 세상 사람들의 미움을 받을 것이다. 네가 거짓말하면서 정직하지 않게 정치한다면, 하느님의 미움을 받을 것이다. 너는 정직하게 정치하거나 정직하지 않게 정치할 것이다.	내가 거짓말을 안 하고 정직하게 정치 한다면, 하느님의 사랑을 받을 것이다. 내가 거짓말하면서 정직하지 않게 정치한다면, 세상 사람들의 사랑을 받을 것이다. 나는 정직하게 정치하거나 정직하지 않게 정치할 것이다.
따라서 너는 세상 사람들의 미움을 받든지 하느님의 미움을 받을 것이다. (정치 참여 반대)	따라서 나는 하느님의 사랑을 받든지 세상 사람들의 사랑을 받을 것이다. (정치 참여 결정)

※ 이 방법은 고도의 수사학적 기술과 분석 능력을 요구한다. 이 방법에 관한 고전적인 예로서 '스승과 제자', '어머니와 악어' 등이 있다.

▶ 반증 딜레마 사례 1 : 스승과 제자

고대 그리스에서 소피스트의 대표자인 프로타고라스가 변론술을 가르치고 있었다. 제자 중에 에우아들루스(Euathlus)가 있었는데 그는 수강료를 지불할 수 있는 경제적 여력이 없었다. 그래서 프로타고라스는 에우아들루스에게 첫 번째 소송을 수임하여 승소할 경우에 수강료를 받겠다는 조건을 내걸었고 에우아들루스는 이를 받아들였다.

그러나 에우아들루스는 프로타고라스에게 변론술을 다 배우고 나서도 소송을 수임하지 않아서 프로타고라스의 살림이 경제적으로 어렵게 되었다. 참다못한 프로타고라스가 그를 상대로 소송을 제기하였고, 재판정에 모습을 드러낸 그에게 프로타고라스는 다음과 같이 말했다.

"자네는 결국 수강료를 낼 수밖에 없을 걸세. 왜냐하면 만일 자네가 재판에서 이기게 되면 자네가 최고의 변론사임이 입증되니 처음의 계약대로 수강료를 내야 하고, 만약 재판에서 지게 되면 법의 판결에 의해 수강료를 내야만 하기 때문이지."

이러한 프로타고라스의 논증에 대해, 에우아들루스는 다음과 같이 말하면서 프로타고라스가 제시한 딜레마의 다른 하나의 뿔을 잡아 대응한다.

"저는 이 재판의 결과가 어떻게 되든 수강료를 지불하지 않아도 됩니다. 제가 재판에서 진다면 '첫 번째 소송'에서 이기지 못했으므로 (계약에 따라) 수업료를 내지 않고, 이긴다면 (판결에 따라) 수업료를 내지 않아도 됩니다."

결국 제자의 승소로 끝났다.

- 위 이야기의 전개를 원래의 스승의 딜레마 논증 구조와 제자의 반증 딜레마 구조로 구분하여 분석해 보자.

▶ 전개된 스승의 딜레마 논증과 제자의 반증 딜레마 논증의 논리적 구조

스승의 딜레마 논증 구조	제자의 반증 딜레마 논증 구조
네가 재판에 이기면 나에게 수강료를 지불해야 한다.(계약에 의해) 네가 재판에 져도 수강료를 지불해야 한다.(재판 결과에 승복해야 하기 때문) 너는 재판에 이기거나 질 것이다. ───── 따라서 너는 나에게 수강료를 지불해야만 한다.	내가 재판에 이기면 스승님에게 수강료를 지불할 필요가 없습니다.(재판 결과에 승복해야 하기 때문) 내가 재판에 진다 하더라도 수강료를 지불할 필요가 없습니다.(계약에 의해) 나는 재판에 이기거나 질 것입니다. ───── 따라서 나는 스승님에게 수강료를 지불할 필요가 없습니다.

- 프로타고라스가 수업료를 받을 수 있는 방법이 있겠는가?

▶ 반증 딜레마 사례 2 : 어머니와 악어

나일 강변에서 한 어린아이가 놀고 있다가 악어에게 붙잡혀 잡아먹힐 운명에 처하였다. 이때 이 어린아이의 어머니가 강변에 달려와 악어에게 이 아이를 돌려 달라고 간청을 하였다. 그런데 악어는 그 아이의 어머니에게 "내가 이 아이를 돌려줄 마음을 가지고 있는지 아닌지를 맞히면 이 어린아이를 당신에게 돌려주겠다."고 말했다.

이러한 악어의 제안에 대해 어머니는 흔쾌히 응하고 다음과 같이 말하면서 아이를 자신에게 돌려줄 것을 요구하였다.

"너는 지금 아이를 돌려줄 마음을 가지고 있지 않다. 그래서 나에게 어린아이를 돌려주어야 한다. 왜냐하면 만약 네가 지금 아이를 돌려줄 마음을 가지고 있지 않다면 내가 맞혔기 때문에 너의 제안에 따라 나에게 아이를 돌려주어야 하고, 만약 아이를 돌려줄 마음이 지금 네게 있다면 너는 마음의 결정에 따라 나에게 아이를 돌려주어야 할 것이다."

이러한 어머니의 대답에 대해 악어는 다음과 같이 말하면서 자신은 아이를 돌려줄 필요가 없다고 논변하였다.

"내가 지금 아이를 돌려줄 마음을 가지고 있다면 네가 그 마음을 맞히지 못했기 때문에 나의 제안에 따라 너에게 아이를 돌려줄 필요가 없고, 만약 내게 지금 아이를 돌려줄 마음이 없다면 나의 마음의 결정에 따라 너에게 아이를 돌려줄 필요가 없다."

- 위 이야기의 전개를 어머니의 딜레마 논증 구조와 악어의 반증 딜레마 구조로 분석하여 만들어 보자.[39]

---

[39]　논리적 구조 분석은 〈문제 II-23〉의 답 앞에 있음.

• 어린아이를 악어로부터 구할 수 있겠는가?

② 뿔 사이로 피한다(escape between the horns)

선택지가 불완전하게 열거되어 있음과 선택지가 배타적인 관계에 있지 않음을 적시하면서 제시된 딜레마가 진정한 의미의 딜레마가 아님을 밝혀 대처하는 방법이다. 즉, 딜레마인 것처럼 보이지만, 실제로는 딜레마가 아니라는 것을 보여 주는 방법이다.

아래의 논증을 분석해 보자.

> 만약 어떤 학생이 공부하기를 좋아한다면 그 학생에게는 자극이 필요 없을 것이다.
> 또 만약 그가 공부하기를 싫어한다면 어떤 자극도 필요 없을 것이다.
> 학생은 공부하기를 좋아하든지 싫어한다.
> ───────────────
> 그러므로 학생에게는 공부에 대한 어떠한 자극도 필요 없을 것이다.

▶ 공부하기를 좋아하는 것과 싫어하는 것은 배타적 관계에 있는 선택지가 아니다. 공부하기를 좋아하지도 싫어하지도 않으며 공부에 그냥 무관심한 태도를 갖는 학생들도 있기 때문이다. 이런 학생들에게는 자극이 필요하다. 이렇게 논증 구조를 분석하면 이 논증은 딜레마가 아니다.

〈문제 II-23〉〈보기〉의 명제들이 참이라고 할 때 가장 적절한 추론을 고르시오.

〈 보 기 〉

청소년이 운동을 좋아한다면 운동을 군이 권할 필요는 없다.

청소년이 운동을 싫어한다면 운동을 권해도 소용없다.

청소년은 반드시 운동을 좋아하거나 싫어한다.

그러므로 청소년에게 운동을 권할 필요가 없거나 권해도 소용없다.

---

① 운동을 좋아하는 청소년이라고 해도 운동을 권할 필요가 없다.

② 운동을 좋아하지 않는 청소년이라고 해도 운동을 권할 필요가 있다.

③ 운동을 좋아하는 청소년이든 싫어하는 청소년이든 운동을 권해야 한다.

④ 운동을 하는 것은 개인의 자율적인 문제이므로 자유의사에 맡기는 것이 좋다.

〈문제 II-24〉 다음 논증 중 타당하지 않은 것은?

---

① 과학자인 동시에 수학자인 사람은 모두 천재이다. 어떤 수학자도 천재가 아니다. 그러므로 수학자인 동시에 과학자인 사람은 아무도 없다.

② 모든 과학자는 신을 믿는다. 신을 믿는 모든 사람은 유물론자가 아니다. 어떤 유물론자는 진화론자이다. 그러므로 어떤 진화론자는 과학자가 아니다.

---

③ 만일 직녀가 부산 영화제에 참석한다면 광주의 동창회에는 불참할 것이다. 만일 직녀가 광주의 동창회에 불참한다면 견우를 만나지 못할 것이다. 그러므로 직녀는 부산 영화제에 참석하지 않거나 견우를 만나지 못할 것이다.

④ 외국어 학원에 다니는 사람들은 모두 외국 문화에 관심이 있다. 외국 문화에 관심을 가지는 사람들 중 한 번도 외국에 가 본 적이 없는 사람들이 있다. 그러므로 외국에 한 번도 가 본 적이 없는 사람들 중 일부는 외국어 학원에 다니지 않는다.

⑤ 철준이가 선미도 사랑하고 단이도 사랑한다는 것은 사실이 아니다. 그러나 철준이는 선미를 사랑하거나 단이를 사랑한다. 그러므로 철준이가 선미를 사랑하지 않으면 철준이는 단이를 사랑하고, 철준이가 단이를 사랑하면 철준이는 선미를 사랑하지 않는다.

2008년도 행정외무고시 및 견습직원선발 1차시험 언어논리영역 꿈책형 (문15)

〈문제 II-25〉 다음 중 논리적으로 타당하지 않은 것을 〈보기〉에서 모두 고르면?

─────── **〈 보 기 〉** ───────

ㄱ. 만약 인재 지역 할당제를 실시한다면, 그것은 타 지역인들에 대한 역차별이다. 그러나 만약 인재 지역 할당제를 실시하지 않는다면, 지역인의 취업률은 더욱 낮아질 것이다. 인재 지역 할당제를 실시하거나, 하지 않을 것이다. 그러므로 타 지역인들에 대한 역차별이거나, 지역인의 취업률은 더욱 낮아질 것이다.

ㄴ. 조직화 능력과 동기부여 능력을 모두 갖추는 것은 크게 성공한 공무원이 되기 위한 필요충분조건이다. 공무원들 사이에 잘 알려진 인물은 오직 크게 성공한 공무원뿐이다. 또한 동기부여 능력을 갖춘 공무원은 공직 선택을 후회하지 않는다. 따라서 조직화 능력이 없는 모든 공무원은 공직을 선택한 것을 후회한다.

ㄷ. A국 시민인 부모에게서 태어났다면 A국 시민이다. 양식업을 하고 있는 A국 시민은 모두 해안가에 살고 있다. 따라서 제임스가 A국 시민인 부모에게서 태어나 해안가에 살고 있다면 제임스는 양식업을 하고 있는 것이다.

ㄹ. 만약 대학생의 학력이 낮아진다면, 세계화의 추세에 우리나라는 경쟁력을 갖기 어려울 것이다. 만약 기업이 투명한 경영을 하지 않는다면, 세계화의 추세에 우리나라는 경쟁력을 갖기 어려울 것이다. 그러므로 만약 대학생의 학력이 낮아진다면, 기업이 투명한 경영을 하지 않을 것이다.

2015년도 제31회 입법고시 언어논리영역 책형 가 (문39)

① ㄱ, ㄷ   ② ㄴ, ㄷ   ③ ㄴ, ㄹ   ④ ㄱ, ㄷ, ㄹ   ⑤ ㄴ, ㄷ, ㄹ

〈문제 II-26〉 사무관 A는 국가 공무원 인재 개발원에서 수강할 과목을 선택하려 한다. A가 선택할 과목에 대해 갑~무가 다음과 같이 진술하였는데 이 중 한 사람의 진술은 거짓이고 나머지 사람들의 진술은 모두 참인 것으로 밝혀졌다. A가 반드시 수강할 과목만을 모두 고른다면?

갑: 법학을 수강할 경우, 정치학도 수강한다.

을: 법학을 수강하지 않을 경우, 윤리학도 수강하지 않는다.

병: 법학과 정치학 중 적어도 하나를 수강한다.

정: 윤리학을 수강할 경우에만 정치학을 수강한다.

무: 윤리학을 수강하지만 법학은 수강하지 않는다.

2016년도 국가공무원 5급 공채·외교관후보자 선발 제1차 시험 및
지역인재7급 선발 필기시험 언어논리영역 4책형 (문29)

① 윤리학

② 법학

③ 윤리학, 정치학

④ 윤리학, 법학

⑤ 윤리학, 법학, 정치학

〈문제 II-27〉 의료보험 가입이 의무화될 때 〈보기〉의 조건에 맞는 선택을 고르면?

──── 〈 보 기 〉 ────

• 정기적금에 가입하면 변액 보험에 가입한다.

• 주식형 펀드와 해외 펀드 중 하나만 가입한다.

• 의료보험에 가입하면 변액 보험에 가입하지 않는다.

• 해외 펀드에 가입하면 주택마련저축에 가입하지 않는다.

• 연금저축, 주택마련저축, 정기적금 중에 최소한 두 가지는 반드시 가입한다.

2006년 행정 · 외무고시 선발시험 언어논리영역 (문8)

① 변액 보험에 가입한다.

② 정기적금에 가입한다.

③ 주식형 펀드에 가입한다.

④ 연금저축에 가입하지 않는다.

⑤ 주택마련저축에 가입하지 않는다.

〈문제 II-28〉 다음 포유동물에 대한 진술이 모두 참이라고 가정할 때 꼬리가 없는 포유동물 A에 관한 설명 중 반드시 참인 것을 고르면?

(가) 모든 포유동물은 물과 육지 중 한 곳에서만 산다.

(나) 물에 살면서 육식을 하지 않는 포유동물은 다리가 없다.

(다) 육지에 살면서 육식을 하는 포유동물은 모두 다리가 있다.

(라) 육지에 살면서 육식을 하지 않는 포유동물은 모두 털이 없다.

(마) 육식동물은 모두 꼬리가 있다.

2006년도 행정·외무고등고시 1차 시험 언어논리영역 (문14)

---

① A는 털이 있다.

② A는 다리가 없다.

③ 만약 A가 물에 산다면, A는 다리가 있다.

④ 만약 A가 털이 있다면, A는 다리가 없다.

⑤ 만약 A가 육지에 산다면, A는 다리가 있다.

II.5 오류

- 오류(誤謬, fallacy)는, 형식적인 측면에서 보면, 전제로부터 이 전제의 진

리를 보존하지 못하는 잘못된 논리에 근거하여 결론을 이끌어 낸 올바르
지 못한 추리를 말한다.

- 그러나 삶의 여러 가지 다양한 상황과 환경, 맥락 속에서 대화와 논증을
  전개할 때 사용하는 일상생활 논리의 언어는, 이 언어 자체의 특성상 논리
  적 사유 전개에서 유의해야 하는 몇 가지 문제를 야기한다. 즉, 일상 언어
  자체가 가지고 있는 언어적 특성[40]은, 일상 대화에서는 장점[41]이 될 수 있
  지만, 논리적 사유를 전개할 경우에 몇 가지 관점과 사용맥락에서 유의해
  야 하는 오류를 조성한다.
- 언어 탐구 방식에 대해 모리스(Charles W. Morris, 1901-1979)는 다음과
  같은 3가지를 제안하였다.[42]

- 통사론(Syntax) : 언어의 규칙, 문법을 탐구한다.
- 의미론(Semantics) : 어휘의 의미를 탐구한다.
- 화용론(Pragmatics) : 사용자가 어휘와 문장을 사용하고 있는 맥락적 의미
  를 탐구한다.

---

40 인공언어중심주의자들이 보통 지적하는 문제는 일상 언어 어휘의 애매모호성과 문법의 비엄밀성이다. 논리적 사유 과정에서 어휘의 애매모호성으로 인하여 생기는 문제를 분석하고 대처하기 위해 의미론적 오류의 문제를 고찰하는 것이다. 논리적 사유 과정에서 일상 언어 문법의 비엄밀성으로 인하여 생기는 대표적 문제가, "모든 도깨비는 무섭다."와 같은 존재적 의미를 갖지 않는 정언명제의 구성을 허용하는 것이다. 이 문제를 논리적 사유 과정에서 원천적으로 배제하기 위해 삼단논법 논증에 사용할 수 있는 정언명제의 형식적 요건을 존재적 의미를 가진 명제로 제한한 것이다. 물론 이러한 제한은 삼단논법 논리학의 분석 대상의 범위를 협소하게 만드는 단점이 된다. 이러한 일상 언어의 단점을 원천적으로 해소하기 위해 애매하지 않은 어휘와 엄밀한 문법 규칙을 가진 인공언어로 새롭게 구성한 논리학의 체계가 기호논리학이다.
41 일상생활에서 여러 가지 다양한 세계에 관한 대화는 일상 언어 하나만으로 이루어진다. 그래서 일상 언어로 표현한 문장이 어떤 유형의 세계에 관해 그리고 어떠한 맥락에서 사용하고 있는지에 유의하여 그 의미를 파악해야 한다. 물론 일상인들은 이러한 점을 의식하지 않고 선천적으로 자연스럽게 사용하고 있다는 점에서 일상 언어는 자연언어이다.
42 모리스(1938, *Foundations of the Theory of signs*, p.6)는 기호(sign)가 가지는 관계를 기호가 적용되는 대상에 대해 가지는 관계, 기호가 이를 사용하는 사람(사용자, 해석자)에 대해 가지는 관계, 하나의 기호가 다른 기호에 대해 가지는 관계로 구분한다. 이러한 차원의 기호 사용의 과정(semiosis)을 연구하는 기호학의 분야를 각기 의미론, 화용론, 통사론으로 지칭하였다.

- 모리스의 구분에 근거하여 오류의 유형을 다음과 같은 관점으로 구분하여 분석할 수 있다.

- 통사론적 오류(syntactic fallacy) : 추리 과정에서 따라야 할 형식적인 타당성 조사 규칙을 지키지 않을 때 범하는 오류
- 의미론적 오류(semantic fallacy : SF) : 명제에 나타나 있는 어휘의 의미 애매모호성, 특정한 어휘의 강조, 집합개념과 개별개념의 혼동으로 인하여 범하게 되는 오류
- 화용론적 오류(pragmatic fallacy : PF) : 논리적 근거가 아닌, 논증이 사용되고 있는 맥락이나 환경, 상대방의 심리적 환경에 근거하여 추리를 진행하는 오류

- 고전 삼단논법에서는 통사적 오류로서 매개념부주연의 오류, 대개념부당주연의 오류, 소개념부당주연의 오류 등이 있다. 이에 관해서는 앞에서 타당성 조사 규칙을 다루면서 알아보았다. 그래서 지금부터는 의미론적 오류와 화용론적 오류에 관하여 고찰할 것이다.

의미론적 오류(SF)

논증 속에 나타난 어휘의 애매모호성이나 특정 어휘 강조 등으로 인하여 범하게 되는 오류이다.

① 애매어의 오류 : 애매성을 가진 어휘를 사용하여 범하게 되는 오류

애매성(ambiguousness) : 두 가지 이상의 뜻을 가지고 있는 하나의 어휘가 이 뜻 중에서 어떤 것으로 사용되고 있는지가 분명하지 않는 경우

예) 장난감 가게에 먹는 배(pear)의 모형과 타는 배(boat)의 모형이 진열되어 있을 때, 그냥 "배 모형 하나 주세요."라고 말하는 경우

▶ 애매어 논증 사례 1

> 모든 죄인은 감옥에 가야 한다.
> 모든 사람은 죄인이다.
> ─────────────────
> 그러므로 모든 사람은 감옥에 가야 한다.

- 애매한 의미로 사용하고 있는 어휘는 무엇이며 각기 어떤 의미로 사용하고 있는가?[43]

▶ 애매어 논증 사례 2

> 천국보다 더 나은 것은 아무것도 없다.
> 한 조각의 빵은 아무것도 없는 것보다 낫다.
> ─────────────────
> 그러므로 한 조각의 빵은 천국보다 낫다.

- 애매한 의미로 사용하고 있는 어휘는 무엇이며 각기 어떤 의미로 사용하고 있는가?[44]

② 모호성의 오류 : 모호성을 가진 어휘를 사용하여 범하게 되는 오류

---

43 '죄인'이다. 첫 번째 전제에서는 이 용어는 법률적 차원의 의미로 사용하고 있고, 두 번째 전제에서는 종교적 차원의 의미로 사용하고 있다.

44 "아무것도 없다."이다. 첫 번째 전제에서는 최고로 낫다는 최상급의 내용을 의미하는 것으로, 두 번째 전제에서는 무소유의 내용을 의미하는 것으로 사용하고 있다.

> 모호성(vagueness) : 하나의 어휘를 적용할 수 있는 대상들의 범위에 관한 경계선이 분명하지 않는 경우
>
> 모호성을 가진 어휘들의 예
> • 지시체가 모호한 추상명사 – '평화'
> • 양적 적용 기준이 모호한 개념 – '대머리', '부자'
> • 상태 변화의 정도에 대한 질적 적용 기준이 모호한 개념

ⓐ 양적 적용 기준의 모호성으로 인한 오류 : 대머리 논증
- 고대 그리스 시대부터 무더기 역설(sorites paradox)로 알려져 왔던 논증
- 어휘의 양적 적용 기준이 모호하다는 사실에 근거하여 반상식적인 내용의 결론으로 진행하는 논증
- 양적 변화의 과정을 그 변화의 정도가 증폭되는 연쇄 논증 방식으로 전개하여 결론을 이끌어 내는 논증
- 연쇄 논증 단계에서 양적 증폭에 의해 명제의 진릿값이 변화하게 되는 지점이 논증의 어느 단계인지를 적시할 수 없는 논증

▶ 대머리 논증 사례 1

> 머리카락이 10만개인 사람은 대머리가 아니다.
> 이 사람의 머리에서 머리카락 1개를 뽑았다고 해서 대머리가 되는 것은 아니다.
> 계속해서 머리카락 1개를 뽑았다고 해서 대머리가 되는 것은 아니다.
> 또 계속해서 9만 9천 9십 9번 머리카락을 1개 뽑아도 대머리가 되는 것은 아니다.
> ───────────────────────────────
> 그러므로 1개의 머리카락만 있어도 대머리가 아니다.

- 양적 적용 기준이 모호한 어휘는 무엇이며, 이 논증이 의도하고 있는 바는 무엇인가?[45]

ⓑ 질적 적용 기준의 모호성으로 인한 오류 : 미끄럼 논증
- 질적 변화의 정도에 관한 기준의 모호성에 근거하여 연쇄적 방식으로 전개하는 논증
- 그 정도가 매우 낮은 것에 관한 출발 전제에서 시작하여 매우 높은 정도의 것으로까지 전개하면서 의도하지 않은 내용의 결론이 불가피하게 나올 수밖에 없다는 것을 보여 준다. 그러나 이 과정에서 이 논증이 함축적으로 의도하는 것은 이렇게 나온 결론을 수용하기 어렵다는 것을 보여 주어 그 질적 기준의 정도가 매우 낮은 처음의 출발 전제도 수용하기 어렵다는 것을 보여 주는 것이다.
- 논증의 이러한 연쇄적인 전개 방식에는, 질적 변화의 과정에 관해 그 변화의 정도를 연쇄적으로 증폭시켜 가면서 전개하는 방식과 전이될 수 없는 관계(동일성 관계)를 연쇄적으로 전이시켜 가면서 전개하는 방식이 있다.
- 정도가 낮은 단계에서 증폭되면서 정도가 높은 단계로 불가피하게 미끄러져 들어간다는 의미에서 미끄럼 논증(slippery slope)이라고 한다. 어떤 사람은 이 논증이 도미노 게임의 도미노를 차례로 무너뜨리는 방식처럼 연쇄적으로 논증을 전개한다고 해서 도미노의 오류라고 부르기도 한다.
- 먼저 다음의 미끄럼 논증 사례를 분석하여, 질적 변화의 정도를 증폭시켜 가면서 전개하는 미끄럼 논증의 논리적 구조를 살펴보자.

---

45 머리카락이 1개만 있어도 대머리가 안 된다는 결론이 나오는데, 그러한 결론은 상식에 어긋난다. 또 계속해서 머리카락을 뽑아 나갈 때, 어느 단계에서 대머리가 되는지도 분명하지 않다. 즉, 대머리의 양적 기준이 모호하다. 논증의 의도는 "머리카락을 1개라도 뽑아서는 안 된다."이다.

▶ 질적 변화의 정도를 증폭시켜 가면서 전개하는 미끄럼 논증 사례 1

> "체벌을 금지해야 합니다. 학교에서의 체벌뿐만 아니라 가정에서의 체벌도 역시 근절되어야 합니다. 만약 이대로 체벌이 공공연하게 이루어진다면 이러한 폭력에 노출된 아이들은 점점 폭력에 익숙해질 것이고 그렇게 된다면 폭력에 익숙해진 그 아이들이 성장했을 때 자신이 폭력을 휘두르는 일이 더 많아질 것입니다. 그것은 결국 그 아이들을 폭력배로 만드는 일입니다. 체벌이 금지되지 않는다면 장차 이 사회는 폭력배만이 사는 사회가 될 것입니다."

- 논증의 각 단계에서 등장한 개별 명제들은 참이고, 형식적으로 타당하게 전개된 것처럼 보인다.
- 그러나 개별 명제의 참은, 실제 현실적인 사실이 아니라 가정법적인 가상적 사실 위에서 간주하고 논증을 전개하고 있다. 이 논증의 논리적 구조는 다음과 같다.

▶ 논증 형식

$$A1 \rightarrow A2$$
$$A2 \rightarrow A3$$
$$A3 \rightarrow A4$$
....
....

그러므로 $An \rightarrow An+1$

위 결론으로부터 함축되어 있는 추론 :

A1 → An+1

(그런데 An+1은 받아들이기 어렵다.)

(그래서 A1을 받아들이기 어렵다.)

즉, 〈미끄럼 논증 사례 1〉을 위 논증 형식에 따라 분석하면,

체벌이 공공연하게 이루어지면, 장차 이 사회는 폭력배만이 사는 사회가 된다.

우리는 이 사회가 폭력배만이 사는 사회로 되는 것을 받아들이기 어렵다.

그래서 체벌이 공공연하게 이루어지는 것을 우리는 받아들일 수 없다.

(즉, 체벌 금지를 해야 한다.)

▶ 질적 변화의 정도를 증폭시켜 가면서 전개하는 미끄럼 논증 사례 2

만약 마리화나가 합법화된다면 사람들은 마리화나보다 그 중독이 더욱 심한 헤로인의 합법화를 원할 것이다.

만약 헤로인이 합법화된다면 사람들은 헤로인보다 그 중독이 더욱 심한 LSD의 합법화를 원할 것이다.

만약 LSD가 합법화된다면 사람들은 결국 LSD보다 그 중독이 더욱 심한 코카인의 합법화까지 원할 것이다.

• 질적 기준이 모호한 어휘는 무엇이며, 이 논증이 의도(함축)하고 있는 바는 무엇인가?[46]

---

46 합법화한다는 것의 정도에 관한 질적 기준이 모호하다. 이 논증의 의도는, "이러한 결론은 받아들이기 어렵기 때문에, 마리화나는 합법화되어서는 안 된다."는 것이다.

▶ 질적 변화의 정도를 증폭시켜 가면서 전개하는 미끄럼 논증 사례 3

포르노 출판물을 불법화하는 것은 기본권의 침해가 되기 때문에 마땅히 중지되어야 한다.

만약 포르노 출판물이 불법화되어 금지되면 머지않아 신문과 잡지가 검열을 받아야 한다.

신문과 잡지가 검열을 받게 되면, 머지않아 교과서와 정치 연설과 그리고 강의 내용이 검열대상이 되고 말 것이다.

그래서 중앙정부에 의한 언론출판의 통제가 불가피해진다.

• 질적 기준이 모호한 어휘는 무엇이며, 이 논증이 의도(함축)하고 있는 바는 무엇인가?[47]

▶ 전이될 수 없는 동일성 관계를 전이시켜 전개하는 미끄럼 논증 사례 4

면역력 강화가 코로나 바이러스 예방에 아주 좋다.

면역력 강화에는 김치가 아주 좋다.

그러므로 김치는 코로나 바이러스 예방에 아주 좋다.

• 위의 논증에서 제3자에게로까지 전이될 수 없는 동일성 관계는 무엇인가?[48]

③ 강조의 오류 : 문장에 있는 어떤 특정 어휘를 특별하게 강조하여 본래의

---

[47] 불법화한다는 것의 정도에 관한 질적 기준이 모호하다. 이 논증의 의도는"포르노 출판은 불법화되어서는 안 된다."는 것이다.

[48] 좋다의 관계는 제3자에게로까지 동일하게 전이시킬 수 없다.

의미와는 다른 의미로 해석하게 만드는 오류이다. 이 오류는 또한 광고 문구 등에서도 많이 이용하고 있다.

예) "이웃집 아내를 탐하지 마라."에서 이웃집을 강조하기 위해 방점을 두었는데 이웃집이 아닌 다른 집 아내를 탐하는 것은 괜찮다는 의미로 오해하는 경우

"우리 백화점은 전 상품을 초특가 세일 50% - 10%로 판매하고 있습니다."라는 광고에서 실제로 50% 세일 상품은 거의 없고, 10% 세일 상품이 대부분인 경우

④ 은밀한 재정의의 오류[49] :
어떤 하나의 특정한 용어에 대해 통상적으로 사용하지 않는 의미나 범주를 자의적으로 은밀하게 첨가하여 그 용어를 사용하기 때문에 범하는 오류

예) 이 옷은 싸구려 옷이다. 싸구려 옷은 잘 떨어진다. 그러므로 이 옷은 잘 떨어질 것이다.

미친 사람은 정신병원에 가야 한다. 요즘 세상에 미치지 않고서야 뇌물을 거부할 수 있겠나. 저 사람은 뇌물을 거부하니 정신병원에 가야 한다.

⑤ 합성(결합)의 오류(개별 → 집합) :
어떤 개별자가 가지고 있는 속성을 그 개별자가 속해 있는 집단까지도 가지고 있다고 말하여 범하는 오류

---

49 이 오류와 애매어의 오류를 혼동하지 말아야 한다. 애매어의 오류는 해당하는 하나의 용어가 여러 개의 다른 의미를 가지고 있는데 이 용어를 어떤 하나의 의미로 동일하게 사용하고 있는지를 분명하게 하지 않아 범하게 되는 오류이다. 은밀한 재정의의 오류는 하나의 용어가 여러 개의 의미를 가지는 것이 아니라 주장자가 통상적으로 사용하고 있지 않은 의미를 특정한 하나의 용어에 자의적으로 첨부하여 사용함으로써 범하는 오류이다.

예) 이 오케스트라의 구성원은 모두 일급의 연주가들이기 때문에 이 오케스트라는 일급이다.

모래알 하나하나는 가볍다. 그러므로 한 트럭의 모래도 가볍다. 왜냐하면, 가벼운 것은 많이 모여도 가볍기 때문이다.

갑돌이는 아이스크림을 좋아한다. 갑돌이는 김치찌개도 좋아한다. 그러므로 갑돌이는 아이스크림과 김치찌개를 함께 먹는 것을 좋아한다.

나트륨과 염소는 소금을 구성하는 원소이고 둘 다 치명적인 독이다. 그러므로 이 두 원소가 화학적으로 결합한 소금은 치명적인 독을 가지고 있다.

구름은 수증기의 응결체라고 한다. 그런데 원래 수증기의 입자는 너무 작아서 눈에 보이지 않는다. 그러므로 구름은 눈에 보이지 않는다.

⑥ 분할의 오류(집합 → 개별) : 집단이 가지고 있는 속성을 그 집단의 구성원인 개별자도 가지고 있다고 생각하여 범하는 오류

예) 저 부대는 무능하기로 유명하다.
　　박 대위는 저 부대에서 근무하고 있다.
　　그래서 박 대위는 무능할 것이다.

　　설탕은 달다. 그러므로 설탕을 구성하는 모든 요소들은 달다.

〈문제 Ⅱ-29〉 다음 중에서 강조의 오류를 범하고 있는 것을 고르시오.

① 스웨덴 왕실에서 사용하는 계란 비누. 이 비누를 쓰면 황제와 어깨를 나란
  히 할 수 있습니다.
② 넌 내 제일 친한 친구이면서, 남자 친구가 생겼다는 걸 어떻게 숨길 수 있
  니? 내가 다른 친구를 통해 그 소식을 들어야겠어?
③ 동생과 싸우지 말라고요? 그럼 언니하고는 싸워도 되겠네요?
④ 아니, 닭값이 얼마나 한다고 치킨이 이렇게 비싸?
⑤ 주연이는 누구나 좋아한다.

화용론적 오류(PF)

- 화용론적 오류는 논리적 맥락을 벗어나 논증이 사용되는 맥락과 주장자와
  듣는 상대방의 심리적 요인에 의지하여 논리를 전개하는 오류이다. 즉, 화
  용론적 오류는 전제와 결론 사이에 논리적 관련성이 전혀 없는데도 결론
  을 받아들이라고 요구하는 논증의 오류이다.
- 화용론적 오류를 부적절한 자료(irrelevance)에 근거한 오류라고 말하기도 하
  지만, 이 말은 이러한 화용론적 오류의 특성을 분명하게 나타내고 있지 않다.
- 화용론적 오류의 유형은 결론을 제시하는 맥락의 유형에 따라 4가지로 구
  분할 수 있다.

- 우연의 오류 유형(PF1) : 우연히 앞선 시간에 나타난 하나의 사건에 대해,
  논리적 연관성이나 인과적 관계가 없는데도 원인으로 간주하여 전개하는
  논증
- 조급한 일반화의 오류 유형(PF2) : 몇 가지 유한한 사례들을 여러 번 관찰
  하였다는 귀납적인 맥락에만 근거하여 일반화시켜 결론을 제시하고 이를
  받아들이라고 하는 논증
- 논리적 맥락 일탈[50]의 오류 유형(PF3) : 결론에 대해서, 논리적 맥락이 아

니라 논증 사용의 환경적 맥락이나 주장자나 듣는 사람의 심리 상태 등에 근거하여 받아들이라고 강요 혹은 설득하려는 논증

• 선결문제요구의 오류 유형(PF4) : 증명이나 진리의 근거가 요구되는 전제를 진리라고 묵시적으로 미리 가정하고 이로부터 결론이 진리라고 추리하는 순환논증. 이 오류는 형식적 타당성보다는 건전성의 측면에서 분석한다.

① PF1. 우연의 오류 유형

앞선 시간에 우연히 나타난 하나의 사건을 단순한 시간적 선후 맥락만을 보고 다른 사건의 원인으로 간주하거나 보편적 인과관계인양 일반화시켜 범하는 오류이다.

ⓐ 거짓 원인의 오류 : 두 개의 개별 사건들 간의 시간적 선후 관계를 분석하면서 본질적 원인과 우연적 원인을 혼동하여 범하는 오류

예) 일식이 있어서 국가에 불운한 일이 생길 것이다.

성공하는 회사 간부들의 연봉은 1억 원이 넘는다. 그러므로 김 씨가 성공하는 회사 간부가 되는 최선의 방법은 그의 연봉을 1억 원 이상으로 올리는 것이다.

ⓑ 역도우연(逆倒偶然)의 오류 : 우연하게 발생한 하나의 사례에 나타난 현상을 그 대상이 속한다고 간주한 부류의 본질적 속성인 것처럼 일반화시켜 범하는 오류

예) 아름답다고 칭송을 받은 그녀는 불우하게 요절하였다.

---

50 이러한 유형의 오류를 논점 일탈의 오류라고 많이 말하고 있다. 그런데 보통 논점 일탈이라는 말의 의미 자체가 사람들이 이해하기에는 쉽지 않고, 이러한 유형의 오류의 특성을 설명하기에는 다소 부족하다고 생각한다. 그래서 논리적 맥락 일탈(逸脫)이라는 용어를 사용하였다.

그래서 아름다운 여인들은 모두 명이 짧다.[51]

내가 어제 갈비를 뜯다가 이를 부러뜨릴 뻔했어. 그러니까 너희들은 절대로 갈비를 먹어서는 안 돼. 잘못하면 이가 부러진다.

② PF2. 조급한 일반화[52]의 오류 유형(귀납적 추론의 오류)

체계적이지 않고 그리고 정밀하지도 않게 수집한 다수의 사례들의 외면적 일치나 유사점으로부터 조급하게 일반화하여 범하는 오류이다.

예) 여론 조사에 따르면 부산 사상구의 투표자 중 대략 70%가 활빈당의 대통령 후보를 지지하는 것으로 나타났다. 그러므로 틀림없이 활빈당 후보가 대통령에 당선될 것이다.[53]

〈문제 II-30〉 다음 문장에 나타난 오류로서 가장 적절한 것을 고르시오.

내가 도시락을 싸 올 때마다 사장님께서 점심을 사주신다. 오늘도 도시락을 싸 왔으니, 사장님께서 점심을 사주실 것이다.

---

① 잘못된 유추의 오류　　② 조급한 일반화의 오류

③ 의도확대의 오류　　④ 분할의 오류　　⑤ 논리적 맥락 일탈의 오류

51　이 문장을 한자로 표현하면 미인박명(美人薄命)이다.

52　이 오류는 성급한 일반화의 오류, 조급한 개괄의 오류 등으로 다양하게 불린다. 조급한 일반화의 오류는 하나의 사건 발생이 아니라 비슷한 유형의 현상들을 수집하고 귀납적으로 판단하는 과정에서 범하는 오류이고 이와 달리 우연의 오류는 하나의 사건을 놓고 다른 사건의 원인으로 간주한다든지 그 사건이 속하는 부류에 관해 일반화하면서 범하는 오류라는 점에서 서로 구별된다.

53　사상구 선거권자의 투표 경향에만 근거하여 대통령에 당선될 것이라고 조급하게 일반화시켜 결론을 내렸다.

〈문제 II-31〉 다음 글에 나타난 오류와 가장 비슷한 형식의 오류를 보이고 있는 것은?

> 저명한 사회심리학자인 에드워드 존스는 사회심리 중 하나를 설명하기 위하여 아래와 같은 실험을 수행했다.
>
> 그는 실험 참가자들에게 다른 학생(이하 '표적 학생')이 쓴 에세이를 읽게 했다. 그리고 실험 참가자들에게 "표적 학생은 쿠바의 카스트로를 찬양하는 에세이를 쓰도록 명령받았다."라는 정보를 제공했다. 실험 참가자들이 해야 할 일은 그 에세이를 읽고 표적 학생의 카스트로에 대한 실제 태도를 추론하는 것이었다.
>
> 분명 표적 학생은 카스트로를 찬양하는 글을 쓰도록 명령받았으므로 단지 그의 글만 읽고는 카스트로에 대한 그의 진짜 태도를 추론할 수는 없다. 왜냐하면 그 글은 상황의 압력으로 작성되었기 때문이다. 그러나 실험 참가자들은 상황 정보를 무시한 채 그 '표적 학생이 실제로 카스트로를 지지할 것'이라고 추론했다.
>
> 2012년도 제28회 입법고시 상황판단영역 책형 가 (문14)

① 모교에 거액을 기부하려는 사람에게 학교 구경을 시켜주는 아르바이트를 일당 100만원이라는 높은 보수에 공개 모집하였고 가난한 법대생이 선정되었다. 만일 학교에서 헌혈 행사를 실시한다면 이 학생은 헌혈에 참여할 확률도 높을 것이다.

② 정중하고 친절한 사람을 두고 근무 성적이 우수한 사람으로 인식한 사람은 단정한 옷차림의 예의 바른 사람을 두고 도덕적이고 청렴한 사람이라고 판단할 것이다.

③ 매우 인색하고 완고한 사람은 타인을 평가할 때 다른 사람들도 인색하고 완고한 사람이라고 평가하는 경우가 많을 것이다.

④ 어떤 선생이 학생들에게 1년 동안 "너희들은 싹이 노랗다."라고 말하였다면

1년 후 그 학생들은 학교나 가정에서 일탈 행위를 범한 경우가 많게 될 것이다.

⑤ 어떤 교장선생님은 교실 창문을 통해 학생들을 보고 있으면 학생들이 조용히 공부하고 있는 경우가 많아 자신의 학교 학생들은 담임 선생님이 없음에도 불구하고 항상 조용히 공부한다고 판단할 것이다.

③ PF3. 논리적 맥락 일탈의 오류 유형

- 논의의 주제나 논리적 지지와는 아무런 연관이 없는 사항들을 논증 사용의 맥락적 지지 근거로 삼아 전개하여 범하는 오류이다.
- 결론을 받아들이도록 비합리적으로 강요하거나 설득하는 경우가 많다.
- 맥락적 지지 근거로는 논증을 사용할 때 처해 있는 상황이나 심리적인 주관적 상태 등에 의존하고 있다. 이러한 맥락적 지지 근거가 무엇인가에 따라 여러 가지 오류들이 나타난다.[54]

ⓐ 논점(주제)변경의 오류 : 논의의 주제와 관련이 없는 사실로 논점을 바꾸어 이를 근거로 비난하면서 범하는 오류

예) 종교적, 학문적 근거가 아니라 그 발생지인 인도의 경제적, 정치적 상황을 근거로 들면서 힌두교의 무가치함을 논변하는 경우의 주장

학생이 풀어 달라고 요청한 수학문제가 선생님이 당장 풀 수 없는 문제일 경우에, 선생님이 그 학생에 대해 "네가 질문하는 태도를 보니 아주

---

54 이러한 오류로 열거할 수 있는 것은 너무나 많아 이 책에서 모두 언급할 수는 없다. 논리학 교육의 주요 목적은 오류론이 아니라 추리론이고 올바른 논리와 잘못된 논리를 구별할 수 있는 추리 규칙과 논리적 분석 방식을 터득하는 것이다. 그래서 여기서는 중요하다고 할 수 있는 몇 가지 오류만을 살펴볼 것이다. 이러한 오류에 관해 더 알고 싶은 사람은, Bo Bennett, *Logically Fallacious: The Ultimate Collection of Over 300 Logical Fallacies(Academic Edition)*, eBookIt. com, 2014.를 참조할 것.

불량한 것 같다. 문제를 푸는 것이 중요한 것이 아니라 너의 인간성을 고치는 것이 더 중요한 문제인 것 같다."라고 말하면서 질문한 학생을 야단치는 경우

ⓑ 사람에의 논증(인신공격) : 상대방 주장 자체의 진리나 타당성을 따지지 않고, 주장자의 인격, 이력, 사상, 나이 등을 지적하면서 자신의 판단의 정당성을 주장하는 경우

예) "네가 무엇을 안다고 그 주제에 대해 말하니?"

"손흥민 선수를 욕하지 마세요. 당신이 손흥민 선수보다 축구를 잘 합니까?"

"쇼펜하우어의 철학은 엉터리다. 왜냐하면 그는 자살을 예찬하면서 72살까지 살았으니까."

"총장을 비판하는 김 교수의 말은 일고의 가치도 없다. 최근에 발표한 논문들을 보면 대부분 시시한 학술지에 실린 것들뿐이고, 학생들로부터 받은 강의 평가도 별로 좋지 않은 사람의 말이니까."

"그가 발표한 새로운 이론을 믿을 수가 없어요. 그는 이름도 알려지지 않은 후진국에서 온 학자인데 그런 사람이 제대로 된 이론이 뭔지 알기나 하겠습니까?"

ⓒ 무지에의 논증: 상대방이 주장자의 논증의 모순이나 거짓을 지적하지 못한다는 사실에 근거하여 자신의 논증이 정당함을 받아들이라고 말하는 경우

예) "신이 존재하지 않는다는 증거는 없다. 그러므로 신은 존재한다."[55]

ⓓ 위력에의 논증: 상대방에게 공포심을 조성할 정도의 위협이나 환경을 조성하여 자신의 주장을 강제적으로 받아들이도록 만들려는 경우

예) "이 법안에 찬성하지 않으면 엄청난 사태가 발생할 것이다. 이럴 경우에 그 모든 책임은 당신들이 부담해야 할 것이다. 그러므로 당신들은 이 법안에 찬성해야만 한다."

ⓔ 숭경에의 논증: 논리적 맥락이 아닌 전통이나 권위에 근거하여 결론을 받아들이도록 만들려는 경우. 예를 들어 내용적 관련성이 없는 성인의 말씀 인용이나 격언, 속담, 심지어는 전문성이 없는 외국 학자의 이론을 거론하며 자신의 주장을 전개하는 것이다.

예) 공자의 말씀에 따르면, 군주는 백성의 말을 따라야 한다.

ⓕ 허수아비 공격의 오류: 상대방의 결론과는 아무런 연관성이 없는, 반박하기 쉬운 가공의 사례를 만들어 비판하거나, 상대방의 주장의 내용을 왜곡시켜 비상식적인 엉뚱한 내용의 결론으로 전개하여 비판하는 경우

예) 주장: "나는 미군이 우리나라에서 철수해야 한다고 생각해."
반박 주장: "아니, 그럼 너는 우리나라에 전쟁이 일어나도 괜찮다고 보는 거니?"

"빈곤 퇴치에 관해 이야기하는 것은 쓸데없는 짓이다. 빈곤 퇴치에 관한

---

[55] 천당, 지옥 등의 존재를 부인하거나 입증하기가 매우 곤란하다는 점을 이용하여 적극적으로 그 존재를 선전하려는 경우이다. 그러나 이 경우에 입증할 수 없는 대상의 존재를 부정하는 것은 무지에의 논증이 아니다.

너의 이야기대로 시행하더라도 상대적으로 빈곤한 사람들은 언제나 존재한다. 그러므로 어떤 조치를 행하더라도 빈곤은 언제나 남아 있을 것이다."

ⓖ 피장파장의 오류: 자신의 잘못이나 실수를 상대방이 범하였던 잘못이나 실수를 근거로 하여 정당화하려고 전개한 경우[56]

예) 약속을 어긴 나에게 "너는 약속과 신의를 잘 지켜야 한다."고 말하는 상대방에게 "당신이나 약속과 신의를 잘 지키시죠."라고 말하면서 응수하는 경우

"선생님, 제가 부정행위 좀 한 것이 무슨 큰일이라도 되나요. 선생님도 학창 시절에 그런 행위를 한 적이 있었다고 말씀하셨잖아요."

ⓗ 흑백 사고의 오류(Fallacy of black-and-white thinking) : 모든 문제나 논의의 대상을 흑 아니면 백, 악 아니면 선이라는 양극의 이분법적 방식으로만 구분하여 생각하는 경우. 즉, 흑과 백 이외의 여러 가지 색깔이나 경우들이 있음에도 이러한 다른 색깔이나 경우들을 간과하고 판단한다.

예) "신을 믿지 않는군요. 그러면 당신은 무신론자네요."

"이 죽이 너무 차갑다고 먹지를 않는군요. 그러면 펄펄 끓여 와야만 먹겠습니까?"

ⓘ 대중에의 호소(Appeal to Popularity, Argumentum ad Populum) :군중 심리나 대중의 감정에 호소하여 자신의 결론을 참으로 받아들이라고 하는 경우. 주로 선전 선동에서 많이 등장한다.

---

56 상대방이 나와 같은 잘못을 범했다 할지라도 그러한 사실이 나의 잘못을 정당화하는 것은 아니다.

예) "우리 마을에 공장이 들어서면 안 됩니다. 여러분들 가운데 이 공장이 들어서야 한다고 찬성하는 사람이 있습니까?"

갤럽 여론 조사는 18세 이상의 미국인 중에서 25%가 외계인의 존재를 믿고 있다고 발표하였다. 그 수는 대략 75백만이다. 그래서 외계인의 존재를 옹호하는 주장에는 어떤 진리가 있음에 틀림없다.

ⓘ 연민에의 호소(appeal to pity) : 오직 동정심, 상대방의 감정 등에만 호소하여 결론을 받아들여 달라고 설득할 때 범하는 오류. 동정심 등의 감정에 호소하여 논변을 전개한다고 해서, 감정에의 호소, 동정에의 호소 등으로 불리기도 한다. 동정심 등의 감정은 논증 사용의 심정적 공감대는 형성할 수 있어도 논리적 지지 근거가 될 수는 없다.

예) "제가 음주 운전을 하였지만 이번에 운전면허가 취소되면 저의 다섯 식구는 생활하기가 어렵습니다. 제발 한 번만 선처해 주십시오."

"이 과목마저 낙제를 하면 전 졸업을 할 수가 없습니다. 그러면 제 어머니께서 얼마나 낙담하시겠습니까? 그러니 선생님, 낙제만은 면하게 해 주십시오."

〈문제 II-32〉 다음 제시문과 같은 오류를 범하고 있는 것을 고르시오.

당신은 이 사건과 무관하다는 것을 입증하지 못했어. 범인은 바로 당신이야.

① 준섭이의 보고서는 읽을 필요도 없어. 준섭이는 문어 다리 연애를 즐기는 사람이거든.

② 멋쟁이 우리 아빠, 이번 달 용돈도 많이 주실거죠?

③ 배우 류승룡이 열연한 영화 '극한 직업'이 관객수 1500만을 돌파했대. 그 영화는 훌륭한 영화임에 틀림없어.

④ 이 세상에서 가장 성실한 사람은 우리 어머니야. 아직까지 우리 어머니를 성실하지 않다고 말하는 사람을 본 적이 없거든.

⑤ 성경의 내용은 모두 진리이다. 성경에서 성경의 모든 내용이 진리라고 말하고 있기 때문이다.

④ PF4. 선결문제요구(begging the question)의 오류 유형

- 증명이나 근거를 필요로 하는 전제에 대해 그러한 증명이나 근거를 제시하지 않고 묵시적으로 참이라고 미리 간주하고 논변을 전개하거나 추론된 결론에 의해 전제를 다시 정당화하여 순환적으로 논변을 전개하여 범하게 되는 오류

- 이러한 논변에는 참인가의 여부가 불분명한 전제를 묵시적으로 가정하고 이 전제로부터 결론이 참임을 추리하는 방식, 결론을 지지하는 전제가 다시 결론에 의해 지지를 받는 순환논증의 방식, 동일한 내용의 전제와 결론을 유사한 의미의 단어로 바꾸어 전개하는 동어반복의 경우가 있다.

- 선결문제요구의 오류를 규명하기 위해서는 형식적으로 타당하지만, 전제와 결론의 진리에 관한 정당성 근거나 어휘와 문자의 의미를 논리적으로 정밀하게 분석해야만 한다. 즉, 논증의 형식이 아니라 내용적인 측면에서 분석해야 한다. 그래서 선결문제요구의 오류가 과연 형식적으로 순환논증인지, 선결문제요구를 반드시 오류로 간주해야 하는지에 관한 논의가 있을 수 있다.[57]

  - 이 논변을 논점선취의 오류, 논점절취의 오류, 거지 논증 등으로 부르기도 한다.[58]

---

57 이러한 문제에 관해서는, 선우환, 「선결문제요구의 오류는 왜 오류인가 : 논증의 목적과 선결문제요구의 오류 평가」, 논리연구 19-2(2016) pp. 185-232를 참조할 것.

58 이 명칭들은 모두 용어 'begging the question'를 해석하면서 나온 것이다. 이 책에서는 이

ⓐ 참인가의 여부가 불분명한 전제를 묵시적으로 가정하는 방식 :

이 논변의 형식은 다음과 같다.

논리적 형식[59]		사례
(모든 S는 M이다) 모든 M은 P다 ∴ 모든 S는 P다	→ ( ) 명제의 진리를 드러내지 않고 묵시적으로 가정	( ) 살인은 도덕적으로 옳지 않다. 그렇다면 낙태도 도덕적으로 옳지 않다.

• 사례에서 참이라고 미리 전제하고 생략된 전제는 무엇인가?[60]

예) "한의학의 치료는 오랫동안 사용해 왔다. 그러므로 한의학의 치료는 효
　　과가 있다."

• 참이라고 미리 전제하고 생략된 전제는 무엇인가?[61]

ⓑ 결론을 정당화하는 전제가 다시 결론에 의해 정당화되는 순환논증 방식 :

예) 하느님은 존재한다. 왜냐하면 성경에 하느님이 존재한다고 기록되어 있
　　고, 전능한 하느님의 계시인 성경의 기록은 모두 진리이기 때문이다.

논변의 특성을 잘 표현하고 있다고 간주하여 선결문제(先決問題)요구의 오류로 번역하였다.

59 이 논증의 형식은 대전제가 생략된 제1급 약식삼단논법이다. 생략된 대전제의 내용을 검토
하고 건전성 측면에서 논증의 오류를 분석해야 한다.

60 참인가에 대해서 법적, 도덕적 논란의 여지가 많은 "낙태는 일종의 살인이다."라는 전제를
참이라고 묵시적으로 가정하고 있다. 따라서 참인가에 대해 논란이 많은 이 전제로부터 나온 결
론에 대해서도 참인가에 대한 논란이 많이 제기될 수밖에 없다.

61 한의학의 치료를 오랫동안 사용해왔다는 것은 한의학의 치료가 효과가 있다는 점을 보여주
는 것이라고 묵시적으로 자명한 참된 사실로 간주하고 생략하였다. 이 논변의 구조는 전건긍정
식의 생략된 형식으로서 다음과 같다. (한의학의 치료가 오랫동안 사용해 왔다는 것은 한의학의
치료가 효과가 있다는 것이다.) & 한의학의 치료를 오랫동안 사용해 왔다. / 그러므로 한의학의
치료는 효과가 있다. 생략된 내용이 과연 자명한 참된 사실인가에 대해 논란이 제기될 수 있다.

• 순환논증 되는 내용은?[62]

인간과 유인원은 공통의 선조로부터 진화하였다. 그들이 얼마나 유사한
지 보면 알 수 있기 때문이다.

• 순환논증 되는 내용은?[63]

ⓒ 동어반복의 방식 :

예) 아편이 사람을 잠들게 하는 것은 아편에 수면 성분이 있기 때문이다.

"김 씨는 참말만을 하는 사람이다. 왜냐하면 그는 거짓말을 하지 않는 사
람이기 때문이다."

• 동어반복되고 있는 어휘는?[64]

히포크라테스가 제자들과 같이 거리를 거닐다가 어느 한 여성을 보고 다
음과 같이 말했다.
"저 여성은 매우 아픈 것 같다."
제자들이 신기하여 스승에게 그것을 어떻게 알아보았냐고 물어보았더
니, 히포크라테스는 다음과 같이 말했다.
"저 여성은 건강이 안 좋아 보여서."

---

62   결론에 나온 전능한 하느님의 계시라는 말은 계시를 내리는 하느님의 존재가 전제되지 않
으면 정당화될 수 없으므로 순환논증하고 있다.
63   인간과 유인원이 유사하게 보인다는 사실은 이들이 공통의 조상을 가지고 있다는 것을 이
미 전제하고 있으므로 순환논증하고 있다.
64   참말만을 하는 사람과 거짓말하지 않는 사람은 동어반복이다.

• 동어반복 되는 내용은?[65]

〈문제 II-33〉 아래 예시된 논증과 같은 유형의 오류를 범하는 것은?

> 국회의원 홍길순 씨는 경기를 활성화하기 위해 고소득자의 세금 부담을
> 경감하자는 취지의 법안을 제출했다. 하지만 그는 최근 일어난 뇌물 사
> 건에 연루된 인물이므로 이 법안은 반드시 거부되어야 한다.

① 김갑수 씨를 우리 회사의 새 경영자로 초빙하는 것은 좋은 생각이 아닌 듯
싶다. 지난 15년간 그는 다섯 개의 사업을 했는데, 그의 무능한 경영의 결과
로 모두 다 파산하였다.

② 새 시장이 선출된 이후 6개월 동안 버스가 전복되고, 교량이 붕괴되고, 그
리고 시내 대형 건물에서 화재가 발생하는 사고가 있었다. 시민의 안전을
위해 시장을 물러나게 할 수밖에 없다.

③ 러시아에서 온 사업가 세르게이는 어제 한국 관료 조직의 부정부패에 대해
심하게 불평하였다. 그러나 이는 앞뒤가 맞지 않는다. 잘 알다시피 러시아
는 한국보다 더 부정부패가 심한 나라이다.

④ 박길수 씨는 최근 우리 회사에서 일어난 도난 사건의 가장 유력한 용의자가
김 씨라고 주장한다. 이 주장은 터무니없다. 왜냐하면 박길수 씨는 최근 음
주 운전 사고로 물의를 일으킨 적이 있기 때문이다.

⑤ 김철수 씨는 현 정부가 제안하는 모든 정책에 대해 사사건건 시비를 건다.
그가 경영하는 사업체에 국세청 특별 세무조사가 실시될 수 있음을 알려 그
의 생각이 잘못되었다는 것을 일깨워 줄 필요가 있다.

〈2006년 행정외무고등고시 1차시험 PSAT 언어논리영역 17번〉

---

65 건강이 안 좋아 보인 것과 아프다는 것은 같은 내용을 다른 어휘로 표현한 것에 불과하다.

〈문제 II-34〉 다음 중 논증 형식이 같은 것끼리 묶인 것은?

ㄱ. A교수가 국립대학 교수라면 그는 대통령에 의해 임용되었을 것이다. 그러나 그는 대통령에 의해 임용되지 않았다. 따라서 교수는 국립대학 교수가 아니다.

ㄴ. 여당 지도부의 지지 없이는 새로운 증세안은 국무회의에서 기각될 것이다. 그러나 국무회의에서 새로운 증세안이 통과되었으므로 여당 지도부는 증세안을 지지했음에 틀림없다.

ㄷ. 축구 대회에 참가한 모든 팀은 조별 리그에서 최소 1승을 한 경우에만 본선 2라운드에 진출할 수 있다. 본선 B팀은 조별 리그에서 1승을 했다. 따라서 B팀은 본선 2라운드에 진출하였다.

ㄹ. 논리학 과목에서 총 강의 시간의 1/4 이상 결석한 학생은 모두 그 과목에서 F학점을 받는다. C군은 지난 학기 논리학 과목에서 F학점을 받았다. 그는 지난 학기 그 과목에서 1/4 이상 결석했음에 틀림없다.

① (ㄱ, ㄴ) – (ㄷ, ㄹ) ② (ㄱ, ㄷ) – (ㄴ, ㄹ)
③ (ㄱ, ㄹ) – (ㄴ, ㄷ) ④ (ㄴ) – (ㄱ, ㄷ, ㄹ)
⑤ (ㄹ) – (ㄱ, ㄴ, ㄷ)

〈2006년 견습직원선발 언어논리 29번(선책)〉

〈문제 II-35〉 다음 글이 지닌 논리적 결함과 가장 유사한 결함을 지닌 것은?

> 귀납은 과학에서 개별적인 관찰 사례들로부터 보편적인 법칙을 이끌어 내는 데 매우 유용한 추론이다. 그런데 여기서 귀납적으로 도출된 보편적인 법칙이 옳다는 것을 보이려면 귀납 추론 자체의 정당성이 입증되어야 한다. 우리는 다음과 같은 방법으로 귀납 추론을 정당화할 수 있다. 많은 과학 활동의 사례들에서 귀납의 원리가 매우 성공적으로 작동되는 것이 관찰되었다. 가령 행성의 위치에 대한 관찰로부터 귀납적으로 도출된 행성 운동의 법칙은 일식과 월식 등의 현상을 매우 성공적으로 설명·예측하였다. 그리고 몇몇 금속의 열팽창에 관한 관찰로부터 귀납 추론을 통해 도출된 금속의 열팽창 법칙 역시 다른 금속의 열팽창 현상을 정확히 설명·예측하였다. 그 외에도 귀납 추론을 통해 도출된 많은 법칙이 관련 현상들을 매우 성공적으로 설명·예측한다는 것이 확인되었다. 결국 귀납 추론이 대부분의 법칙의 추론 과정에서 매우 성공적으로 작동하고 있음이 경험을 통해 확인되었다. 따라서 귀납 추론은 정당하다.

① 미인박명이라고 한다. 유관순은 젊어서 죽었으니까 미인일 것이다.

② 프랑스 팀은 우승할 거야. 왜냐하면 실력 있는 선수들이 많이 있거든.

③ 성경 말씀은 하느님의 말씀으로서 진리이다. 왜냐하면 성경에 그렇게 쓰여 있기 때문이다.

④ 담배는 암을 유발시키지 않는다. 왜냐하면 담배가 발암물질이라는 결정적 증거가 없기 때문이다.

⑤ 무릇 인간은 마음이 건강하지 못하면 몸도 건강하지 못하다. 왜냐하면 많은 의사들과 심리학자들이 그렇게 주장하기 때문이다.

〈2006년 견습직원선발 언어논리 16번(선책)〉

III
귀납논리

일상생활 논리에서 연역논리와 함께 많이 사용하는 것이 귀납논리이다. 귀납논리는 17세기 새로운 학문인 과학의 등장과 함께 그 방법론으로서 관심과 각광을 받기 시작하였으며 인과적 추리에서 많이 사용하고 있다.

과학의 방법과 관련하여 귀납논리의 정당화에 관해서 많은 철학적 논의가 있지만[1], 이 책에서 귀납논리는 우리가 선천적으로 갖고 태어난 귀납적 사유에 근거하는 것으로 간주한다.

III.1 귀납적 사유의 특성과 형식

- 귀납논리로 진행하는 귀납적 사유는 관심을 가지는 존재의 공통적인 특성이나 속성을 추출하는 추상 작용(抽象, abstract)과 공통적이지 않은 특성이나 속성은 제거하는(버리는) 사상 작용(捨象, subtract)으로 진행한다.
- 예를 들어 나무로 만들어진 책상, 유리로 만들어진 책상, 철로 만들어진

---

1 과학의 방법을 정당화하는 입장에는 귀납논리에 근거한 것으로 간주하는 논리실증주의의 귀납주의 입장, 연역논리에 근거한 것으로 간주하는 포퍼의 반증주의 입장, 합리적 방법으로 정당화될 수 없다고 간주하는 쿤의 입장이 있다. 이러한 논의 가운데 귀납논리의 정당화 문제가 중심으로 등장한다. 이에 관한 자세한 논의는 제임스 래디먼 지음, 박영태 옮김, 『과학철학의 이해』, (이학사, 2003)을 참조할 것.

책상을 보고, 공통적으로 이 사물들이 공부하는 데 사용되어지는 책상의 형상을 가지고 있다는 것을 알아차리는 것이 추상 작용이다. 책상이라는 형상이나 그 쓰임새를 제외한 나머지 내용들, 즉 나무로 만들어졌다는 것, 유리로 만들어졌다는 것, 철로 만들어졌다는 것 등의 사실은 이 사물들의 공통점을 추출할 때 사상시켜 버린다.

- 귀납논리는 추상 작용에 따라 개별적인 특수한 사례들로부터 일반적인 보편적 사실(법칙)을 결론으로 이끌어 내는 추리다. 이 때문에 귀납논리에서는 전제가 참이라 하더라도 이로부터 나온 결론이 반드시(필연적으로) 참이 되는 것은 아니다. 즉 전제의 진리가 결론의 진리로까지 보존되면서 진행한다는 것을 확실하게 보장하지 않는다. 그래서 귀납논리는 전제가 참일 때 결론이 참이 될 수 있는 개연성(probability)을 가지고 있다고 말한다.

- 같은 주제에 관한 귀납 논증들의 논리적 지지 강도를 비교할 때, 전제가 참일 경우에 결론이 거짓이 될 확률이 상대적으로 적은 논증을 논리적 지지 강도가 상대적으로 강하다고 한다. 이 경우에, 각 논증에 나타난 명제들의 강도에 관한 비교가 매우 중요한 역할을 한다.

- 귀납논리는 확장 추리라고 한다.

III.1.1 귀납논리의 논리적 형식

형 식	구체적 사례
개별 사례(대상) a_1은 P다. 개별 사례(대상) a_2는 P다. 개별 사례(대상) a_3는 P다. ⋯⋯⋯⋯⋯ 개별 사례(대상) a_n은 P다. ─────────────── 그러므로 모든 개별 사례(대상) a들은 P다.	을숙도의 백조a_1은 하얗다. 을숙도의 백조a_2는 하얗다. 을숙도의 백조a_3는 하얗다. ⋯⋯⋯⋯⋯ 을숙도의 백조a_n은 하얗다. ─────────────── 그러므로 을숙도의 모든 백조는 하얗다.

III.1.2 귀납논리의 등장 배경

- 귀납논리에 관해서는 아리스토텔레스도 언급하였다. 아리스토텔레스는 학적 지식(epistêmê)[2]을 다룬 그의 『분석론 후서(Analytica posteriora)』 (I.18)에서, 지식은 증명(demonstration)과 귀납(epagôgê)에 의해 우리가 학습하게 된다고 말하였다. 증명은 보편자로부터 진행하는 것이고 귀납은 특수자로부터 진행하는 것이라고 말하면서, 귀납이 없으면 보편자를 얻을 수 없다고 말한다. 그래서 '특수자로부터 보편자에로 진행하는 논증'인 귀납은 원인(왜 그런가?)을 경험적으로 인식하려고 하는 학적 인식에서 중요한 역할을 하는 것[3]으로서 언급하고 있으나 그 규칙이나 체계에 대해서는 더 이상 언급하고 있지 않다.

- 귀납논리는 근세에 와서 과학이라고 하는 새로운 학문의 방법으로서 관심과 각광을 받기 시작하였다. 갈릴레이가 제시한 새로운 학문이 이전의 어떤 학문들보다도 설명과 예측이 정확하다는 특성에 사람들이 주목하였다. 이러한 특성은 새로운 학문(과학)만이 가지고 있는 방법론적 특성에서 나온다고 보고, 새로운 학문의 방법으로서 귀납논리에 처음으로 관심을 가진 사람이 베이컨이다. 그는 종전의 학문들에 지대한 영향을 미치고 있는 아리스토텔레스의 연역적 방법으로서의 학문적 방법인 '오르가논(Orga-

---

2 아리스토텔레스는 지식을 다음과 같이 5가지로 구분한다. ① 감각적 지각 ② 기억 지식(감각이 사라지고 남아 저장된 것) ③ 경험 지식(기억이 축적되어 만들어지는 것이지만 사실적으로 있다는 것은 아는데 '왜'를 깨닫지 못한다.) ④ 학적인 지식('왜'에 대한 대답을 추구한다.) ⑤ 지혜(학적인 지식을 넘어선 제1원인에 관한 지식) 지혜가 논리적으로는 학적인 지식에 선행하지만 경험적인 근거에서는 학적인 지식에 뒤진다. 생활의 유용성 측면에서는 경험 지식이 학적인 지식보다 더 큰 역할을 하지만 지식의 가치는 학적인 지식이 더 많이 가지고 있다.

3 아리스토텔레스는 『분석론 후서』 I.18에서 보편자(universal), 지각(sense-perception), 특수자(particular), 증명적 추리(demonstrative reasoning), 귀납(induction)에 관하여 다음과 같이 말한다.
  (1) 특수자에 관한 지식은 감각-지각에 의존하고 있다.
  (2) 귀납은 특수자로부터 진행하고 그래서 감각-지각이 없으면 귀납은 불가능하다.
  (3) 특수자를 서술하고 있는 보편자는 귀납을 통하지 않고서는 파악될 수 없다.
  (4) 증명(연역적인 형식의 논증과 지식)은 보편자로부터 전개된다.

non)'을 비판하는 의미에서 새로운 학문의 방법을 설명하는 자신의 저서
에 『노붐 오르가눔(Novum Organum)』(1620)이라는 제목을 붙였다.

- 베이컨은 새로운 학문의 방법인 귀납적 방법이 일반적인 보편 법칙에서
출발하는 연역적 방법과 달리, 관찰 사례들을 체계적으로 수집하여 만드
는 일람표 작성의 방법(tabulation)으로부터 출발한다고 설명하였다. 이
일람표 작성의 방법은 관찰 사례들을 수집하여 존재표, 비존재표, 정도표
에 관한 일람표를 만들어 체계적으로 분류 정리하고 이 일람표에서 우연
적 성질을 제거하는 방식으로 진행하면서 자연의 법칙(형상)을 찾는다. 이
러한 제거 후에 남는 본질적 성질이 자연의 법칙(형상)이라고 간주한다.
베이컨은 또한 똑같은 현상에 대해 서로 다른 원인을 제시하면서 상반되
게 설명하는 이론들을 판별하기 위해서 결정적 실험(crucial experiment)[4]
의 개념도 제시하고 있다.

III.2 귀납적 비약과 자연의 제일성

III.2.1 귀납적 비약의 문제

- 귀납논리(추리)는, 특수한 개별 사례들이나 사실들로부터 일반적인 보편
적 법칙이나 사실로 진행하기 때문에 그 본성상 전제에 없는 내용을 결론
이 함축할 수밖에 없고, 그래서 전제가 참이라고 하더라도 결론이 거짓이
될 수 있는 개연성(가능성)을 항상 가지고 있다. 이러한 귀납의 문제를 귀
납적 비약(inductive leap)이라고 부른다.
- 귀납적 비약은 귀납논리 자체의 본성상 필연적으로 생길 수밖에 없다는
점에서 조급한 일반화의 오류와는 그 성격이 다르다. 즉 조급한 일반화의

---

4 베이컨은 원래 결정적 실험들을 '특권적 사례들(prerogative instances)'이라고 명명하였으
며 27가지를 제시하고 있다. 이후에 혹이 이 명칭을 '결정적 실험'이라는 명칭으로 만들었다.
이에 관해서는 『과학의 방법』(배리 가우어 지음, 박영태 옮김, 이학사)을 참조할 것.

오류는 근거 자료들을 보다 많이, 보다 체계적으로 수집함으로써 범하지 않을 수 있는 문제이지만, 귀납적 비약은 자료 수집을 보다 철저하게 강화한다고 해서 극복할 수 있는 그러한 문제가 아니다.

- 귀납적 비약의 문제 때문에 수집된 관찰 사례들의 수나 양이 아무리 많이 증가하더라도 그 결론의 진리는 개연성만을 가질 수밖에 없다. 이러한 개연성은 확률이나 명제의 강도 등에서처럼 조건 상황에 어느 정도 의존할 수밖에 없으며, 이 때문에 올바른 논리와 잘못된 논리를 구별하여 판단할 수 있는 보편적인 형식적 추리 규칙을 정립하기가 매우 어렵다. 따라서 귀납논리는 논리적 지지 강도에서 연역논리에 뒤진다. 또한 논리학으로서의 학문적 체계를 갖추기가 매우 어렵다.[5]
- 전제에 없는 부분들을 결론이 포함하게 되어 나타나게 되는 귀납적 비약의 문제는 비록 연역논리에 비해 논리적 지지 강도를 약화시킨다 할지라도, 귀납논리의 추리 과정이 지식과 정보의 확장을 가능하도록 만드는 근원이 된다. 또한 귀납적 방법이 경험적으로 완벽하게 정당화될 수 없다 해도 이전의 어떤 지식들보다도 설명과 예측의 정확성을 가지고 있는 과학이 이러한 귀납적 방법을 사용하여 세계를 탐구하고 있다. 이러한 점들이 귀납논리에 관심을 가지게 만들었고 많은 학자들이 그 정당화와 체계화에 적지 않은 노력을 경주하도록 만들었다.
- 과학혁명과 산업혁명의 결과가 분명하게 나타난 1800년대 초에 그러한 결과를 이룩한 과학의 특성과 그 방법으로서의 귀납논리에 관한 관심과 체계화의 노력이 많이 나타났다. 그러나 귀납논리를 체계화하려는 시도는, 귀납적 비약의 문제를 해결할 수 있는 방도를 마련하지 않고서는 가능하지가 않다.
- 귀납적 비약의 문제를 해결할 수 있는 방도로서 '자연의 제일성'[6]을 제시

5　귀납논리학이라는 말을 잘 쓰지 않는다.

6　용어 'The uniformity of nature'를 번역할 때, '자연의 균일성', '자연의 일양성', '자연의 균질성' 등으로 번역하기도 한다. 그러나 여러 분야의 백과사전이나 학문 분야에서는 '자연의 제일성'으로 번역하여 많이 사용하고 있다. 그래서 이 책은 이러한 용례에 따라 번역하였다.

하고, 귀납논리학의 체계를 세우려고 시도한 사람이 J. S. 밀(1806-1873)
이다. 이 체계를 구체적으로 제시한 책이 그의 『논리학의 체계(A System
of Logic)』(1843)이다.

III.2.2 자연의 제일성

- 자연의 제일성(齊一性, The uniformity of nature)은, 자연 세계에서 발생
  하는 현상이나 운동은 동일한 조건에서는 항상 다시 발생한다고 간주하는
  존재 원리이다. 즉, 자연은 동일한 조건 아래에서는 동일한 현상을 발생시
  킨다는 그러한 통일적 질서를 가지고 있다는 존재 원리이다.
- 이것은 공간적인 공존의 제일성(일정한 부류의 생물들의 경우에는 동일한
  특성들이 공존하고 있다)과 시간적인 계기(繼起)의 제일성(똑같은 원인은
  똑같은 결과를 일으킨다)을 전제하고 있다.
- 이러한 자연의 제일성에 관한 근본에는 자연 세계는 인과적 구조를 가지
  고 있다는 배경지식이 있다.
- 자연의 제일성이 귀납적 비약의 문제를 해소할 수 있다고 생각한 밀은 귀
  납추리의 방식을 제시하였다. 그러나 자연의 제일성이라는 존재 원리가
  과연 경험적으로 정당화될 수 있는가에 관해서는 많은 논란이 있다.[7]

III.3 밀의 귀납추리

- 밀의 귀납추리는 먼저 관찰 사례들을 체계적으로 수집하는 것으로부터 시
  작한다. 관찰 사례의 수집은 체계적인 분류 방식으로 행하는데, 이러한 방
  법을 일람표 작성(tabulation)의 방법이라고 부른다.
- 많은 사례들을 수집하여 일람표를 만들되, 조사하려는 현상(예 – 열)이

---

7   이 논란의 핵심에 인과성에 관한 경험적 정당성에 의문을 제기한 흄의 문제가 있다.

나타나 있는 긍정적인 사례들(햇빛, 끓는 물 등)을 열거하는 존재표[8], 존재표에 열거된 사례(햇빛 등)와 연관지어 이 현상(열)이 나타나지 않는 부정적 사례들(달빛, 반딧불 등)을 열거하는 비존재표, 정도의 차이를 가지고 변화를 하는, 조사하고자 하는 현상들의 모든 사례들을 열거하는 정도표를 작성한다. 여기서 중요한 방법은 사례들을 대조하는 방법인데, 조사하려는 현상들이 공통적으로 발생한 여러 사례들을 대조하는 방법과 그 현상들이 발생하지 않는 사례들과 대조하는 방법이 있다.

- 이러한 일람표에 나타난 사례들에 관해서는 우연적인 성질을 제거하고 남은 본질적 속성들을 찾아 나가는 방법을 사용한다. 이러한 방법에 의해 원인으로 간주할 수 있는 상황적 요인을 찾아간다. 이러한 과정에서 밀이 제시한 인과적 귀납의 방법을 사용한다.

- 사례들을 조사하는 방향으로는 어떤 결과의 발생으로부터 원인을 탐색해 나가는 상향적 방향과 어떤 원인의 발생으로부터 결과를 탐색해 나가는 하향적 방향이 있다. 밀은 현상들을 조사하여 어떤 인과적 법칙을 찾아나 갈 때 이러한 방향의 이중성이 있다는 것에 유의하는 것이 필요하다는 점을 강조하고 있다. 그리고 밀은 조사의 순서나 방향이 어떠하든지 간에 인과적 방법의 적용을 생각할 수 있다고 말한다[9].

- 밀은 귀납적 추리의 방법을 4가지[10]로 언급하고 있고 인과적 추론 법칙으로 5가지를 말하고 있다. 5가지 귀납적 추론 법칙은 일치법, 차이법, 일치차이병용법, 잉여법, 공변법이다.

---

8 베이컨이 예로 들은 열 현상에 대한 사례들을 수집한다고 생각해 보자. 열이 있는 현상을 수집하면 빛, 끓는 물 등의 긍정적 사례가 있고 이를 존재표에 기입한다. 그 다음에 존재표에 있는 현상과 연관되는 현상으로서 빛은 있지만 열이 없는 부정적 사례들을 비존재표에 열거한다. 예를 들면 달빛이다. 열이 증가하면 운동이 더욱 활발해지는 사례들을 수집하여 정도표에 열거한다. 예를 들면 화산의 끓는 활동, 물의 끓는 현상 등이다.

9 Mill, John Stuart, *A System of Logic*, Vol. VIII, 1843, p. 253.

10 일치법, 차이법, 잉여법, 공변법.

III.3.1 일치법(Method of agreement)

조사하려는 어떤 현상이 존재하고 있는 많은 사례들을 수집하여 일람표를 만들고, 이 일람표를 분석하여 이 현상이 발생한 사례들에 항상 존재하고 있는 하나의 상황적 요인을 찾는다. 이렇게 찾은 요인과 그 원인을 찾고 있는 현상 사이에 인과관계가 있다고 추리하는 것이 일치법[11]이다.

일치법의 논리적 형식

- 일치법을 일반화한 형식적 구조는 다음과 같이 표현할 수 있다.

E가 발생한 사례들 속에 항상 상황적 요인들 w x y z가 발생하였다.
E가 발생한 다른 사례들 속에도 항상 상황적 요인들 w t u v가 발생하였다.
_____
그러므로 w는 E의 원인이다.

- 위 논리적 형식에서, w x y z와 w t u v는 현상 E가 발생한 사례들 속에 있는 상황적 요인들로서 수집한 것이고, w는 공통적으로 나타나고 있는 상황적 요인들이며, E는 그 원인이 무엇인지 조사하려는 현상이다.

여기서 w만이 언제나 공통적으로 나타나는 상황적 요인이다. 그래서 E와

---

11 밀은 먼저 일람표 분석에서 원인과 결과의 관계를 찾아내는 방법에 관하여, "A를 작용자(agency)나 원인자(cause)라고 하고, 탐구의 목표는 이 원인의 결과가 무엇인지를 확인하는 것이라고 하자. 만약 여러 사례들에서 A를 제외하고는 어떠한 상황적 요인도 공통적으로 존재하지 않는다는 것을 발견하거나 만들 수 있다면 그러면 모든 그러한 상황에서 만들어졌다고 우리가 발견하게 되는 모든 것은 A의 결과임을 나타낸다.(John Stuart Mill, *A System of Logic*, Vol. I, 1843, pp. 253-4.)"라고 설명한다. 일치법에 관해서 밀은, "원인을 조사하려는 현상들에 관한 두 가지 이상의 사례(instance)들에서 공통적인 하나의 상황적 요인(circumstance)만이 발견된다면, 모든 사례에 공통적으로 유일하게 나타난 그 요인이 그러한 특정한 현상의 발생의 원인(이거나 아니면 결과)이다(If two or more instances of the phenomenon under investigation have only one circumstance in common, the circumstance in which alone all the instances agree, is the cause (or effect) of the given phenomenon.(John Stuart Mill, *A System of Logic*, Vol. 1, 1843, p. 255.))."라고 설명한다. 즉, 어떤 결과가 발생한 모든 경우들에서 공통적으로 존재하는 상황적 요인을 그 원인으로 간주하는 인과적 판단이다. 이 책에서는 그 원인을 찾으려는 결과를 E로 표기하였다.

w는 인과관계에 있다고 결론을 내리는 추리 방식이 일치법이다.

예를 들어 집단 식중독 현상인 사건(E)가 발생하여 여러 식중독 환자들이 먹었던 음식을 조사한 후에 다음과 같은 일람표를 만들었다고 하자.

사례	상황적 요인 (원인이 될 수 있다고 조사하는 요인) : 먹은 음식들	결과(식중독 현상) 발생 : E
식중독 환자 1	w, y, z	○
식중독 환자 2	w, t, u	○
식중독 환자 3	p, w	○
식중독 환자 4	y, w	○

위 일람표에서 결과의 발생에 앞서 선행적으로 항상 공통적으로 나타나는 상황적 요인 w를 결과(식중독 현상) E의 원인으로 간주한다.

요약하면, 일치법은 어떤 현상이 공통적으로 나타난 사례들을 체계적으로 수집하여 조사하고 서로 일치하는 상황적 요인을 찾아내는 방법이다.

일치법의 사례

최근 약국에서 쉽게 살 수 있는 혈압약에 신기한 효과가 있다는 연구 결과가 있어 화제가 되고 있다. 암스테르담 대학 심리학과 메렐 킨트 연구팀은 혈압약의 프로프라놀롤이라는 물질이 사람들의 나쁜 기억을 지우는 효과가 있다는 것을 밝혀냈다. 연구팀은 60명의 남녀에게 거미를 보여 주고 전기 자극을 주는 방식으로 나쁜 기억을 하게끔 만든 뒤 약을 먹도록 한 결과, 거미에 대한 나쁜 기억이 제거되는 효과를 확인했다고 설명했다. 킨트 교수는 "나쁜 기억에 관련된 새로운 기억을 학습시켜 기억을 바꾸는 이전의 치료법은 나쁜 기억이 남아 있을 확률이 높다. 하지만 새로 밝혀낸 방법은 나쁜 기억을 제거하기 때문에 훨씬 효과적이다."라고 말했다. 또한 교수는 "약을 복용한 후 효과가 얼마나 지속되는지를 연구하고 있으며, 공포증이나 외상 후 스트레스 장애를 앓고 있는 사람들을 대상으로 실험할 예정이다."라고 덧붙였다. 이 연구 결과는 네이처 신경과학지에 실렸다.

일치법의 약점

① E와 w가 인과관계에 있지 않고 별개의 다른 어떤 원인에 의하여 결과한 공존 현상인 경우에 원인을 잘못 추리할 수 있다. 예를 들면 공통 원인에 의해 결과한 공존 현상인 천둥과 번개의 경우에 번개가 천둥의 원인이라고 추리하거나, 똑같은 공존 현상인 달의 형태와 조수의 경우에 달의 형태가 조수의 원인이라고 추리하는 것은 잘못된 추리이다.

② 동일한 결과가 각기 다른 몇 가지 원인들이 동시에 작용하여 발생할 수 있다. 예를 들면 화재의 원인으로서 누전, 방화, 담뱃불 등 몇 가지 상황요인들이 있는데 여기서 하나의 상황요인만을 원인이라고 말할 수 없다. 예를 들어 누전과 방화와 같은 두 가지 상황요인이 동시에 작용하여 화재가 날 수도 있기 때문이다. 이 경우에 누전 하나만을 원인으로 간주하는 것은 잘못을 범할 수 있다.

③ 한 개의 결과가 다수의 원인들이 결합하여 한꺼번에 작용해야만 발생할 수 있다. 예를 들면 어떤 질병은 생리적 조건, 영양 상태, 환경 변화 등이 결합하여 공동 상황원인으로 한꺼번에 작용해야만 발생 가능하다. 이러한 경우에 특정한 하나의 요인만을 원인으로 간주하는 것은 잘못을 범할 수 있다.

이러한 약점들이 있을지라도 일치법은 인과관계를 밝히는 시작의 첫 단계가 된다.

III.3.2 차이법(Method of difference)

원인을 찾으려고 하는 현상 E가 발생한 모든 사례들을 체계적으로 수집하여 이 사례들 속에 공통으로 존재하는 상황적 요인을 찾는 일치법과 달리, 차이법은 E가 발생한 사례와 발생하지 않은 사례들을 함께 수집하여 일람표를 만들고, 이 일람표에서 나타난 사례들을 대조하여 그 차이가 나게 하는 상황적 요인을 찾는 방법이다. 그리고 나서 이 상황적 요인과 그 원인을 찾고 있는 현상 사이에 인과관계가 있다고 추리하는 것이 차이법[12]이다.

차이법의 논리적 형식

차이법을 일반화한 형식적 구조는 다음과 같이 표현할 수 있다.

E가 발생한 사례들 A B C D 속에 항상 상황적 요인들 w x y z가 발생하였다.
E가 발생하지 않은 사례들 F G H 속에는 항상 상황적 요인들 x y z가 발생하였다.

그러므로 w는 E의 원인이다.

위 논리적 형식에서, A B C D와 F G H는 조사하려고 수집한 사례들의 경우이며, w x y z는 E가 발생한 경우의 상황적 요인들이고 x y z는 E가 발생하지 않은 경우의 상황적 요인들이다. E는 그 원인을 조사하여 찾으려는 현상이다.

– 여기서 E가 발생한 사례의 경우와 E가 발생하지 않은 사례의 경우를 대조

---

12   차이법에 관해 밀은, "조사하고 있는 현상들이 나타난 사례와 그 현상이 나타나지 않은 사례를 대조하여 한 가지 요인만을 제외하고는 모든 상황적 요인이 공통적으로 발견된다면, 나타난 사례에서만 발견되는 그 상황적 요인, 즉 두 가지 사례가 차이가 나도록 만드는 하나의 그 요인이, 그 현상의 발생의 원인(이거나 아니면 결과)이거나 필수 요소이다(If an instance in which the phenomenon under investigation occurs, and an instance in which it does not occur, have every circumstance save one in common, that one occurring only in the former; the circumstance in which alone the two instances differ, is the effect, or cause, or a necessary part of the cause, of the phenomenon.(John Stuart Mill, *A System of Logic*, Vol. I, 1843, p. 256.))"라고 설명한다. 즉 두 가지 이상 사례의 경우들을 대조하여 조사한 후에 이중 하나의 경우에는 원인을 찾고자 하는 결과가 나타나고 다른 경우에는 그 결과가 나타나지 않은 경우에 그 결과가 나타난 경우에만 존재하는 상황적 요인을 그 원인이라고 간주하는 인과적 판단이다.

하여 볼 때 그 차이는 상황적 요인 w의 나타남이다. 그래서 E와 w는 인과
관계에 있다고 결론을 내리는 추리 방식이 차이법이다.

- 예를 들어 앞의 식중독 사건이 발생한 현장에서 식중독에 걸린 사람들과
같은 장소에서 같이 식사를 하였지만 식중독에 걸리지 않은 사람을 발견
하였다고 하자. 그래서 이 사람이 먹은 음식과 식중독에 걸린 사람이 먹은
음식을 조사하여 다음과 같은 일람표를 만들었다고 하자.

사 례	상황적 요인	결과(식중독 현상) 발생 : E
식중독 환자	w, x, y, z	○
식중독에 걸리지 않은 사람	x, y, z	×

위 일람표에서 결과가 발생한 사례와 발생하지 않은 사례의 차이가 나타나게
하는 상황적 요인 w를 결과 E의 원인으로 간주한다.

요약하면, 차이법은 어떤 현상이 나타난 사례들과 나타나지 않은 사례들을
체계적으로 수집하고, 이후에 이를 대조하여 그 발생 차이가 나게 하는 상황적
요인을 찾아내는 방법이다.

차이법의 사례

정교수는 AK2 유전자의 기능이 저해되거나 발현이 줄어들 경우 세포
사멸이 제대로 일어나지 않는다는 것을 발견했다. 정교수는 "AK2 유전
자 기능이 손상된 간암 세포주에서 AK2 유전자의 기능을 복구하자 간
암 세포가 항암제에 의해 효과적으로 죽는 것으로 나타났다."며 "후속
연구를 통해 AK2 유전자에 의한 세포 사멸을 활성화하는 조절 인자를
발굴하면 초기 암 발생을 억제하거나 진행 중인 암을 효율적으로 치료하
는 데 기여할 수 있을 것."이라고 말했다.

이외에도 차이법을 사용하는 과학적 탐구의 사례로 다음과 같은 경우들이 있다.

- 공기가 들어 있는 어떤 통에 소리 나는 기기를 집어넣으면 그 기기의 소리가 들리지만, 공기를 빼면 소리가 안 들리는 것을 보고 공기가 소리 전달에 중요함을 알 수 있다.

- 물속에 전기를 통하면 산소와 수소가 발생하지만, 전기를 통하지 않으면 산소와 수소가 발생하지 않는 것을 보고 물의 분해의 원인으로 전기를 생각할 수 있다.

차이법의 특성

① 주로 관찰한 자료들을 분석할 때 많이 사용하는 일치법과 달리, 어떤 사태가 발생하지 않도록 차이를 만드는 과정 자체가 자연적인 것이 아니라 인위적인 방법이므로 차이법은 실험적 방법에서 많이 사용하는 추리 방식이다. 인위적인 실험적 방법을 고안하는 과정에서 어떤 하나의 가설을 전제하고 진행한다. 즉, 차이법은 일치법과 다르게 많은 사례들을 수집하지 않고서도 자의적으로 하나의 원인을 묵시적으로 상정하고 진행한다.

② 일치법은 가능한 한 많은 사례들을 수집해야 하지만, 차이법은 최소한도로 2개 이상의 사례들만 수집하여 대조하여도 인과관계를 어느 정도 알 수 있다.

예) 어느 날 마그네슘으로 된 영양제를 한 번 먹었더니 우연히 이전과 다르게 발이 저린 것을 발견하였다. 그래서 이 영양제의 과다 복용 시에 생기는 증세를 알아보고 영양제를 먹지 않았다.

몸이 갑자기 가려워서 먹은 음식을 생각해 보니, 돼지고기 요리를 의심하게 되었다. 그래서 다음에 돼지고기를 한 번 먹지 않았더니 몸이 가렵지 않게 되었다. 이후에 돼지고기를 먹는 데 조심하였다.

③ 차이법은 대조군의 실험을 수반하는 경우가 많다.

④ 2개 이상의 공동 원인을 밝혀낼 수 있다.

III.3.3 일치차이병용법 (Joint method of agreement and difference)

- 일치차이병용법[13]은 일치법과 차이법을 병행 사용하여 원인을 탐구하는 방법이다. 즉, 먼저 일치법을 사용하여 잠정적으로 원인을 찾은 후에 차이법을 사용하여 그 원인을 확정하는 방법이다.

- 일치법에 의해 개연성이 있다고 잠정적으로 생각한 인과관계를 다시 차이법에 의해 확실하게 규명하고자 하는 방법이다.

일치차이병용법의 논리적 형식

일치차이병용법을 일반화한 형식적 구조는 다음과 같이 표현할 수 있다.

E가 발생한 사례들 B C 속에 항상 상황 요인들 x y z가 발생하였다.

E가 발생한 사례들 A D 속에 항상 상황 요인들 x v w가 발생하였다.

그런데 E가 발생하지 않은 사례 G H에는 상황 요인 y z가 발생하였다.

___

그러므로 x는 E의 원인이다.

이러한 과정을, 수집한 사례들에 관한 일람표로 만들어 진행하면 다음과

___

13 일치차이병용법에 관하여 밀은 "그 원인을 찾으려고 조사하고 있는 결과의 현상들이 나타난 두 가지 이상의 사례에서 오직 하나의 상황적 요인만이 공통적으로 발견되고 있고, 그 현상이 나타나지 않은 두 가지 이상의 사례에서는 공통적으로 그 요인이 발견되지 않는다면, 이 두 사례의 집합에서 차이가 나도록 만드는 하나의 그 요인이, 그 현상의 발생의 원인(이거나 아니면 결과)이거나 필수 요소이다(If two or more instances in which the phenomenon occurs have only one circumstance in common, while two or more instances in which it does not occur have nothing in common save the absence of that circumstance; the circumstance in which alone the two sets of instances differ, is the effect, or cause, or a necessary part of the cause, of the phenomenon.(John Stuart Mill, *A System of Logic*, Vol. I, 1843, p. 259.))."라고 설명한다. 즉 일치법과 차이법을 결합한 인과적 판단이다.

같다.

예를 들어 한 학생이 기숙사에서 TV를 보는데 TV 화면이 일그러지는 현상을 발견하였다고 하자. 이 학생은 이 일그러짐 현상이 이전에도 몇 번 경험한 전파방해 현상이라고 생각하고[14] 근처에 전기기기를 사용하고 있는 경우들을 조사하여 다음과 같은 일람표를 만들었다. 조사한 전기기기는, 전기면도기(S), 헤어드라이기(H), 전기다리미(D), 세탁기(W)이다.

사례	상황 요인	결과(전파방해) 발생 : A
1	H, D, W	○
2	D, W	○
3	S, H, D, W	○
4	S, H	×
5	W, S	×

사례 1, 2, 3에 일치법을 적용, D와 W를 잠정적 원인으로 예상하고, 사례 4, 5에 차이법을 적용, W를 배제하고 D(전기다리미)를 원인으로 추리한다.

이외에도 일치차이병용법을 사용하는 과학적 탐구의 사례로 다음과 같은 경우들이 있다.

예) 박쥐에 대해 빛을 비추거나 냄새를 내는 먹이에 대해서는 반응을 보이지 않았으나 소리를 내는 먹이에 대해서 반응을 일으키는 것을 조사하였다. 소리를 내는 먹이를 제외한 다른 먹이들에 대한 박쥐의 반응을 관찰하고 소리를 내는 먹이에 반응을 보일 수도 있을 것이라고 하는 숨어 있는 원인을 생각해 내는 것은 일치법을 사용한 것이고, 이전의 반응과 소리를 내는 먹이에 대한 반응을 비교하여 조사하는 것은 인위적인 실험이며, 이

---

14 일치법에 의해 개연성이 있다고 잠정적으로 생각한 원인을 하나 발견하였다.

실험을 통해 원인을 확정하여 알아내려고 하는 것은 차이법을 사용하는 것이다.

일치차이병용법의 특성

① 일치법의 불완전성을 보완하는 방법이다.

② 발생 사례와 미발생 사례를 수집하여 미발생 사례와 발생 사례를 비교할 경우에, 그 원인을 찾는 결과 E의 발생에서만 차이가 나야 한다. E와 전혀 다른 측면에서 차이가 나는 미발생 사례는 원인 규명에 큰 도움이 되지 않는다.

III.3.4 잉여법(Method of residues)

잉여법[15]은 수집한 사례들에서, 앞선 귀납추리에 의해 이미 원인으로 알려져 있는 상황적 요인들을 제거해 나갈 때, 남아 있는 나머지 상황적 요인이 조사하고 있는 현상의 원인이라고 간주하는 인과적 추리이다.

잉여법의 논리적 형식

잉여법을 일반화한 추리 과정의 형식은 다음과 같이 표현할 수 있다.

B C E가 발생한 사례들 속에 항상 상황적 요인들 x y z가 발생하였다.

y는 B의 원인이라는 것이 이미 알려져 있다.

z는 C의 원인이라는 것이 이미 알려져 있다

그러므로 x가 E의 원인이다.

---

15 잉여법에 대해, 밀은 "어떤 현상의 발생에서, 이전의 귀납적 방법에 의해 원인과 결과의 관계를 가지고 있다고 이미 알려져 있는 그러한 부분들을 제거해 나간다. 그러면 남아 있는 나머지 상황적 요인이 그 현상을 결과로서 발생시킨 원인이다(Subduct from any phenomenon such part as is known by previous inductions to be the effect of certain antecedents, and the residue of the phenomenon is the effect of the remaining antecedents.(John Stuart Mill, *A System of Logic*, Vol. I, 1843, p. 260.))."

복잡한 현상들 중에서 이미 알려진 부분을 제거하고 나머지(잉여) 부분에서의 인과관계를 규명하려는 방법이다. 예를 들어 어떤 용기에 담긴 물건의 무게를 알기 위해 용기 자체의 무게를 미리 측정하고 그 다음에 용기에 담긴 물건의 무게를 측정하는 경우와 비슷하게 진행한다.

잉여법을 사용한 과학적 탐구의 대표적인 사례는 다음과 같은 과정으로 진행한 해왕성의 발견이 있다.

예) 우연히 발견한 천왕성(Uranus)의 궤도를 측정하고 계산한 결과 이 행성이 뉴턴의 법칙에 따르지 않는다는 것을 발견하였다. 그래서 그러한 공전운동에 강력한 영향을 미치는 다른 행성이 있을 것이라고 예측하고 계산하여 해왕성(Neptune)을 발견하였다.

잉여법의 특성
① 다수의 공통 원인의 규명이나 천체 현상처럼 실험이 불가능한 경우에 적합하다.
② 제거하는 방법이 연역논리에 근거하고 있어 귀납논리로 간주하지 않는 학자들이 많다.[16]

III.3.5 공변법(Method of concomitant variation)

공변법[17]은 어떤 현상이 증가 혹은 감소하는 방향으로 변화하면 그에 따라 언

---

16 그래서 밀의 인과적 추리를 강조하여 언급할 때 잉여법과 공변법을 열거하지 않는 경우가 많다.

17 공변법에 대해 밀은 "어떤 하나의 현상이, 이와 다른 현상이 어떤 특정한 방식으로 변동하는 경우에 언제나, 어떤 방식으로 변동하게 되면, 그 현상은 그 다른 현상의 원인(또는 결과)이거나 어떤 인과적 사실로 연결되어 있다(Whatever phenomenon varies in any manner whenever another phenomenon varies in some particular manner, is either a cause or an effect of that phenomenon, or is connected with it through some fact of causation.(John Stuart Mill, *A System of Logic*, Vol. I, 1843, p. 263.)."라고 설명한다. 즉 어떤 현상의 증감에 따라 항상 변화하게 되는 다른 현상이 있을 경우에 앞선 현상을 증감의 영향을 받는 현상의 원인이라고 추리

제나 증가 혹은 감소하는 방향으로 변화하는 현상이 있을 때, 이 현상은 앞서의
그 현상과 인과관계를 가지고 있거나, 아니면 그 현상과 인과관계를 가지고 있
는 다른 현상과 결합되어 있거나, 두 현상 간에 상관관계(correlation)가 있다고
판단한다.

공변법의 논리적 형식

공변법을 일반화한 추리 과정의 형식은 다음과 같이 표현할 수 있다.

E B C가 발생한 사례들 속에 항상 상황적 요인들 x y z가 앞서 발생하였다.
E가 증가하거나 감소하면 언제나 상황적 요인 x가 앞서 증가하거나 감소하였다.
(x± y z가 되면 항상 E± B C가 된다.)

그러므로 E와 x는 인과적으로 연관되어 있을 것이다.

이 추리 과정의 형식을 기호로 표시하면 다음과 같다.

E B C .... x y z
E`B C ................ x`y z
E``B C ................ x``y z
E± B C .... x± y z

∴ E x

일람표를 만들고 이러한 추리 과정으로 진행하는 구체적 예로서 다음과 같은
경우가 있다.

예) 집안에 들여놓았던 화분에 있는 화초가 갑자기 불쑥 많이 자랐다는 것을
발견하였다. 이러한 성장 속도의 증가 현상과 관련되는 상황적 요인으로

하는 인과적 판단이다.

서 다음의 것들을 발견하였다. 햇빛(S), 물(W), 영양 비료(F), 온도(T)이다. 그리고 관찰하여 다음과 같은 일람표를 만들었다.

사례	상황 요인	결과(불쑥 자람) 발생 : A
1	S, F, T, W	A
2	S, F, T, W+	A+
3	S, F, T, W-	A-

갑자기 화초가 불쑥 자라게 하였던 요인으로 물이 크게 작용하였다고 추리한다.

일상생활에서 공변법을 사용하여 추론하는 경우는, 기온의 증감에 따라 온도계 눈금의 상승 하강이 이루어지는 것, 물가의 등락에 따라 범죄가 증감하는 것 등이 있다.

공변법의 사례

캐나다의 라발대학교 의과대학 안젤로 트렘블레이 박사와 그 연구팀은 저칼로리 다이어트 프로그램에 참가 중인 비만 여성들을 대상으로 15주 동안 연구했다. 연구팀은 이 비만 여성들을 두 그룹으로 나눈 뒤 한 그룹은 하루에 칼슘 보충제를 1,200mg 복용하도록 했고, 다른 한 그룹은 하루에 칼슘 보충제를 600mg 복용하도록 했다. 다이어트 프로그램이 끝난 후 이 비만 여성들의 체중을 측정한 결과 칼슘 보충제를 1,200mg 복용한 그룹의 체중은 평균 6kg 줄었고, 600mg 복용한 그룹의 체중은 평균 1kg 줄었다. 트렘블레이 박사는 "칼슘을 충분히 섭취함으로써 신체에서 느끼는 식욕이 억제 되는 것으로 보인다. 따라서 칼슘을 충분히 섭취해야 성공적인 다이어트를 할 수 있다."라고 밝혔다.

공변법의 특성

① 원인의 제거가 아니라 원인의 변화에 의해 결과가 변화한다는 것을 관찰하여 인과관계가 있을 것이라고 상정하고 양적 관계를 규명하는 방법이다. 따라서 일치법, 차이법, 일치차이병용법 등은 질적 측면에서 규명하는 인과적 추리라고 한다면 공변법은 양적 관계의 측면에서 규명하는 추리 방법이다.

② 공변법을 통해 우선적으로 알게 되는 것은 현상들 간의 질적 인과관계보다는 양적 상관관계이다. 그래서 E와 양적 변화의 상관관계가 있을지라도, 다른 원인에 의해서 E가 인과적으로 변화할 가능성이 있는 경우에 오류를 범할 수 있다.

〈문제 III-1〉 다음은 밀의 어떤 귀납추리인지 분석해 보자.

① 20세기 초에는 위장 곁에 있는 조그만 췌장이 위장과 작은창자를 연결시키는 십이지장으로 소화액을 분비한다는 것이 알려져 있었다. 이런 일은 완전히 소화가 안 된 음식이 십이지장으로 들어갈 때 일어난다. 문제는 췌장이 움직이도록 신호를 보낼 때 그 신호가 신경계에 의해 전달되는가 아니면 혈액을 통해 운반되는 화학물질에 의해 전달되는가 하는 것이었다. 그때는 신경 자극을 받는 기관과 화학적 자극을 받는 기관이 모두 알려져 있었다. 알려진 바로는 그 외에 자극을 주는 다른 메커니즘은 없었다. 이 문제를 결정하기 위해 베이리스와 스털링이라는 두 생리학자는 실험용 동물의 십이지장에서 나가고 들어오는 모든 신경을 제거하였으나, 십이지장에서 나가고 들어오는 혈관은 모두 제자리에 그대로 두었다. 그들은 또한 소화액이 췌장에서 십이지장으로 흘러드는 것을 확인하기 위해 관을 삽입했다. 이 실험 결과 음식이 실험용 동물의 십이지장에 들어갔을 때 췌장은 정상적인 방식으로 소화액을 분비했다.

② 핼리는 1682년에 자신이 관찰한 적이 있는 혜성을 조사하기 시작했다. 그는 1682년의 관찰을 통해 배경을 형성하는 별들에 상대적인 혜성의 경로를 아주 정확하게 확인할 수 있었다. 그러나 그는 혜성이 태양에 아주 가까이 접근했을 때만 그러니까 전체 궤도로 보면 아주 일부에 지나지 않는 짧은 기간의 궤도만을 관찰했기 때문에 전체 궤도가 얼마나 큰지, 그 혜성이 다시 돌아오는 데는 얼마나 시간이 걸릴지에 대해서는 확실한 결정을 내릴 수가 없었다. 핼리는 이전에 나타난 혜성의 관찰기록을 샅샅이 뒤지기 시작했다. 그는 대략 150년 전까지 거슬러 올라가 24개의 관찰기록을 찾아냈는데 그것은 1682년의 관찰과 비교하기에 충분할 정도로 아주 자세했다. 이 가운데서 1682년의 혜성과 아주 비슷한 궤도를 기록하고 있음을 발견하고 이것들이 76년 주기의 타원형 궤도를 가진 같은 혜성이 세 번 나타난 것이라는 결론을 내렸다. 그리고 1705년에 혜성에 대한 저서를 출판하였다.

③ 아직까지 정신분열증의 원인에 대해 잘 알려진 것은 없지만, 소아마비를 일으키는 바이러스는 정신분열증도 유발함에 틀림없다. 영국에서 1960년대 중반 이후 정신분열증 발생률이 50% 가량 감소했다는 것은 잘 알려진 사실이다. 그런데, 이 시기는 영국에 소아마비 백신이 들어와서 소아마비가 사라지기 시작한 때이다. 소아마비가 사라지면서 정신분열증도 동시에 줄어들었다는 것이다.

④ 1830년대 독일의 해부학자 프레데릭 티에드만이 "뇌 크기와 지능 사이에 분명한 연관성이 있다."고 주장한 이후, 수많은 과학자들이 이를 입증 혹은 반박하기 위한 연구를 쏟아냈다. 이 당시에 뇌의 크기를 측정하는 것이 쉽지 않아, 지능이 좋은 사람의 뇌가 일반 사람의 뇌보다 더 클 것이라는 생각이 많이 지배하였었다. 그러나 지능이 일반인보다 월등하게 좋다고 간주되었던 아인슈타인의 뇌의 크기와 무게를 측정한 결과 일반인의 뇌와 비슷하다는 사실이 드러났다. 그래서 뇌의 크기와 지능의 상관관계에 대해 부정적인 의견들이 대두하였다.

⑤ 2015년 5월경에 메르스 1번 환자(65세)는 발열과 호흡기 증상을 호소해 충남 아산의 S의원에서 진료를 받다가 증상이 호전되지 않아 평택 S병원에 병동 입원하였다. 이때 이 환자와 접촉하였던 환자 28명이 나중에 메르스 확진 판정을 받았다. 이후 이 환자는 서울 강동구 S열린의원에서 진료를 받았다가 삼성서울병원 응급실에 입원하였다. 이후 삼성병원 측에서 환자가 중동을 다녀온 것을 안 후, 오전에 질병관리본부에 메르스 검사를 요청하였다. 5월 20일에 1번 환자의 메르스 확진 발표가 났고, 환자를 진료했던 서울 삼성병원 감염내과 의사들을 모두 격리 조치하였다. 이후 이 환자와 접촉하였던 사람, 병원, 2차 접촉한 사람과 병원 등을 격리 조치한 결과 더 이상의 메르스 확진 환자는 발생하지 않았다.

〈문제 III-2〉 (가) ~ (라)의 인과적 가설에 대한 테스트 방식 중 가장 유사한 것끼리 묶은 것은?

(가) 1970년대에 영국의 연구자들은 "비타민 C가 감기를 예방한다."는 가설을 테스트하기 위해 91명의 지원자를 대상으로 다음과 같은 연구를 수행하였다. 이들은 지원자들을 임의로 두 군으로 나누어서, 실험군에 할당된 47명에게는 매일 비타민 C를 포함하는 아스코르브산 3g을 복용하게 하였으며, 대조군에 할당된 44명에게는 가짜 약(placebo)을 복용하게 하였다. 물론 피실험자는 자신이 어느 군에 속하는지 알지 못했다. 3일째 되는 날, 이들 91명 모두에게 감기 바이러스를 접종하였으며, 두 군에서 각각 18명이 감기에 걸린 것으로 나타났다.

(나) 1980년대에 영국의 연구자들은 "경구피임약이 유방암을 야기한다."는

가설을 테스트하기 위해 다음과 같은 연구를 수행하였다. 그들은 유방암 판정을 받은 36세 이하의 여성 755명을 임의로 추출하여 이들을 실험군에 할당하였다. 또한 그들은 실험군에 속하는 각 여성에 대응하여 유방암 판정을 받지 않았다는 점만 제외하면 가능한 한 같은 조건을 만족하는 여성을 고르는 방식으로, 755인의 여성들을 대조군에 할당하였다. 조사 결과 실험군에 속하는 여성들의 약 62%인 470명이 4년 이상 경구피임약을 사용해 왔으며, 대조군에 속하는 여성들의 약 52%인 390명이 4년 이상 경구피임약을 사용해 온 것으로 나타났다.

(다) 2000년대에 미국의 연구자들은 "적색 가공육이 직장암을 야기한다."는 가설을 테스트하기 위한 연구를 수행하였다. 그들의 연구는 미국 21개 주에서 50세부터 74세에 이르는 148,610명을 대상으로 그들이 선택한 식생활의 결과를 조사하는 방식으로 수행되었다. 이들 중 적색 가공육의 하루 섭취량이 3온스 이상인 남성과 2온스 이상인 여성은 실험군에 할당되었고, 적색 가공육의 하루 섭취량이 1.5온스 미만인 남성과 1온스 미만인 여성은 대조군에 할당되었다. 조사 결과 실험군에 속한 사람들이 대조군에 속한 사람들에 비해 직장암에 걸릴 위험이 30%~40% 더 높은 것으로 나타났다.

(라) 보스턴 대학의 연구자들은 1966년부터 입원한 환자들에 대한 자료에 토대하여 "아스피린이 심장마비를 예방한다."는 가설을 테스트하기 위한 연구를 수행하였다. 그들은 심장마비 환자 325명을 실험군에, 기타 환자 3,807명을 대조군에 할당하였다. 조사 결과 실험군에 속한 환자들 중 정기적으로 아스피린을 복용해 온 사람은 0.9%인 데 비해서 대조군에 속한 환자들 중 정기적으로 아스피린을 복용해온 사람은 4.9%인 것으로 나타났다.

2012년도 제28회 입법고시 언어논리영역 책형 가 (문32)

① (가), (다)　　② (가), (라)　　③ (나), (다)

④ (나), (라)　　⑤ (다), (라)

III.4 유비추리, 통계적 삼단논법, 확률과 통계

III.4.1 유비추리

　두 개의 대상이 여러 가지 점에서 유사한 속성을 가지고 있다는 사실에 근거하여 이 두 대상의 비교하지 않은 다른 속성도 역시 유사하다고 보거나 혹은 한쪽의 대상 사례에서만 경험되어진 속성도, 경험하지 못하였지만 다른 쪽의 대상에 있을 것이라고 추리하는 것을 유비추리(analogy)라고 한다.

　유비추리는 사건이 아니라 존재하는 대상들이 가지는 유사한 속성을 비교하여 추리하는 것이며, 유추, 비유라고 말하기도 한다.

유비추리의 논리적 형식

유비추리를 일반화한 추리 과정의 형식은 다음과 같이 표현할 수 있다.

대상 X는 속성 a b c d를 가지고 있다는 점에서 대상 Y와 유사하다.

대상 X는 p를 가지고 있다.

───────────────────────

그러므로 대상 Y도 p를 가지고 있을 것이다.

- 여기서 X와 Y는 비교 대상이며 a b c d는 두 비교 대상이 유사하게 가지고 있는 공통의 속성이다. 그리고 p는 대상 Y가 가지고 있다고 주장하려고 하는 속성으로서 목표 속성이다.
- 유비추리가 신뢰성을 갖기 위해서는 대상들 간의 유사 속성들의 수가 매우 많아야 하고 이러한 유사 속성을 소유하는 대상들의 수가 매우 많아야 하며, 공통의 속성이 본질적인 속성이어야만 한다. 그렇지 않으면 오류를

범하기 쉽다. 예를 들어 황영조 마라톤 선수의 경우를 보고 작은 키와 마라톤을 잘하는 특성을 유비시켜, 황영조 선수와 유사하게 키가 작은 사람을 보고 그 사람도 마라톤을 잘할 것이라고 추리하는 것은 오류이다.

유비추리의 사례
유비추리를 사용한 과학적 탐구의 대표적인 사례는 다음과 같은 것이 있다.

예) 지구는 태양계의 행성이요, 공전과 자전을 하고 사계절의 변화가 있으며 공기, 물, 빙하가 있는 곳이다.

화성은 태양계의 행성이요, 공전과 자전을 하고 사계절의 변화가 있으며 공기, 물, 빙하가 있는 곳이다.

지구에는 생물이 살고 있다.

그러므로 화성에도 생물이 살았거나 살 수 있었을 것이다.

유비추리에 관한 과거의 유명한 사례로는 신존재 증명에 관한 페일리의 시계 논증이 있다.

페일리(William Paley, 1743-1805)의 시계 논증

사막을 걷다가 시계 하나를 발견하였다고 하자. 그 시계가 우연히 생겨서 그곳에 있다고 생각할 사람은 아무도 없다. 시계는 매우 복잡하고 정교한 기계이기 때문에, 지성을 가진 존재인 누군가에 의해 설계되고 만들어진 것이라고 생각할 수밖에 없기 때문이다.

그런데 우주는 시계와 비교할 수 없을 정도의 복잡성과 정교함을 가지고 움직이고 있다. 어떻게 보면 시계의 정확한 작동과 조작도 우주에 존재하는 놀라운 규칙적인 질서를 반영하고 있을 뿐이라고 생각할 수 있다.

그러므로 이러한 우주가 우연히 발생하여 존재하였다고 생각하기는 어렵다. 지성을 가진 존재인 누군가에 의해 설계되었다고 보는 것이 합당하다.

페일리의 유비추리의 논증 구조는 다음과 같이 분석할 수 있다.

> **〈페일리의 논증 구조〉**
>
> 전제 1. 시계는 매우 복잡하고 정교한 기계이기 때문에 누군가 지성을 가진 존재가 설계하여 만든 것이다.
>
> 전제 2. 우주는 매우 복잡하고 정교한 기계이다.
> _____
> 결론.   우주도 누군가 지성을 가진 존재가 설계하여 만든 것이다.

위의 논증 구조로 분석할 수 있는 페일리의 유비추리를 비판적으로 검토해 보자.

유비추리의 특성

① 일치하는 조건이나 속성, 특성이 아무리 많다 하더라도 여러 귀납추리들 가운데서 오류를 범할 가능성을 가장 많이 가지고 있다. 그래서 그 적용에 있어 많은 한계를 가진 불완전한 귀납추리라고 할 수 있다. 예를 들어 위의 화성에 관한 예에서 생물 대신에 사람을 넣을 수는 없는 것이다.

② 유비추리 결론의 개연성과 신뢰성을 높이기 위해서는,

첫째로 비교되는 유사 속성들이 본질적 속성에 속해야 한다.[18]

둘째로 대상들 간의 유사 속성들이 많을수록 좋다.

셋째로 속성들 가운데서 추정된 결론을 반증하는 차이점이 있어서는 안 된다.[19]

③ 귀납추리는 개별적 사례들을 수집하고 이로부터 일반적인 보편적 법칙을 추정하는 것이지만, 유비추리는 여러 개별 대상들 상호 간의 속성들의 유사성

---

18   예를 들어 고래가 어류와 유사하게 물속에서 생활하고 있다는 것만으로 어류라고 추리하는 것은, 이 유사한 특성이 본질적 속성이 아니기 때문에 오류를 범하는 것이다.

19   예를 들어 일반 마라톤 선수와 유사한 특성들을 많이 가지고 있다 하더라도 심장 질환이 있다면 마라톤을 잘 할 수 있을 것 같다고 추리할 수 없다.

에 근거하여 추리하는 것이다. 그러나 유사성에 관한 기준과 판단이 주관적인 측면을 가지고 있어 다른 귀납추리와 비교하여 논리적 지지 강도가 상대적으로 매우 약하다.

유비추리에서의 오류

① 잘못된 유비의 오류 : 본질적으로 전혀 다른 속성들을 대상들 간의 유비 사례로 제시하면서 두 대상이 유사하다고 주장하여 범하는 오류

예) 컴퓨터는 사람보다 계산 능력이 훨씬 뛰어나고, 말을 잘한다.
  계산하고 말을 하는 것은 사람의 사유 능력에서 나오는 것이다.
  그러므로 컴퓨터도 사유하는 사람처럼 감각을 느낄 것이다.

② 약한 유비(weak analogy)의 오류 : 대상들 간의 유비 사례로 제시한 속성들의 유사성의 정도가 결론의 근거로서 충분히 높지 않아 범하는 오류

예) 신을 살 때 신어 보지 않고 사는 사람은 없다. 이와 마찬가지로 혼전 성 관계를 가진 후 결혼하는 것을 문제 삼을 필요는 없다.

〈문제 III-3〉 잘못된 유비의 오류를 포함하고 있는 주장을 고르시오.

① 귀신이 있긴 있다. 귀신이 없다는 것을 증명하려는 시도는 많았으나, 아직 아무도 증명하지 못한 것을 보니까.
② 피고는 단칸방에서 노부모를 모시고 어린 자녀를 키우며 매일 막노동을 해서 생계하고 유지하고 있습니다. 이런 불쌍한 처지를 참작해서 피고를 무죄를 석방하는 마땅합니다.
③ 식민지 모국과 식민지의 관계는 부모와 자식의 관계이다. 따라서 식민지 모국과 식민지 사이에도 사랑과 복종의 관계가 유지되어야 한다.

④ 아리스토텔레스처럼 유명한 철학자가 한 주장이 틀릴 리가 없어. 물체가 떨어지는 데 걸리는 시간은 분명히 다를 거야.

⑤ 그 사람의 임금 재협상 주장은 들어 볼 필요도 없어. 그는 공장주 아닌가.

III.4.2 통계적 삼단논법

대전제에 통계적 일반화[20]가 있으며, 이 전제로부터 개별적인 사례에 관한 결론으로 진행하는 삼단논법이다.

추리 형식은 연역적인 삼단논법이지만, 논리적 지지 강도는 개연성을 가진 귀납추리와 비교할 수 있다. 즉 전제가 참이라도 결론이 거짓이 될 수 있는 개연성을 가지고 있으며, 그 개연성의 정도는 전제에 나타난 통계 수치에 따라 달라지며, 또한 확률과 통계 수치를 받아들이는 심리적인 요소에 따라 사람마다 그 정도를 다르게 받아들일 수 있는 주관적 측면이 있다.

통계적 삼단논법의 논증 형식

통계적 삼단논법의 논증 형식과 예는 다음과 같다.

논증 형식	논증 사례 1
집단 F의 a%는 G다. x는 F에 속한다. ─────────── 그러므로 x가 G일 확률은 a%이다.	흡연자의 30%는 폐암에 걸린다. 철수는 흡연자이다. ─────────── 그러므로 철수가 폐암에 걸릴 확률은 30%이다.

위 형식에서 F는 준거 집합(reference class) 혹은 준거집단(reference group)을 말하며 G는 그 집합의 구성 개체들이 가지는 성질(속성)을 말한다. a는 확률을 말하고 있으며 x는 그 집합에 속하는 개체를 말한다.

---

20 이에 관해서는 확률과 통계 부분을 참조할 것.

통계적 삼단논법의 특성

통계적 삼단논법은 개별자가 아니라 소집단을 대상으로 한다. 그래서 a%는 개별자에 관한 것이 아니라 소집단에 관한 비율이다. F와 a%의 크기에 따라 신뢰성을 부여할 수 있는 유의성(significance)이 결정된다. 예를 들어 아래의 통계적 삼단논법 논증 2와 위 통계적 삼단논법 논증 1의 논리적 지지 강도를 비교해 보자.

논증 사례 2

아스피린을 복용한 사람들 중의 90%는 복용 10분 후에
두통이 사라졌다는 것을 경험하였다.
철수는 두통이 심하여 아스피린을 먹었다.
_____
그러므로 철수는 10분이 지나면 두통을 느끼지 않게 될 것이다.

통계적 일반화에서 언급된 통계 수치가 높을수록, 즉 100%에 가까울수록 논리적 지지 강도는 강해진다. 그래서 논증 사례 1과 논증 사례 2가 비록 논의 주제가 다를지라도 논증 사례 2가 논증 사례 1보다 논리적 지지 강도가 높다고 느낄 수 있다.

준거 집합의 개체수가 많을수록, 그리고 준거 집합의 개체들에 관한 관련 자료들과 증거들이 어떤 출처 근원에서 나왔는가에 따라 논리적 지지 강도를 판단할 수 있다.

논증 사례 3

광고에 따르면 엔도텍 백수오를 10명한테 먹였더니 모두 효과가 있었다고 합니다.
그래서 이 엔도텍 백수오는 100%의 효과가 있습니다.

논증 사례 4

유력 건강 인터넷 사이트는 건우에서 제작한 백수오를 10,000명에게 먹였더니 9,000명에게 효과가 있었다고 말하였습니다.
그러므로 건우의 백수오는 90%의 효과가 있습니다.

논증 사례 3과 4를 비교할 때, 논증 사례 4의 준거 집합의 개체수가 논증 사례 3보다 훨씬 많기 때문에 이 측면에서는 논증 사례 4의 논리적 지지 강도가 강하다고 볼 수 있다. 또한 관련 자료의 출처 근원의 측면에서도 논증 사례 4가 3보다 논리적 지지 강도가 강하다고 볼 수 있다.

마지막으로 전제들에서 사용된 관련 증거들의 연관성도 논리적 지지 강도를 판단하는 데 중요하다. 다음의 논증을 생각해 보자.

논증 사례 5	논증 사례 6
통계조사 보도에 따르면 90%에 가까운 서울의 초등학생이 휴대폰을 가지고 있다고 한다. 박 군은 서울의 초등학생이다. 그러므로 박 군은 휴대폰을 가지고 있을 것이다.	서울의 기초생활수급자 및 차상위계층 초등학생 자녀의 10%만이 휴대폰을 가지고 있다고 한다. 박 군은 이 계층의 자녀이다. 그러므로 박 군은 휴대폰을 가지고 있지 않을 것이다.

동일한 사람인 초등학생 박군에 관한 논증 사례 5와 6은 모두 참인 전제를 가지고 있다고 할 경우에, 박군의 휴대폰 소지에 관한 결론은 전혀 다르게 나온다. 이것은 전혀 다른 준거 집합에 근거하였기 때문이다. 따라서 여기서 문제가 되는 것은 전제의 증거 자료들과 결론의 연관성에 관한 판단이다. 논증 사례 6의 전제에 나타난 명제들이 논증 사례 5의 전제에 나타난 명제들보다 연관성의 정도도 높고, 또 내용의 구체성의 측면에서도 명제들의 강도가 높다고 할 수 있다. 그래서 논증 사례 6의 논리적 지지 강도가 더 강하다고 할 수 있다.

특정한 질환에 걸릴 통계 수치 발표나, 수확한 원두커피의 상품 평가, 수확한 쌀의 상품성 평가에, 통계적 삼단논법을 많이 사용한다.

예) 에티오피아산 커피원두에는 보통 10%의 불량이 있다.
　　이 가게에서 에티오피아산 커피원두를 샀다.
　　─────────────────────────────
　　그러므로 이 커피원두 중에서 10%의 불량이 나올 것이다.

〈문제 Ⅲ-4〉 다음 중 논리적 오류를 범한 사람을 모두 고르시오.

> 민우 : 폐암으로 인한 사망자의 90%는 흡연자라는 연구 결과가 나왔어.
> 너 담배 피우지? 그렇다면 폐암으로 죽을 확률이 90%야.
>
> 영이 : A사 의류의 90%는 인도네시아에 있는 공장에서 생산되고 10%
> 만 국내에서 생산된다고 하든데, 어제 A사의 옷을 샀는데 이거
> 인도네시아에서 만들었을 확률이 90%겠네.
>
> 수지 : 그는 훌륭한 학자가 아니다. 훌륭한 학자는 독창적인 이론을 제
> 시해야 하는데 그는 그렇게 하지 못하고 있다.
>
> 선화 : 이 제품은 세계 120개국에서 널리 사용되고 있습니다.

　① 민우, 영이　　　② 영이, 선화　　　③ 영이, 수지, 선화

　④ 민우, 선화　　　⑤ 민우, 수지, 선화

〈문제 Ⅲ-5〉 다음 글과 같은 방식으로 논리를 전개한 것을 고르시오.

> 　진리가 사상의 체계에 있어 제일의 덕이듯이 정의는 사회적 제도에
> 있어 제일의 덕이다. 하나의 이론은 그것이 아무리 멋지고 간명한 것이
> 라 하더라도 만약 참되지 않다면 거부되거나 수정되어야 한다. 이와 마
> 찬가지로 법과 제도는 그것이 아무리 효율적으로 잘 정비되어 있다고 하
> 더라도 만약 정의롭지 않다면 개혁되거나 폐기되어야 한다.

① 의지의 자유가 없는 사람에게는 책임을 물을 수 없다. 그런데 인간에게는
　책임을 물을 수 있다. 그러므로 인간의 의지는 자유롭다고 보아야 한다.

② 여자는 생각하는 것이 남자와 다른 데가 있다. 남자는 미래를 생각하지만

여자는 현재의 상태를 더 소중하게 여긴다. 남자가 모험, 사업, 성 문제를 중심으로 생각한다면 여자는 가정, 사랑, 안정성에 비중을 두어 생각한다.

③ 우리 강아지는 배를 문질러 주면 등을 바닥에 대고 누워 버려. 그리고 정말 기분 좋은 듯한 표정을 짓지. 그런데 내 친구 강아지도 그렇더라고. 아마 모든 강아지가 그런 속성을 가지고 있는 것 같아.

④ 인생은 여행과 같다. 간혹 험난한 길을 만나기도 하고, 예상치 않은 일을 당하기도 한다. 우연히 누군가를 만나고 그들과 관계를 맺기도 한다. 여행을 끝내고 집으로 돌아왔을 때 편안함을 느끼는 것처럼 생을 끝내고 죽음을 맞이할 때 우리는 더없이 편안해질 것이다.

III.4.3 귀납적 일반화, 확률과 통계

귀납적 일반화는 수집한 개별 사례들로부터 "모든 백조는 하얗다."와 같이 귀납적 방법에 의해 일반화시켜, 전칭명제로 된 결론을 추리하는 것이다. 처리 자료의 규모가 일일이 열거할 수 있는 규모인가 아니면 짧은 시일 내에 열거할 수 없거나 열거 자체가 어려울 정도로 대규모인가에 따라 보편적 일반화와 통계적 일반화가 있다.

보편적 일반화
- 일일이 열거할 수 있을 정도의 규모를 가진 자료들을 체계적으로 수집하여 모두 열거하고 이로부터 귀납적으로 추리한 결과(열거 귀납 enumerative induction)이다.
- 즉, 사례들을 체계적으로 모두 수집하여 이를 열거하고, 이러한 열거로부터 어떤 일반화된 사실을 추리한다. 이러한 추리의 결과는 집단에 속하는 모든 개별자들 전수에 대해 언급하며, 전칭명제의 형식으로 된 보편적 일반화로 나타난다. 예를 들면 올 겨울에 날아온 을숙도의 백조들의 색깔을 보고, 전칭명제 "이번 겨울에 을숙도에 있는 모든 백조는 하얗다."를 결론

으로 추리하는 경우이다.

- 이때 개인의 유한한 경험 때문에 구성 부분에 대해 참인 사실을 전체에 대해서도 참이 될 것이라고 간주하여 조급한 일반화의 오류를 범할 가능성이 많다.

- 그러나 각 사례들이 서로 일치하여 공통적으로 가지고 있는 속성이 그 사례들의 본질적 속성이고, 관찰되어진 각 사례들이 서로 동일한 집합에 속하면서 그 집합을 대표할 수 있는 사례들이면, 이로부터 보편적 일반화의 결론을 이끌어 낸 귀납논리는 타당할 가능성이 많다.

예) 김 군, 이 군, …… 등은 죽는다.

　　 김 군, 이 군, …… 등은 사람이다.
　　 ──────────────────────
　　 그러므로 모든 사람은 죽는다.

통계적 일반화

단순하게 일일이 열거할 수 없는 대규모의 빅데이터 자료를 체계적으로 수집하고, 통계적 처리와 분석을 행하는 통계 귀납에 의해 추리한 결과이다. 즉 통계 귀납에 의해 일반화된 결론을 추리한다.

통계 귀납

- 열거 귀납을 할 수 없는 대규모의 모집단에서 표본 사례들을 추출하고 이를 통계적 방법과 기법으로 처리하여 모집단에 관한 어떤 일반화된 사실을 추리하는 방식이 통계 귀납(statistic induction)이다.

- 통계는 국가 세금과 인구센서스와 같은 대규모 빅데이터 자료 처리에 필요한 기술을 개발하는 가운데 나왔다. 통계를 의미하는 용어 'Statistics'도 국가, 연방국가의 주를 의미하는 용어 'State'에서 유래한다.

- 통계 작업은 수집한 대규모의 빅데이터 정보 또는 자료를 계량적으로 처리하고, 이후에 이것을 기술하고 해석한다. 이러한 통계 작업은 자료 수집을 위한 통계조사(자료를 조직하고 요약하고 기술하는 절차)와 통계적 분

석으로 진행되며, 통계적 분석에는 기술통계와 추측통계가 있다.

- 규모가 크더라도 모집단 전체에 대한 전수조사가 필요한 경우에 행하는 통계 작업이 기술통계이다. 즉 모집단에 관한 전수조사를 통해 얻은 자료들을 분석하는 것이 기술통계이다. 반면에 빅테이터와 같이 데이터 규모가 매우 커서 전수조사가 가능하지 않으며 전수조사를 하지 않고서도 전체에 대한 통계적 분석을 할 수 있는 통계 작업이 추측통계이다.

① 기술통계

- 기술통계(descriptive statistics)는 모집단을 전수조사하는 등의 통계적 방법을 통해 관심을 가지는 모집단의 특성을 표나 그림 등으로 도식화하여 쉽게 이해할 수 있도록 처리 분석하는 통계 작업이다.
- 기술통계로는, 모집단을 전수조사하여 어떤 결과를 추리하는 국세조사나 인구조사[21]와 같은 통계와 과거에 이루어진 사건들의 경향을 추적하는 인구 사망력표[22]나 기상관측 같은 통계가 있다.
- 경향을 추적하는 통계는 두 개의 현상들 간에 유지되는 유사 혹은 양적 변화의 비례가 있었을 경우에 두 현상 간의 관계를 추적하여 앞으로의 경향을 예측하거나 추리[23]한다. 예를 들어 기온과 성범죄 발생 건수와의 관계라든지, 결손가정과 가출 청소년의 관계 등이 있다.

② 추측통계[24]

- 추측통계(inferential statistics)는 자료들을 직접 수집하는 전수조사가 거의 불가능할 정도로 모집단(population)의 규모가 거대한 경우에 행하는 통계 작업이다. 즉 모집단으로부터 추출(표집)한 표본을 조사하여 모집단에 관한 특성을 추측하는 통계 작업이다. 그래서 이 작업에는 모집단과 표

---

21 예를 들어 대한민국 남자들의 키의 평균치 등이 있다.
22 예를 들어 대한민국 남자들의 평균수명 등이 있다.
23 밀의 공변법을 상기하면 잘 이해할 수 있다.
24 추론 통계라고도 한다.

본 집단의 구별, 모집단으로부터 표본 집단을 구성하는 표본추출이 있다.
- 추측통계에서 확률이 중요한 역할을 한다. 확률 계산과 통계 작업은 구별하여 이해야만 한다.

▶ 확률 : 하나의 사건이 일어날 수 있는 가능성을 수치로 나타낸 것으로서 동일한 원인에서 특정한 하나의 결과가 나올 수 있는 가능성의 비율을 말한다. 경험적 확률과 수학적 확률이 있는데 발생 빈도가 많을수록 경험적 확률은 수학적 확률로 수렴된다. 확률은 이론적 계산을 통해 나타난다.[25]

▶ 통계 : 개체나 소집단이 아니라 대규모 집단에서 나타나는 현상을 수치로 나타내기 위해, 자료들을 수집하고 분석하는 전문 기술로서 실제 자료 처리와 분석 작업을 포함한다. 즉, 수집한 자료들을 정리해서 그 내용을 쉽게 알아볼 수 있게 숫자로 표현한 것이다.

- 추측통계 작업은, 과거에 발생한 사건들을 대규모로 관찰하고 이로부터 표본들을 추출하여 그 빈도를 통계적으로 처리하면서 발생 확률을 계산하고 이 사건의 발생 가능성을 추론한다.
- 모집단에 대한 추론을 100% 확신하기 위해서는 모집단 전체를 조사하는 기술통계를 사용해야 할 것이다. 그러나 모집단의 대규모 개체수, 조사 비용 또는 시간 등의 이유로 전수조사가 불가능한 경우가 많기 때문에 표본추출을 통해 얻은 정보를 조사하는 추측통계를 많이 사용하고 있다.
- 추측통계를 많이 사용하고 있는 사례 : 선거 여론 조사, 공기 오염도 조사 등
- 신뢰할 수 있는 추측통계를 하는데, 어떤 편향성도 없이 이루어지는 표본추출의 방법과 설문 조사 방법이 중요한 역할을 한다.

25　확률의 개념을 어떻게 해석할 것인가에 대해, 주관적 신뢰도로 해석하는 입장(베이즈 학파)과 객관적인 신뢰도로 해석하는 입장(빈도주의자)이 있다.

- 표본추출의 방법 : 상황과 조사에 적합[26]하면서, 익명성과 일회성(대리방지)을 보장하는 표본추출의 방법을 시행한다.[27]

- 설문 조사의 방법[28] : 객관적 응답을 위한 설문 문항의 작성[29], 조사 대상과 범위의 선정, 설문 조사 방법(전화, 자동응답(ARS), 방문) 등이 중요하다.

확률에 근거한 오류

① 도박사의 오류(Gambler's Fallacy)

- 이 오류가 실제로 발생하였던 장소와 계기를 지칭하기 위해서 몬테카를로의 오류(Monte Carlo fallacy)[30]라고도 불린다.

- 서로 독립적인 확률적 사건이 서로의 확률에 영향을 미친다고 잘못 생각하여 전개하는 논리적 오류이다. 즉, 서로 영향을 미치지 않음에도 불구하고 평균 확률에 근거하여 이미 과거에 발생했던 것과는 다른 현상이 이번 기회에 발생할 것이라고 예상하는 잘못된 오류이다.

- 도박사들은, 앞에서 일어난 사건과 그 뒤에 연속적으로 일어날 사건이 서로 독립되어 있다는 확률의 원리를 받아들이지 않고 내기를 거는 심리적 경향이 많다. 이 오류는 도박사들만이 가지고 있는 그러한 심리적 경향에

---

26 실제와 가깝게 지역, 연령, 성별 등으로 제대로 분류된 대상으로 표본추출하는 것인데, 안심 번호 방식이 있다.

27 표본추출 방법에는 여러 가지가 있으나 잘 알려진 대표적인 것으로 무작위적 표본추출(random sampling, 난수표)이 있다.

28 추측통계를 많이 사용하는 선거 여론 조사에서는 특별히 선거권자들의 심리적 경향을 해석해야 하기 때문에 설문의 작성과 조사가 특히 중요하다.

29 소위 말하는 '가식(shy) 응답자' 문제를 해결하기 위해서는 매우 중요하다.

30 1913년 8월 18일 모나코 몬테카를로에 있는 보자르 카지노의 룰렛 게임에서 구슬이 연속해서 20번 검은색 칸에 들어갔다. 그래서 다음 회에는 구슬이 반드시 붉은색 칸으로 들어갈 것이라고 많은 사람들이 확신하고 붉은색 칸에 돈을 걸었다. 그러나 이번 회에도 구슬은 검은색 칸에 들어갔다. 그러자 22번째에는 구슬이 붉은색 칸에 들어 갈 것이라고 더욱 많은 사람들이 확신하고 붉은색에 돈을 더 많이 걸었다. 그래도 구슬은 검은색 칸에 들어갔고, 27번째에 가서야 붉은색 칸에 들어갔다. 이 룰렛 게임에서 구슬을 1회 던지는 사건은 과거 사건의 확률로부터 아무런 영향을 받지 않는 독립적인 사건이다. 사건의 이러한 특징을 생각하지 못하고 과거에 관찰했던 사건들과의 평균확률을 생각하고 범하게 되는 오류이다.

의해 발생한다고 하여 '도박사의 오류'라고 부른다.

예 1) 포탄이 한 번 떨어진 장소에 다시 떨어질 확률이 낮다고 생각하고 그 장소로 피신하는 것(1차 세계대전)

예 2) 반복된 주사위 번호와 복권 당첨 번호를 보고 다음에는 이와 다른 번호가 나올 것이라고 기대하고 행동하는 것

– 이 오류는 평균 확률이 객관적인 자연의 법칙에 따른 현상이라고 보는 심리적 경향에서 나온다.

② 뜨거운 손 오류(Hot-Hand Fallacy)[31]

– 용어 '뜨거운 손'은 미국 농구 해설자들이 골을 연속해서 성공시키는 선수를 뜨거운 손을 가졌다고 말하는 습관에서 유래한다. 슛의 성공률이 높은 선수에게 공의 패스가 집중되는 것처럼 성공적인 성과를 보인 사람은 이후에도 계속 그러한 성공적 결과를 보여줄 것이라고 기대하는 경우이다. 그러나 확률론과 통계적 분석에 따르면 연속적인 슛의 횟수가 증가할수록 연속성공의 확률은 낮아진다.

예) 야구에서 타율이 높은 선수에게 이번 타석에서의 안타를 기대하는 경우
    농구나 축구에서 특정 선수에게 공을 집중적으로 패스하는 경우
    소비자 행동 패턴을 판매와 마케팅 분야에 적용하는 경우

– 이 오류는 인간의 의지에 따라 사건을 보려고 하는 심리적 경향에서 나온

---

31   1985년 심리학자이자 행동경제학자인 아모스 트버스키(Amos Tversky)와 심리학자 토머스 길로비치(Thomas Gilovich), 발론(Robert Vallone)의 논문 〈농구 경기에서 뜨거운 손 The Hot Hand in Basketball: On the Misperception of Random Sequences〉에서 처음 소개한 현상이다. 슛을 잘 넣는 농구선수의 경우, 슛의 성공은 슛을 넣을 확률에 좌우되기보다는 평소의 연습량에 의해 좌우되며, 연습량이 많아지면 슛에 대한 자신감과 기량이 증가하게 되고, 자신감이 증가하면 과감한 작전과 묘기를 발휘하여 슛의 기회와 성공이 증가하게 되는 것이다.

현상이다. 즉, 뜨거운 손에 대한 믿음은 이전의 성공에 대한 관찰이 지각과 기억에서 어느 한 쪽으로 치우친 판단을 하게 만들기 때문에 생긴다. 이러한 판단은, 여러 번의 시도에서 나타난 결과들이 우연적으로 일어났다고 생각하는 것보다, 어떤 연관성과 유사성을 가지고 일어난 것으로 간주하기 때문에 나타난다.

〈문제 III-6〉 다음과 같이 전개하는 야구 해설위원의 주장의 오류를 고르시오.

어떤 야구 경기에서 3번 타자가 타석에 들어섰다. 이 타자가 앞선 타석에서 안타를 하나도 치지 못하였기 때문에 이 선수의 평균 타율에 따라 이번 타석에서는 안타를 칠 것이라고 말하는 야구해설위원의 주장
→ (   ) 오류

앞선 타석에서 계속 안타를 쳤기 때문에 이번 타석에서도 안타를 칠 것이라고 말하는 야구 해설위원의 주장 → (   ) 오류

※ 참조 : 1936년 11월 3일의 미국 대통령 선거와 여론 조사
1936년 잡지사인 리터러리 다이제스트와 갤럽 간의 선거 여론 조사 대결.
1936년 미국 대선에서 공화당 앨프 랜던과 민주당의 프랭클린 루스벨트가 맞붙었다. 리터러리 다이제스트는 240만 명, 갤럽은 5만 명으로부터 설문 답변을 받아 다음과 같이 미국 대선 결과를 추론했다.

▶ 리터러리 다이제스트의 여론 조사
1000만 명의 유권자에게 설문지를 보내고 약 240만 명으로부터 답장을 받은 리터러리 다이제스트는 랜던이 57%를 득표해 43%를 얻은 루즈벨트를 여유 있게 누를 것이라고 예측하였다.

▶ 갤럽의 여론 조사

5만 명의 유권자로부터 설문 답변을 받은 결과 루스벨트는 56%, 랜던은 44%로 루스벨트가 큰 격차로 이긴다고 예측하였다.

사람들은 갤럽의 결과를 비웃었다. 고작 5만 명으로부터 4,570만 명이 참여하는 미국 대선 전체를 예측하기에는 표본 숫자가 너무 적기 때문이다. 그러나 대선의 승자는 갤럽이 예측한 루스벨트가 62%의 득표를 하여 승리하였다. 그 결과는 다음과 같이 나타났다.

구분	표본규모	방법	공화당 랜던	민주당 루스벨트
리터러리 다이제스트	1000만 명 응답 : 약 240만 명	자의적 추출 (우편 설문 조사)	57%	43%
갤럽	응답 : 약 5만 명	할당 추출 (면접 조사)	44%	56%
대선 결과	4,570만	직접투표	38%	62%

- 많은 표본을 가지고 조사를 하면 정확도가 높아질 것이라고 생각하는데 왜 리터러리 다이제스트는 갤럽보다 48배나 많은 표본을 가지고도 제대로 예측하지 못했을까?
- 표본을 추출하는 방법에 문제가 있었다. 리터러리 다이제스트는 인구 4명 중 1명인 1000만 명에게 설문지를 보내 이중 240만장을 회수하였다. 1000만 명에게 설문지를 보내기 위해서는 피설문자의 주소를 확보하는 것이 필요한데 1차 정보는 자신들의 잡지를 구독하는 정기 구독자들의 명단이었다. 또 전화번호부, 자동차 등록부, 사설 클럽 회원 명부, 대학 동창회 명부 등을 이용하였는데, 당시 기준으로 중산층 이상의 사람을 추출하였다. 1930년에는 전화는 물론, 자동차, 사설 클럽 역시 미국에서는 보급률이 낮았다. 따라서 리터러리 다이제스트 독자들은 부유층에 가까웠고 정치적으로는 공화당에 가까웠다. 당시 공화당은 감세 정책 등으로 중산층 이상에게 많은 지지를 받고 있다. 리터러리 다이제스트는 '표본 숫자가 클

수록 더 정확할 것이라는' 판단을 하였지만 편향된 표본추출로 인해 표본이 왜곡된 이상 10명에게 물으나 100명에게 물으나 결과는 틀릴 수밖에 없다. 결국 리터러리 다이제스트의 실패 원인은 표본추출에서의 편중 현상과 무응답에 따른 편중 현상이다.

- 갤럽은 모집단을 몇 개의 집단을 나눈 뒤 할당된 수에 따라 5만개의 표본을 추출하였다. 이른바 "할당 추출법(quota sampling)"이었다. 예를 들어 1000명의 표본을 뽑되 인구 비례 수로 서울 수도권 500명, 호남 100명, 영남 250명, 충청, 강원, 제주 각각 50명 등으로 선정하는 방법이다.

- 갤럽은 할당 추출을 통해 표본의 신뢰도를 높였다. 그래서 단 5만 명만으로 240만 명을 조사한 리터러리 다이제스트를 이길 수 있었다. 여론 조사 기관이 표본추출에 관심을 기울이는 근본적인 이유는 비용 절감이다. 여론 조사 기관의 특성상 대부분의 비용은 인건비가 차지하는데 1명이라도 적게 조사하면서도 예측치를 높일 수 있다면 가격 경쟁력에서 타사보다 우위에 선다. 전수조사로 통계를 작성하는 경우는 많지 않다. 대부분 통계는 표본 추출을 통한 통계치이다. 그런 의미에서 여론 조사와 통계 작성은 매우 닮아 있다.

〈문제 III-7〉 다음 글에서 추론할 수 있는 것만을 〈보기〉에서 모두 고르면?

'도박사의 오류'라고 불리는 것은 특정 사건과 관련 없는 사건을 관련 있는 것으로 간주했을 때 발생하는 오류이다. 예를 들어, 주사위 세 개를 동시에 던지는 게임을 생각해 보자. 첫 번째 던지기 결과는 두 번째 던지기 결과에 어떤 영향도 미치지 않으며, 이런 의미에서 두 사건은 서로 상관이 없다. 마찬가지로 10번의 던지기에서 한 번도 6의 눈이 나오지 않았다는 것은 11번째 던지기에서 6의 눈이 나온다는 것과 아무 상관이 없다. 그럼에도 불구하고, 우리는 "10번 던질 동안 한 번도 6의 눈이 나오지 않았으니, 이번 11번째 던지기에서는 6의 눈이 나올 확률이 무척 높다."라고 말하는 경우를 종종 본다. 이런 오류를 '도박사의 오류 A'라고 하자. 이 오류는 지금까지 일어난 사건을 통해 미래에 일어날 특정 사건을 예측할 때 일어난다.

하지만 반대 방향도 가능하다. 즉, 지금 일어난 특정 사건을 바탕으로 과거를 추측하는 경우에도 오류가 발생한다. 다음 사례를 생각해 보자. 당신은 친구의 집을 방문했다. 친구의 방에 들어가는 순간, 친구는 주사위 세 개를 던지고 있었으며 그 결과 세 개의 주사위에서 모두 6의 눈이 나왔다. 이를 본 당신은 "방금 6의 눈이 세 개가 나온 놀라운 사건이 일어났다는 것에 비춰볼 때, 내가 오기 전에 너는 주사위 던지기를 무척 많이 했음에 틀림없다."라고 말한다. 당신은 방금 놀라운 사건이 일어났다는 것을 바탕으로 당신 친구가 과거에 주사위 던지기를 많이 했다는 것을 추론한 것이다. 하지만 이것도 오류다. 당신이 방문을 여는 순간 친구가 던진 주사위들에서 모두 6의 눈이 나올 확률은 매우 낮다. 하지만 이 사건은 당신 친구가 과거에 주사위 던지기를 많이 했다는 것에 영향을 받은 것이 아니다. 왜냐하면 문을 열었을 때 처음으로 주사위 던지기를 했을 경우에 문제의 사건이 일어날 확률과, 문을 열기 전 오랫동안 주사위 던지기를 했을 경우에 해당 사건이 일어날 확률은 동일하기 때문이다. 이 오류는 현재에 일어난 특정 사건을 통해 과거를 추측할 때 일어난다. 이를 '도박사의 오류 B'라고 하자.

2016년도 국가공무원 5급 공채 외교관후보자 선발
제1차시험 및 지역인재 7급 선발 필기시험 (문26)

──────── 〈 보 기 〉 ────────

ㄱ. 갑이 당첨될 확률이 매우 낮은 복권을 구입했다는 사실로부터 그가 구입한 그 복권은 당첨되지 않을 것이라고 추론하는 것은 도박사의 오류 A이다.

ㄴ. 을이 오늘 구입한 복권에 당첨되었다는 사실로부터 그가 그동안 꽤 많은 복권을 샀을 것이라고 추론하는 것은 도박사의 오류 B이다.

ㄷ. 병이 어제 구입한 복권에 당첨되었다는 사실로부터 그가 구입했던 그 복권의 당첨 확률이 매우 높았을 것이라고 추론하는 것은 도박사의 오류 A도 아니며 도박사의 오류 B도 아니다.

① ㄱ
② ㄴ
③ ㄱ, ㄷ
④ ㄴ, ㄷ
⑤ ㄱ, ㄴ, ㄷ

III.5 인과관계와 필요충분조건

III.5.1 조건명제의 명제적 특성

- 일상생활 논리에서 사실적 관계인 원인과 결과를 규명하는 인과적 귀납은 언어로는 조건명제의 형식으로 나타난다. 그런데 조건명제는 인과적 사실 관계를 표현하면서 명제적 특성도 가지고 있다. 즉 조건명제 "P라면 Q이다."에서 형식적으로 P를 전건, Q를 후건이라고 부르는데, 이 조건명제가 참이 되기 위해서는 전건 P가 후건 Q에 비해 외연이 크면 안 된다.
- 예를 들어 조건명제 "구름이 끼면 비가 온다."가 참이라면, 비가 오는 경우

의 조건에는 구름이 있거나 바람이 부는 경우가 있는데, 이 조건명제에서는 구름이 있는 경우만 언급하고 있으므로 후건(비가 오는 것)의 외연이 전건(구름이 끼는 것)의 외연보다 크다.[32] 그래서 비가 오는 것에 관한 여러 선행조건들이 있는데 이 중의 하나가 구름이라는 것을 말하기 위해, 즉 비의 외연이 구름 외의 다른 것들도 포함하고 있다는 것을 말하기 위해, 구름을 충분조건(sufficient condition)이라 지칭한다. 그리고 비의 외연이 구름을 완전 포함하고 있다는 것을 말하기 위해, 즉, 구름이 끼면 반드시 비가 온다는 것을 말하기 위해, 비를 필요조건(necessary condition)이라고 말한다.

Ⅲ.5.2 인과관계와 조건명제

- 인과관계는 과학적 탐구 활동 등을 통해 규명할 수 있는 사실적 관계이다. 그래서 이러한 관계를 규명하는 데 있어서, 두 가지 이상의 사건이나 현상들 간의 시간적인 계기와 발생의 빈도가 매우 중요하다. 이렇게 사실을 탐구하여 규명하는 인과관계에서, 결과를 발생시키는 유발자로서의 원인은 결과보다는 적어도 시간적으로 선행하거나 동시적으로 발생하는 사건이나 현상이다.
- 조건명제에서의 충분조건과 필요조건은 전건과 후건의 논리적 함축을 나타내는 논리적 관계로서 사실적 관계를 말하는 것이 아니다. 그런데 인과관계를 조건명제로 표현할 때 원인이 되는 사건이나 현상이 전건에도 나타날 수 있고 후건에도 나타날 수 있다. 그러면 원인이 조건명제의 전건에 나타나면 충분조건으로서의 원인, 즉 인과적 충분조건이 되고, 후건에 나타나면 필요조건으로서의 원인, 즉 인과적 필요조건이 된다. 쌍조건명제로 표현되면 인과적 필요충분조건이 된다.
- 예를 들어 메르스 균과 메르스 병(환자)을 비교해 보자. 메르스 병에 걸린

---

[32] 외연의 크기를 비교하여 말하는 다른 방식으로는, 포함하는 쪽이 필요조건이고 포함되는 쪽이 충분조건이라고 말할 수 있다.

사람은 메르스 균을 반드시 가지고 있지만, 메르스 균을 가졌다고 해서 반드시 메르스 병에 걸리는 것은 아니다. 메르스 병이 나타나지 않은 메르스 보균자가 될 수 있다. 즉, 조건명제 "만약 그가 메르스 병에 걸렸다면 그는 메르스 균을 가지고 있을 것이다."는 참이지만, 조건명제 "만약 그가 메르스 균을 가지고 있다면 그는 메르스 병에 걸렸을 것이다."는 참이 아니다.

- 참이 되는 조건명제 "만약 그가 메르스 병에 걸렸다면 그는 메르스 균을 가지고 있을 것이다."에서 메르스 균의 외연이 메르스 병의 외연보다 크기 때문에 메르스 균은 필요조건, 메르스 병은 충분조건이 되며, 메르스 균은 메르스 병의 원인이 되기 때문에 메르스 균은 인과적 필요조건이 된다.

- 참이 되는 조건명제 "만약 망치로 유리창을 친다면 유리창은 깨질 것이다."에서, 망치로 유리창을 치는 것의 외연이 유리창이 깨지는 것의 외연보다 작다. 유리창이 깨지는 것의 외연에는 망치뿐만 아니라 돌로 치는 것 등이 있기 때문이다. 그래서 망치로 유리창을 치는 것은 충분조건이고, 유리창이 깨지는 것은 필요조건이다. 그런데 망치로 치는 것은 유리창이 깨지는 것의 원인이다. 그러므로 망치로 치는 것은 유리창이 깨지는 것의 인과적 충분조건이다.

- 다르게 해석하면, 원인이 되는 사건이 어떤 결과에 대해 필요조건이 된다면, 이 원인은 조건명제의 후건에 나타나야 하고, 그래서 이 사건을 인과적 필요조건(causally necessary condition)이라고 한다. 만약 원인이 어떤 결과에 대해 충분조건이 된다면 그 원인은 조건명제의 전건에 나타나게 되어 이 사건은 인과적 충분조건(causally sufficient condition)이 된다. 원인이 결과에 대해 쌍조건명제(혹은 동치)로서 필요충분조건[33]이 된다면 원인과 결과가 되는 두 사건은 인과적 필요충분조건(causally necessary and sufficient condition)이 된다. 이를 표로 나타내면 아래와 같다.

---

[33] 이를 기호 논리학의 언어로 표시하면 "$(P \rightarrow Q)$ & $(Q \rightarrow P)$"이고 쌍조건명제 "$P \leftrightarrow Q$"와 같다.

명제 형식	명제의 특성 : 전건과 후건의 지칭	조건명제에서의 위치: 원인의 위치
조건명제 (P → O)	전건 P : 충분조건	P(원인) : 인과적 충분조건
	후건 Q : 필요조건	Q(원인) : 인과적 필요조건
쌍조건명제 (P ↔ Q)	필요충분조건(P ≡ Q)	인과적 필요충분조건

III.5.3 인과적 필요조건

- 결과 E에 대한 인과적 필요조건은 발생해야만 결과 E가 발생할 수 있는 원인을 말하며, 그러한 원인 조건이 없으면 결과 E가 발생할 수가 없다. 즉, 원인 미발생(not 원인) → 결과 미발생(not 결과)이다.
- 만약 조건 C가 결과 E의 발생에 인과적 필요조건이라면, 이를 조건명제로 표현하면, 결과 E → 원인 C이다. 그러면, 원인 C는 결과 E가 발생하지 않아도 나타날 수 있지만 E는 C가 없이는 발생할 수 없다.
- 예를 들어 원인이 되는 결핵균(C)은 결과인 결핵(E)의 발병에 인과적 필요조건이다. 왜냐하면 결핵(E)은 결핵균(C)이 없으면 발병하지 않지만, 결핵균의 보균자(C)는 결핵(E)이 발병하지 않아도 존재할 수 있기 때문이다.
- 결과가 발생한 사례들을 수집하여 공통적으로 나타난 상황적 원인을 찾는 밀의 일치법이 인과적 필요조건을 찾는 인과적 추리 방법이다.

III.5.4 인과적 충분조건(causally sufficient condition)

- 결과 E에 대한 인과적 충분조건은 이 조건이 원인으로 발생할 경우에 결과 E가 발생하게 되는 것을 말하며, 그러한 원인 조건이 없다 해도 결과 E는 발생할 수 있다. 즉, 원인 발생 → 결과 발생이다.
- 만약 조건 C가 결과 E의 발생에 인과적 충분조건이라면, 이를 조건명제로 표현하면, 원인 C → 결과 E이다. 그러면, 원인 C가 없어도 결과 E가 발생

할 수 있지만, E가 발생하지 않으면 C는 결코 나타날 수 없다.

- 예를 들어 교수형(C)은 죽음(E)에 대한 충분조건이다. 왜냐하면 교수형 (C)이 일어나지 않아도 죽음(E)이 발생할 수 있지만, 죽음(E)이 발생하지 않으면 교수형(C)은 나타날 수 없기 때문이다. 죽음은 여러 개의 인과적 충분조건을 가질 수 있다.
- 결과가 발생하지 않은 사례를 수집하여 결과가 나타난 사례들과 비교하면 서, 나타나지 않은 상황적 원인을 찾는 밀의 차이법이 인과적 충분조건을 찾는 인과적 추리 방법이다.

III.5.5 인과적 필요충분조건

- 결과가 원인 조건이 없이 발생할 수 없고 원인은 결과가 없이 존재할 수 없는 관계를 말한다.
- 예를 들어 질량이 없으면 중력장이 존재할 수 없으며, 질량이 있으면 중력 장이 존재하지 않을 수 없어서 질량과 중력은 필요충분조건이다.
- 일치법과 차이법을 병용하여 인과관계를 규명하려는 밀의 일치차이병용 법이 인과적 필요충분조건을 찾는 인과적 추리 방법이다.
- 어떤 결과를 얻으려고 노력할 경우에 그 결과에 대한 인과적 충분조건을 찾아 실현시키면[34] 되지만, 그러나 결과의 발생을 예방하기 위해서라면 인 과적 필요조건을 찾아 그 발생을 막아야[35] 한다.

---

[34] 산에서 불을 피우기 위해서는 충분조건이 되는 성냥만 가져가면 된다.

[35] 메르스 병의 치료와 전염을 예방하기 위해서는 환자의 메르스 균을 퇴치하고 메르스 균이 전파되지 않도록 조치를 한다.

〈문제 III-8〉 다음의 명제들을 조건명제 형식으로 만들어 인과적 필요조건과 인과적 충분조건, 인과적 필요충분조건을 말해 보시오.

---

1. 층간 소음은 이웃집 사람들을 짜증나게 만든다.
2. 조류독감을 예방하기 위해서는 조류독감으로 죽은 닭들을 땅 속에 묻어야 한다.
3. 조류독감 때문에 계란의 가격이 10배나 폭등하였다.
4. 선거권자의 3.5% 이상이 대통령의 하야를 원하면 정권이 바뀐다.
5. 기체의 온도가 올라가면 부피가 증가한다.
6. 권총의 방아쇠를 당기면 총알이 발사될 것이다.
7. 금요일은 음주 운전 사고가 가장 많이 일어나는 날이다.
8. 제주도에 죽은 철새가 발견되어 AI 균이 있는지 조사하였다.
9. 이 열은 독감 때문에 온 것이다.
10. 전기장은 자력 때문에 생긴다.

III.6 과학의 방법의 논리

III.6.1 과학적 지식의 특성

이전의 어떤 학문들보다도 설명과 예측의 정확성을 가지고 있는 과학적 지식의 주요 특성으로는 다음과 같이 크게 4가지를 들 수 있다.

보편성 : 모든 현상에 적용되는 일반적인 보편적 법칙이나 원리에 의해 사실을 설명할 수 있다.
객관성 : 지식을 누구나 만들 수 있고 그 내용을 반복적으로 확인할 수 있다.
실증성 : 관찰, 실험으로 직접 혹은 간접적으로 탐구 결과를 확인할 수 있다.

　　오류 검사 가능 : 오류 가능성을 검사할 수 있는 메커니즘(기제)이 존재한다.

- 과학적 지식을 획득하려는 활동에서 일차적 탐구 목표는 정확한 예측이
  가능하도록 만들어 주는 보편적인 자연법칙을 발견하는 것이다. 그래서
  과학적 설명에서 필수적인 것은 자연 세계를 설명하는 보편적인 자연법칙
  과 원리이다. 이러한 일반적 원리나 자연법칙에 따라 이루어지는 설명이
  과학적 설명이고 그렇지 않은 설명은 비과학적 설명이다.

III.6.2 과학의 방법

　　일반적인 보편적 자연의 법칙이나 원리를 찾으려고 하는 과학의 탐구 방법은
대략 다음과 같은 단계로 진행한다.

① 관찰(자료 수집) observation : 구체적이고 개별적인 자료들을 체계적으
   로 수집한다.
② 가설 설정 hypothesis : 수집한 자료들로부터 귀납논리에 의해 일반화한
   보편적인 가설을 설정한다.
③ 예측 prediction : 가설로부터 직접 혹은 간접적으로 확증할 수 있는 관
   찰이나 실험 결과를 연역논리에 의해 예측한다.
④ 확증 confirmation : 가설로부터 나온 예측이 경험적으로 확증되고 검증
   되면 설정된 가설은 법칙이 된다.

- 자료를 수집하고 이러한 자료들에 나타난 현상들을 최선으로 설명할 수
  있는 하나의 가설을 세워 이 가설을 검증하거나 확증하는 방식으로 과학
  적 탐구는 진행한다. 하나의 가설이 실증적으로 확증(검증)되면 법칙으로
  받아들여지고 검증되지 않으면 폐기되어진다.
- 가설을 발견하고 제시할 때(발견의 맥락), 귀납적 방법이나 기타 우연
  적 방법(종교적 주관적 신념, 우연적 계기)이 작용하고, 이 가설을 정당

화하는 방식(정당화의 맥락)으로는 대표적으로 귀납주의와 반증주의가
있다.
- 위의 단계에 따라 하나의 가설을 발견하고 이를 확증하는 방식으로 이론
이나 자연의 법칙을 찾는 과학의 방법에는 대표적으로 가설연역적 방법과
최선의 설명으로의 추론 방법이 있다.

III.6.3 가설연역적 방법

귀납적 방법이든 기타 우연적 방법이든 하나의 가설을 세우고 이후에 그 가
설로부터 하나의 개별 사실을 (연역적으로) 추론하여 이 사례를 확증하는 방식
으로 진행하는 것을 가설연역적(hypothetical-deductive) 방법이라 한다.

가설연역적 방법의 논리적 형식
가설연역적 방법의 논리적 형식은 조건 삼단논법의 전건 긍정식으로 이루어
지는 연역 추론의 형식이다.[36]

모든 A는 B일 것이다.(가설)
A의 부류들인 a, a`, a`` 등은 B이다.(확증 개별 사례들)
그러므로 모든 A는 B이다.

후건 부정식으로 이루어지는 연역 추론의 형식도 있다.[37]

---

36 논리실증주의가 주장하는 귀납주의 방법이다. 귀납적 비약의 문제를 가지고 있다.
37 포퍼가 주장하는 반증주의 방법이다. 몇 개의 사례만으로 하나의 가설을 연역적으로 입증
할 수 있기 때문에 귀납적 비약의 문제로부터 벗어난다. 그러나 몇몇 반증 사례만으로 이미 사
용하고 있는 과학의 이론을 폐기하게 되는가에 대해서는 논란이 될 수 있다. 즉, 쿤이 자신의 책
『과학혁명의 구조』에서 그렇게 쉽게 폐기되지 않는다는 것을 과학사의 사례를 들어 지적하면서
포퍼를 비판하고 있다.

모든 A는 B일 것이다.(가설)

A의 한 부류인 a는 B가 아니다.(반증 개별 사례)

———————————————————

그러므로 모든 A는 B가 아니다.

가설연역적 방법은 추측이나 우연 등에 근거하여 발산적인 창의적 사유에 의해 제시된 하나의 가설을 정당화하는 논리이다.

가설연역적 방법의 사례

멘델레예프의 주기율 발견

원자의 존재를 직간접적으로 확인할 수 없었던 1869년에 멘델레예프는 그 당시에 발견된 원소들을 원자량순으로 배열하다가 일정한 주기율이 있음을 발견하고(33쪽 참조) 주기율표를 만들었다. 이 주기율표는 미시 원자세계의 존재와 구조를 탐구하게 만든 계기가 되었다. 이러한 발견은 과학의 탐구 방법의 단계에 따라 가설연역적 방법으로 설명할 수 있다.

① 관찰(현상 연구와 자료 수집)

산소를 발견한 라부아지에는 천칭을 사용하여 원소들의 화학작용을 설명하면서 뉴턴의 질량불변의 법칙을 화학 실험에 도입하였다. 이후에 많은 화학자들이 원소들의 원자량을 측정하여 그 자료들이 많이 누적되었다. 멘델레예프는 이러한 자료에 근거하여 원소들을 원자량의 순서대로 배열해 보았다. 이 배열에서 비슷한 화학원소의 성질이 나타나는 양상을 발견하여, 그는 당시에 알려진 63개 원소의 이름과 원자량, 화학 성질을 기록한 원소 카드를 만들어 원자량 순으로 실험실 벽에다 꽂아 놓았다.

② 가설 설정

꽂아논 원소 카드들에서 원소가 원자량 순서로 나열되면 원소의 성질이 주기적으로 반복된다는 점을 보고 그는 원소의 성질을 원자량의 주기적인 함수라고 가정했다. 이로부터 그는 "원자량의 크기에 따라 배열한 원소의 성질이 주기적으로 반복한다."라는 하나의 가설을 세워 원소의 주기율표를 만들었고 이를 1869년 3월 6일에 러시아 화학회에서 「원소의 구성 체계에 대한 제안」이라는 논문으로 발표하였다. 그래서 그는 이 가설을 근거로 하여 당시 알려져 있던 원소들 사이의 관계를 설명하고 예측하였다.

③ 예측

멘델레예프는 이 주기율표 칸에 들어갈 원소가 없는 경우에는 그냥 빈칸으로 두고 이 빈칸에 해당하는 화학적 성질을 가진 원소가 발견될 것이라고 예측하였다. 그는 원자량 66의 원소(에카알루미늄)와 원자량 70인 원소(에카실리콘)의 존재와 예상되는 성질을 예측하였다.

④ 확증(실험과 관찰에 의한 가설 검증)

멘델레예프의 주기율표는 처음에는 화학자들이 과학 법칙으로 선뜻 수용하지 않았다. 그러나 1875년에 에카알루미늄의 성질을 가진 갈륨이, 1886년에 에카실리콘의 성질을 가진 게르마늄이 발견되어 멘델레예프의 주기율은 과학 법칙으로 확증되었다.

Ⅲ.6.4 최선의 설명으로의 추론 방법

- 최선의 설명으로의 추론(the inference to the best explanation : IBE)은 발생한 어떤 하나의 현상에 대해 이 현상이 발생한 과정을 설명할 수 있는 가설이 여러 가지일 경우에 이 중에서 가장 최선으로 설명하는 가설을 그 현상의 원인이나 이유를 제공하는 것으로 간주하는 방법이다.
- 이러한 추론은 일상생활에서 많이 행하고 있다. 예를 들어 집안에 있다가 비가 왔는지 안 왔는지도 모르고 무심코 밖으로 나가려고 할 때 아스팔트 길이 젖어 있는 것을 보고, 방금 전에 비가 와서 아스팔트 길이 젖었다고 생각하게 된다. 이 생각은 아스팔트 길이 젖은 것은 비가 왔었기 때문이라

는 설명이 최선이라고 간주하였기 때문에 나왔다.

- 일상생활에서 이러한 방식으로 진행하는 최선의 설명으로의 추론 방법은
  과학의 탐구에서도 아주 중요하다. 과학은 세계에 관한 일반적인 보편적
  법칙을 탐구하면서, 세계의 인과적 구조를 규명하려고 노력하는 활동이
  다. 이러한 과학의 탐구 활동에서 제시된 여러 가능한 가설들 가운데 최선
  으로 설명하는 가설이 발생한 현상이나 사건에 관한 원인을 제시하고 있
  다고 최선의 설명으로의 추론은 간주한다. 물론 여기서 제시된 가설들은
  다른 지식의 체계와 논리적이고 정합적으로 일치하고, 합리적으로 이해할
  수 있어야만 한다.

최선의 설명으로의 추론의 논리적 형식

현상 C가 발생하였다.

현상 C의 발생을 설명할 수 있는 가능한 가설로서 H1, H2, H3, 등이 있다.

이 가설들 가운데 가설 H1이 현상 C를 가장 최선으로 설명한다.
___
그러므로 가설 H1은 참이다.

최선의 설명으로의 추론 과정과 구체적 사례

〈추론 과정〉

1. 설명을 요구하는 현상이 출현하였다.
2. 이 현상을 설명할 수 있는 여러 가설들을 세워본다.
3. 가설들 가운데 최선의 설명을 하는 가설을 채택한다.
4. 이 가설이 참이라면 그 현상을 다른 가설들에 비해 최선으로 잘 설명
   할 수 있다.
5. 그러므로 이 가설은 참이다.

〈구체적 사례〉

1. 어떤 사람이 회사에 출근하는데, 그의 눈 주위가 퍼렇게 멍이 들어 있는 것을 보았다.

2. 눈에 멍이 생긴 것을 설명하는 가설로는, 다른 가족의 손찌검, 불량배의 폭행, 야구공에 맞음, 술 먹고 전봇대와의 충돌이 있다.

3. 이 사람의 경우에, 가족의 성품이 온화하여 손찌검을 당하지 않으며, 덩치가 크고 유도가 3단이어서 불량배에게 폭행을 당할 염려가 없으며, 집으로 가는 길에 야구 연습을 많이 하는 고등학교가 있어 가끔 야구공이 지나가는 행인을 가격하는 경우가 있으며, 어제 술을 먹지 않고 일찍 귀가하여 전봇대에 부딪힐 염려가 없다.

4. 야구공에 맞았다는 가설이 참이라면 멍든 눈의 발생을 최선으로 잘 설명하고 있다.

5. 멍든 눈의 발생을 최선으로 설명한다면 야구공에 맞아 눈이 멍들었다는 가설은 참이다.

최선의 설명으로의 추론 방법에 관한 철학적 논란

최선의 설명으로의 추론 방법에 관하여 많은 논란이 있다. 지금까지도 철학적으로 많은 논란과 관심을 불러일으키고 있는데 논란이 되는 주요 문제로는 다음과 같이 3가지가 있다.

① 최선의 설명으로의 추론 방법은 논리적으로 후건 긍정의 오류를 범하고 있는가에 관한 논란.

- 최선의 설명으로의 추론 방법의 논리적 형식에서 가설이 C의 발생을 최선으로 설명한다는 것은 C의 원인을 제시한다는 것을 말한다.[38] 그러면 위의 논증 형식은 다음과 같다.

---

[38] 이 책의 논증과 설명 부분에서 설명은 사실적 근거로서의 원인을 제시하는 것이라고 말하였다. 따라서 C의 발생을 설명한다는 것은 C의 발생의 원인을 제시하는 것을 말한다.

현상 C가 발생하였다.

a 때문에 C가 발생하였다고 설명하는 가설이

최선의 설명을 제공하고 있다.

그러므로 C의 발생의 원인은 a이다.

- 이 논증 형식은 아래와 같이 후건 긍정의 오류를 범하고 있다.

  C

  a → C

  a가 원인이다.

- 위의 논증 형식이 오류라는 것은 연역논리의 관점이고 최선의 설명으로의 추론은 귀납논리이기 때문에 그러한 관점에서 오류라고 판단할 것이 아니다. 오히려 설명과 예측의 정확성을 발휘하고 있는 실제 과학의 방법에서 중심 역할을 하고 있다는 점에 착안하여 연역논리와는 다른 방식으로 정당화될 수 있다고 말할 수도 있다.

② 하나의 가설이 최선으로 설명하면 그 가설이 참이 된다고 주장하는 것은 이미 실재론의 입장을 전제하고 있기 때문에 선결문제요구의 오류를 범하고 있거나, 또는 그 최선의 가설이라고 판단하는 기준이 설명 목적이나 맥락에 따라 달라질 수도 있기 때문에 그 가설을 최선이어서 참이라고 할 때의 참은 대응적 의미(실재론적 의미)에서의 참이라고 간주할 수 없을 것이라고 하는 논란.

- 이 주장은 과학적 실재론의 주장을 비판하면서 반 프라센이 제기한 주장으로서 과학적 실재론 논쟁과 관련된 문제이다. 이러한 논의는 논리적 관점뿐만 아니라 인식론적 입장과 관련하여 전개되기 때문에 이 책의 범위를 넘어선다. 이에 관해서는 과학적 실재론에 관해 벌어진 논쟁을 참조하기 바란다.

③ 최선의 설명으로의 추론 방법은 퍼스(C. S. Peirce)의 역추법(abduc-
tion[39])과 같은 성격의 추론 과정인가에 관한 논란.

- 역추법은 1900년부터 몇 년간의 단계를 거쳐 퍼스가 개발한 개념으로서
  가설의 발견과 생성 과정을 이야기하는 추론 방법으로서 주로 발견의 논
  리에 관한 것이다. 이와 대조하여 최선의 설명으로의 추론은 가설의 생성
  뿐만 아니라 생성된 여러 가설들에 대한 평가까지 포함하기 때문에 정당
  화의 논리에 관한 것이다. 그런데 과연 퍼스의 역추법과 최선의 설명으로
  의 추론 방법이 서로 전혀 다른 성격의 방법인지, 아니면 유사한 방법인지
  에 관한 논란이 있다.[40]

III.7 귀납논리의 발달

- 귀납논리는 귀납적 비약의 문제를 완전하게 극복할 수 있는 방안이 없어,
  그 본성상 전제가 참이라 하더라도 결론이 거짓이 될 수 있는 개연성을 가
  지고 있다. 그래서 연역논리에 비해 논리적 지지 강도가 매우 약하다. 그

---

39 저자도 처음에는 용어 'abduction'의 번역으로, 『과학철학의 이해』(박영태 역, 이학사)에
서처럼 소흥렬 교수와 이훈 교수의 번역에 따라 '귀추법(歸推法)'을 사용하였다. 그러나 용어
'abduction'은 퍼스의 제안에 따르면, 하나의 관찰 사례로부터 이 관찰 사례를 가장 잘 설명하
는 가설을 추리하는 과정을 의미하고 또 어떤 경우에는 관찰이나 결론들을 설명하기 위해 가설
들을 고안하는 것까지 의미하기도 한다. 이러한 퍼스의 제안은 역추법이란 발생한 현상 C에 대
한 설명으로서 a를 추론하게 하는 과정으로 보고 있다. 이 과정 때문에 역추법은 선제 조건(전
건) a를 결과(후건)인 C로부터 추론하는 것을 허용한다. 이러한 역추법의 추리 방향을, 조건명
제 "a가 C를 함축한다(a → C)"를 예로 들어 연역법과 비교하면, 연역법은 a에서 C로 진행하지
만 역추법은 C에서 a로 진행한다. 즉, 연역추리와는 방향이 반대이다. 그래서 이 책은 이러한
퍼스의 의도를 잘 나타내기 위해 용어 'abduction'을 '역추법'으로 번역하였다.

40 이 문제에 관해서는 Daniel G. Campos, "On the distinction between Peirce's abduction
and Lipton's Inference to the best explanation", *Synthese*, June 2011, Volume 180, Issue 3,
pp. 419-42, William H. B. Mcauliffe, "How did Abduction Get Confused with Inference to
the Best Explanation?", *Transactions of the Charles S. Peirce Society*, Vol. 51, No. 3(Summer
2015), pp. 300-19을 참조할 것.

러므로 귀납논리의 발전에서의 관건은 귀납적 비약의 문제를 극복하는 것이다. 이러한 극복의 차원에서 밀이 제안한 자연의 제일성은 그 정당화 과정에서 또 다시 귀납적 비약의 문제를 내포하고 있다.

- 귀납논리의 논리적 지지 강도의 정도는, 양적으로는 수집된 사례들의 양적 규모, 질적으로는 조사 방법의 정당성(표본자료의 편향성 제거)과 인과관계에 의존하고 있다. 그래도 올바른 논리와 잘못된 논리를 구별할 수 있는 엄밀한 형식적 규칙을 가지고 있지 못하기 때문에 엄밀한 의미에서 논리학이라고 간주하기에는 다소 미흡하다.

- 그러나 귀납논리는 과학의 탐구 방법에서 사용하는 주된 방법이다. 현대에 와서는 귀납적 비약의 문제를 완전히 극복할 수 없다는 점을 출발 전제로 삼고 과학의 방법을 정당화하려는 시도를 많이 꾀하고 있다. 논리실증주의의 귀납주의, 포퍼의 반증주의가 대표적이다.

- 현대에 와서 귀납적 비약의 문제는 확률 이론과 통계 기술에 의해 오차와 오류에 대한 계량적 계산이 가능하여 많이 완화시킬 수 있는 것으로 간주한다.

- 밀의 인과적 귀납의 방법은 지금도 실제 과학적 탐구 활동에서 여전히 많이 사용하고 있다. 또한 현대 과학에서 양자역학의 출현으로 세계에 대한 결정론적 시각이 사라지고 확률론적 시각이 주류를 차지하게 되었다. 따라서 확률과 통계가 양자역학 이론, 기상 예측 이론, 퍼지이론 등, 현대 과학의 방법에서 중요한 역할을 차지하게 되면서 많은 사람들이 개연성을 가진 귀납적 방법과 귀납논리에 주목하고 있다.

IV

기호논리학

IV.1 일상 언어 논리와 기호논리학

IV.1.1 일상 언어 논리의 한계

- 일상 언어로 표현된 논증을 논리적으로 분석하는 일상생활 논리에서는, 일상 언어의 특성이 논리적 추론 과정에 그대로 반영되어 나타난다. 그래서 형식적으로는 타당함에도 불구하고 직관적으로는 수용하기 어려운 내용의 명제가 결론에 나타난다.
- 논리적 전개에서 이러한 문제를 일으키는 일상 언어의 특성은 어휘의 애매모호성과 문법 규칙의 비엄밀성이다.
- 어휘의 애매모호성으로 인하여 나타나는 의미론적 오류는 앞서 고찰하였다. 이러한 일상 언어의 특성으로 인하여 일상생활 논리에서 오류론은 아주 중요하다. 그렇다고 중심이 될 수 없다. 추리론이 논리학의 본령이고 중심이다. 일상생활 논리에서 중심은 추리론이지 오류론은 아니다.[1]
- 일상 언어 문법 규칙의 비엄밀성의 대표적 경우가 존재하지 않는 대상이나 속성을 지칭하는 어휘가 명제의 주어나 술어로 나타나는 것을 허용하

---

[1] 논리학을 재미있게 설명하기 위해 논리학에 관한 일부 교재들이 오류론 중심으로 구성되어 있는 경우를 볼 수 있다. 이러한 설명체제는 자칫하면 논리학의 본령을 잃게 만들 수 있다.

는 것이다. 예를 들어 "모든 귀신은 무섭다."와 같은 문장을 허용하는 것이다. 그런데 이러한 종류의 문장을 전통 고전 논리학은 논리적으로 분석할 수가 없다. 그래서 이러한 문장을 논리적 분석 대상에서 배제하기 위해, 전통 고전 논리학은 삼단논법 논증에 사용될 수 있는 명제를 존재론적 의미를 가지는 명제로 제한시켰다. 이러한 제한은 고전 논리학의 논리적 분석 대상의 범위를 제약한다.

Ⅳ.1.2 기호논리학의 특성

- 논리학의 본령인 추리를 강화하기 위해, 이러한 일상 언어의 문제들을 처음부터 배제하는 인공언어 체계를 만들어, 이러한 인공언어에 의해 논증을 다시 표현하고 타당성을 조사하는 것이 기호논리학이다.
- 일반적으로 논리학은 타당성 검사를 통하여 올바른 논리와 잘못된 논리를 판단한다. 이 과정에서 중요한 것은 이러한 검사를 신속, 정확, 간단하게 행하는 것이다. 이러한 측면에서도 기호논리학은 고전 삼단논법보다 훨씬 수월하다. 이러한 점은, 수의 계산에서 일상 언어로 숫자를 표현한 계산과 아라비아숫자로 표현한 계산을 비교하면 쉽게 납득할 수 있다. 예를 들어 아래의 경우를 보자.

일상 언어로 표현한 숫자로 수 계산	아라비아숫자로 표현한 수 계산
이만삼천구백이 곱하기 칠백삼십이	23902 × 732

- 위 경우를 보면 아라비아숫자로 수 계산을 하는 것이 일상 언어 숫자로 수 계산을 하는 것보다, 신속성, 정확성, 단순성에서 훨씬 수월하다. 아라비아숫자는 수 계산을 수월하게 할 수 있게 하는 인공 기호이다. 이와 비견될 수 있을 정도로 기호논리학도 논리적 타당성 조사를 수월하게 할 수 있게 하는 인공 기호로서의 언어이다.

- 기호논리학은 일상 언어에서 사용하는 명제와 논증의 논리적 구조를 보다 광범위하게 보다 명료하게 분석할 수 있다.[2] 이러한 점을 알기 위해서는 기호논리학의 체계와 추리 규칙을 구체적으로 적용하여 타당성 조사를 수행해 보아야 한다. 그러나 이 부분은 일상생활 논리만을 다루는 이 책의 범위를 넘어선다.

- 일상 언어 어휘의 애매모호성과 문법의 비엄밀성을 배제할 수 있고, 타당성 조사를 신속, 정확, 단순하게 전개할 수 있으며, 명제와 논증의 논리적 구조를 보다 광범위하게 보다 명료하게 분석할 수 있는 기호논리학을 학습하기 위해서는 기호논리학의 언어 체계를 먼저 알아야 한다. 이후에 분자명제의 진릿값 결정에 관한 진리 함수성의 원리를 이해하고, 어휘의 의미를 보여 주는 진리표(truth table), 기호논리학의 언어 체계를 구성하는 어휘들과 규칙들, 그리고 타당성 조사 방법 등을 알아야 한다.

Ⅳ.2 기호논리학의 언어 체계

- 기호논리학은 인공언어로 표현된 논증을 논리적으로 분석하는 논리학이다. 기호논리학은 일종의 인공언어의 체계이다. 여기서는 일상생활에서 많이 사용하는 명제를 기본 어휘로 하여 논리적으로 분석하는 명제논리를 다룬다.[3]

2　명제의 논리적 구조를 보다 명료하게 보여 주는 기호논리학이 양화 논리의 체계이다.

3　기호논리학의 체계는 어떤 어휘를 기본 어휘로 포함하느냐에 따라 명제논리, 술어논리(양화논리), 양상논리, 의무 논리(deontic logic) 등으로 구분될 수 있다. 또 조건(함축)의 의미를 어떻게 정의하느냐에 따라 실질 함축(material implication) 논리, 양상논리(modal logic) 등으로, 명제의 진릿값을 참과 거짓 두 개로 한정하는 2가논리, 그 이상 수의 값을 허용하는 다치논리(many-valued logic)로 구분될 수 있다.

　예를 들어 술어(양화)논리는 명제논리와 비교하여, 어휘에 명제논리와 동일한 논리적 접속사, 명제 대신에 명제함수(propositional function), 새로운 어휘인 양화사(quantifier)로 보편양화사와 존재 양화사가 있다. 또한 명제논리와 동일한 추론 규칙 외에도, 이 2개의 양화사 각각에 대한 형성 규칙과 그리고 변환 규칙으로서 보편 양화사 도입과 제거, 존재 양화사 도입과 제거 규칙 4개가 있다. 이러한 양화 논리의 여러 특성들에 관해서는, 박영태(1985), 「양화논리의 특

- 기호논리학은 일종의 언어 체계이므로 일상 언어의 체계와 마찬가지로 어휘와 규칙(문법)으로 구성되어 있다.

IV.2.1 기호논리학의 기본 어휘

기호논리학의 명제논리의 기본 어휘는 애매모호성을 원천적으로 제거한 어휘들로서 다음과 같다.

- 논리적 접속사 - 부정(−), 공접(&), 선택(ν), 조건(→), 동치(≡)
- 원자명제 - 독립적으로 참, 혹은 거짓의 진릿값을 가지는 명제
- 분자명제 - 원자명제와 논리적 접속사에 의해 구성된 명제로서[4], 이 명제의 진릿값은 진리 함수성의 원리에 따라 원자명제와 논리적 접속사에 의해 기계적으로 결정된다.

※ 어휘를 애매모호하지 않게 명료하게 정의하는 방식 - 진리표

IV.2.2 기호논리학의 기본 규칙(문법)

- 근본 법칙 - 모순율, 동일률, 배중률
- 진리 함수성의 원리
- 형성 규칙(formation rule) - 원자명제를 배열하여 분자명제를 형성하는 규칙(문법)
  형성 규칙에 준수하여 구성된 명제 : 정식(定式, well-formed-formula)
  형성 규칙에 위배하여 구성된 명제 : 부정식(否定式, ill-formed-formula)
- 변환 규칙(transformation rule) - 하나의 명제로부터 다른 명제로 변환시

성에 관하여」, 김준섭 외 지음, 『논리연구』(문학과지성사, 1985)를 참조할 것.
4 예를 들어 하나의 논리적 접속사 부정과 명제로 된 부정명제는 분자명제이다.

키는 추리 규칙

예) 동치, 이중부정, 드모르강의 법칙, 조건과 선택의 동치

Ⅳ.3 진리 함수성의 원리

– 기호논리학에서 사용하는 명제들은 원자명제와 분자명제로 구분된다. 원
자명제는 독립적으로 참 아니면 거짓의 진릿값을 가진 명제이고, 분자명
제는 원자명제가 논리적 접속사와 결합하여 만들어진 명제이다. 분자명제
의 진릿값은 진리 함수성의 원리(principle of truth-functionality)[5]에 따
라 기계적으로 결정된다.

〈진리 함수성의 원리〉

분자명제들의 진릿값은 이 명제를 구성하는 원자명제들의 진릿값과 논리적 접
속사에 의해 결정된다.

Ⅳ.4 진리표

진리 함수성의 원리에 따른 분자명제들의 진릿값과 타당성 조사의 결과를 보여
주는 대표적인 것이 진리표(truth table)[6]이다.

5　어떤 사람은 외연성(extentionality)의 원리라고 말하기도 한다.

6　타당성 조사 과정을 보여 주는 절차, 즉, 타당성 증명의 단계를 결정 절차(decision proce-
dure)라고 말한다. 이러한 절차에는 진리표뿐만 아니라 자연 연역(natural deduction), 가능 세
계(possible world), 공접표준 형식(conjunctive normal form), 선택표준 형식(disjunctive nor-
mal form) 등이 있다.

IV.4.1 진리표 그리기

진리표는 아래와 같은 방식으로 그린다.

- 명제들은 P, Q, R 등으로 기호화하며, 배중률에 따라 참이거나 거짓 둘 중 하나의 진릿값을 갖는다. 따라서 명제논리는 이(2)가(bivalence) 논리 체계이다.
- 명제들이 조합을 이루어 연결될 수 있는 가능한 경우들을 표로 나타낸 것이 진리표다. 즉 진리표를 통해 분자명제들의 진릿값을 보여 준다. 또한 진리표에 의해 논리적 접속사의 의미를 정의한다.
- 명제의 수에 따라 진리표에 나타나는 경우의 수가 달라진다. 명제의 수가 n개라면 그 수는 2^n이다.
- 명제의 수에 따라 나타나는 진리표는 아래와 같다.

명제 수 = 1	명제 수 = 2	명제 수 = 3

P
T
F

P	Q
T	T
T	F
F	T
F	F

P	Q	R
T	T	T
T	T	F
T	F	T
T	F	F
F	T	T
F	T	F
F	F	T
F	F	F

IV.5 어휘의 정의 : 논리적 접속사

기호논리학의 기본 어휘로 논리적 접속사(logical connective)가 있다. 논리적 접속사로는 보통 부정, 공접, 선택, 조건, 동치가 있다.

각 논리적 접속사는 형성 규칙에 의해 기호화하고 그 의미는 진리표에 의해 다음과 같이 정의한다.

IV.5.1 부정(negation)

- 의미 : 명제를 구성하는 원자명제와 모순된 진릿값을 갖는다.
- 형성 규칙 : '-'로 기호화하여, '-P' 등으로 표기하며, 그 의미는 아래 의 진리표와 같다.

P	-P
T	F
F	T

- 일상 언어로 표현하면, 'it is not the case that P', 'P는 사실이 아니다.' 로 나타낸다. 이러한 부정의 정의에서는 일상 언어로 표현된 전칭부정명제의 의미 해석에서 문제가 되었던 전부 부정이나 부분부정과 같은 애매함이 나타나지 않는다.

예) 이순신 장군이 한산대첩에서 전사했다는 것은 사실이 아니다.

IV.5.2 공접(conjunction)[7]

- 의미 : 명제를 구성하는 원자명제들이 모두 참일 경우에 참이 된다.
- 형성 규칙 : '&'로 기호화하여, 'P&Q' 등으로 표기하며, 그 의미는 아래 의 진리표와 같다.

---

7 용어 'conjunction'을 '연언', '연접', '논리적 곱' 등의 용어로 번역하기도 한다. 여기서는 구별되어 있는 2개 이상의 항목(junction)을 하나로 함께(con-) 묶었다는 의미로, 그리고 수학이나 심리학에서 많이 사용하고 있는 용어 '공접(共接)'으로 번역하였다.

P	Q	P&Q
T	T	T
T	F	F
F	T	F
F	F	F

- 일상 언어에서 접속사 'and', 'but', '그리고' 등으로 표현된다.

예) 지금 비가 오고 있고 그리고 바람까지 분다.

IV.5.3 선택(disjunction)[8]

- 의미 : 명제를 구성하는 원자명제들이 모두 거짓일 경우에 거짓이 되고 이와 다른 나머지 경우는 모두 참이 된다.
- 형성 규칙 : 'V'로 기호화하여, 'P∨Q' 등으로 표기하며, 선택의 비배타적 용법을 채택하여 정의하였고 그 의미는 아래의 진리표와 같다.

P	Q	P∨Q
T	T	T
T	F	T
F	T	T
F	F	F

- 일상 언어에서 접속사 '… 혹은 …', '… 하거나 …', '… or …' 등으로 표현된다.

---

8   선택을 영어로 'alternation'으로 명기하기도 한다. 여기서는 공접을 의미하는 용어 'conjunction'과 대조시키기 위해 'disjunction'을 사용하였다. 한편 용어 'disjunction'을 '이접', '논리적 합' 등의 용어로도 번역하고 있다. 이 용어의 문자적 의미는 구별되어 있는 2개 이상의 항목(junction)을 분리시켰다(dis-)는 의미이지만, 일상생활에서는 선택의 의미로 많이 사용하는 용어이기 때문에 '선택'으로 번역하였다.

예) 철수는 공부를 하고 있거나 노래를 부르고 있을 것이다.

IV.5.4 조건(conditional)[9]

- 의미 : '만약 …라면 그러면 …이다'를 의미하는 조건명제이며, 일상 언어
  의 조건명제와는 다른 의미를 갖는다. 위의 명제에서 표현 '만약 …라
  면'에 나타나는 명제를 전건(antecedent), 표현 '그러면 …이다'에 나
  타나는 명제를 후건(consequent)이라고 한다.

예) 명제 "만약 구름이 끼면, 비가 온다." : 전건 - '구름이 낀다'
　　　　　　　　　　　　　　　　　　후건 - '비가 온다'

- 형성 규칙 : ' → ' 로 기호화하여, 'P → Q' 로 표기하며, 전건이 참이고 후
  건이 거짓일 경우에만 전체 명제가 거짓이고 이와 다른 나머지의 경
  우에는 모두 참이다. 그 의미는 아래의 진리표와 같다.

P	Q	P → Q
T	T	T
T	F	F
F	T	T
F	F	T

- 일상 언어에서 접속사 'if …, then …', '만약 …라면 …이다' 등으로 표현
  한다. 조건명제 'P → Q'를 일상 언어로 표현하면 "만약 P라면 Q이다."이
  거나 "P가 Q를 함축한다."가 된다.

9　용어 'conditional'을 '가언', '조건문' 등의 용어로도 번역하기도 한다. 또한 조건을 의미하
는 논리적 접속사로 실질 함축적으로 동일한 의미를 가지는 용어 '함축(implication)'을 사용하
는 경우도 있다.

예) 만약 은행이가 시장에 있다면, 그녀는 순대를 먹고 있을 것이다.

IV.5.5 동치(equivalance)

- 의미 : 진릿값이 동등한 명제의 관계를 표기한다. 철학에서 복잡한 형이상
  학적 논의를 불러일으키고 있는 동일성(identity) 관계[10]와는 다르다.
- 형성 규칙 : '≡'로 기호화하여, 'P≡Q' 등으로 표기하며, 두 명제의 진릿
  값이 같은 경우에 모두 참이 된다. 또는 명제 P가 명제 Q를 함축하고
  그리고 동시에 명제 Q가 명제 P를 함축할 경우에 참이 된다. 그 의미는
  아래의 진리표와 같다.

P	Q	P≡Q
T	T	T
T	F	F
F	T	F
F	F	T

- 일상 언어로는 '명제 P와 명제 Q는 동치이다.', '명제 P와 명제 Q는 등가
  이다.' 또는 '만약 P라면 그리고 오직 그러한 경우에만 Q이다.', 'P와 Q
  는 필요충분조건이다' 등으로 영어로는 'P if and only if Q' 등으로 표현
  한다.

예) 철수는 공인중개사 자격시험을 합격한다면 그리고 오직 그러한 경우에
  만 부동산 중개업을 할 수 있다.

동치관계를 가지는 주요 명제들
동치 명제 'P≡Q'에서, 명제 P와 명제 Q는 동치관계에 있다고 한다. 이 동

---

10 기호로 표시하면 '='이다.

치 관계는 증명 단계에서 명제 P를 가정하면(전제로 삼으면) 명제 Q를 추론결
과로 삼거나 명제 Q를 가정하면 명제 P를 추론결과로 삼을 수 있는, 즉 상호 추
론할 수 있는 관계로서 논리학의 타당성 증명 단계에서 중요한 역할을 한다.

▶ 이중부정(double negation) : 'P ≡ --P'

P	동치	--P
T	≡	T
F	≡	F

▶ 드모르강의 법칙(law of De Morgan) : '-(P&Q) ≡ -P∨-Q'
'-(P∨Q) ≡ -P&-Q'

▶ '-(P&Q) ≡ -P∨-Q'의 진리표

P	Q	-(P&Q)	동치	-P∨-Q
T	T	F	≡	F
T	F	T	≡	T
F	T	T	≡	T
F	F	T	≡	T

▶ '-(P∨Q) ≡ -P&-Q'의 진리표

P	Q	-(P∨Q)	동치	-P&-Q
T	T	F	≡	F
T	F	F	≡	F
F	T	F	≡	F
F	F	T	≡	T

▶ 동치관계를 가지는 조건명제와 선택 명제 : 'P → Q ≡ -P∨Q'

P	Q	P→Q	동치	-P∨Q
T	T	T	≡	T
T	F	F	≡	F
F	T	T	≡	T
F	F	T	≡	T

동치 명제와 쌍조건명제

동치 명제 'P≡Q'는 쌍조건명제(biconditional)와 진릿값이 같기 때문에 같은 의미를 가진 것으로 간주한다. 쌍조건명제는 '(P → Q) & (Q → P)'이며, 간단히 'P ↔ Q'로 표기한다.

P	Q	P≡Q	동치	(P → Q)	&	(Q → P)
T	T	T	≡	T	T	T
T	F	F	≡	F	F	T
F	T	F	≡	T	F	F
F	F	T	≡	T	T	T

- 쌍조건명제 'P↔Q'를 일상 언어 영어로 표현하면 'P if and only if Q'이고 이를 풀어쓰면 'P if Q and P only if Q'이다. 이것을 기호논리학의 인공언어로 표기하면 '(Q→P) & (P→Q)'이다. 여기서 기호화할 때 관심을 가져야 하는 표현이 'P only if Q'이다.
- 보통 조건명제에서 용어 'if' 다음에 나오는 전건을 후건에 비해 외연이 작기 때문에 충분조건이 된다. 즉 'P if Q'는 기호화하면 'Q→P'이고 전건 Q를 충분조건이라고 한다.
- 그러나 용어 'only if'의 경우는 이와 다르게 해석한다. 즉, 'P only if Q'에서 Q의 외연을 제한하여 P를 말하고 있기 때문에[11] Q의 외연이 크다.

---

11 Q의 외연을 제한하여 P와의 조건을 말해야만 할 정도로 Q의 외연이 P보다 크다. 그래서 Q가 필요조건이 된다.

그래서 Q를 필요조건으로 간주해야 한다. 즉 'P only if Q'를 기호화하면 'P→Q'가 된다. 우리말로 용어 '…only if…'는 '…하는 경우에만…' 으로 해석한다.

– 예를 들어 아래의 논증을 기호화하여 타당성을 조사해 보자.

> 축구 대회에 참가한 모든 팀은 조별 리그에서 최소 1승을 한 경우에만 본선 2라운드에 진출할 수 있다.
> 본선 B팀은 조별 리그에서 1승을 했다. 따라서 B팀은 본선 2라운드에 진출하였다.

• 위 논증의 첫 번째 명제에 '…한 경우에만…'이 나타난다. 이 표현은 영어 '…only if…'로 해석해야 하고, 'only if 1승하면, 2라운드 진출'로 읽어야 한다. 이를 기호화하면 '2라운드 진출 → 1승을 함'이다. 그러면 위의 논증 전체를 기호로 표시하면 아래와 같다. 그리고 이 논증이 후건 긍정식의 오류를 범하고 있음을 알 수 있다.

> 2라운드 진출 → 1승을 함
> B팀이 1승을 함
> ――――――――――――――
> 따라서 B팀이 2라운드에 진출

Ⅳ.5.6 삼단논법 정언명제들을 기호논리학 인공언어로 표기

– 삼단논법에서 사용하는 표준 4형식의 정언명제를 기호논리학의 인공언어로 표기하면 다음과 같다.

명제	삼단논법 표기 형식	기호논리학 표기 형식
A	모든 S는 P다	S → P
E	어떤 S도 P가 아니다	S → -P
I	약간의 S는 P다	S & P
O	약간의 S는 P가 아니다	S & -P

일상 언어의 사례

명제	삼단논법 표기 형식	기호논리학 표기 형식
A	모든 사람은 동물이다	사람 → 동물
E	어떤 사람도 개가 아니다	사람 → -개
I	약간의 사람은 성실하다	사람 & 성실
O	약간의 사람은 성실하지 않다	사람 & -성실

- 삼단논법에서는 원자명제의 형태로 나타났던 4형식의 정언명제들이 기호 논리학의 인공언어로 바꾸어 다시 표기하면 모두 분자명제로 나타난다.
- 기호논리학의 체계에서 정언명제들 사이의 논리적 관계는 모순대당 관계 만 성립하고 이외의 대소대당, 반대대당, 소반대대당 관계는 성립하지 않음을 알 수 있다. 이것은 현대 기호논리학이 정언명제에 관한 불식의 해석을 채택하였기 때문이다. 이러한 관계의 분석만으로도 아리스토텔레스의 논리학이 다룰 수 있는 일상 언어로 표기된 논증의 범위가 현대 기호논리학보다 매우 협소함을 알 수 있다.

〈문제 IV-1〉 다음 명제들을 인공 기호에 의해 다시 표현해 보시오.

① 평창 동계 올림픽은 처음에 관심을 받지 못하였으나 우리나라 컬링 선수 때문에 주목을 받았다.

② 박근혜 대통령이 정치를 잘 하였다는 것은 사실이 아니다.

③ 만약 담배 광고가 청소년들에게 흡연하도록 막대한 영향을 미친다면, 담배 광고를 중지시켜야 한다.

④ 만약 축구 선수들이 건전하게 시합을 주도하고 심판이 공정하다면 저 축구팀이 승리하거나 감독이 그만두어야 할 것이다.

⑤ 약자에게 배려하는 것은 필요한 일이다.

⑥ 이 책이 재미있을 경우에, 그러면 이 책의 광고를 많이 하면 베스트 셀러가 될 것이다. 이 책의 광고를 많이 하였고 재미있다. 그러므로 이 책은 베스트셀러가 될 것이다.

⑦ 만약 반려견이 고통을 느낄 수 있다면 마취를 하지 않고 수술하지 말아야 한다. 반려견은 고통을 느낄 수 있다. 그러므로 반려견은 마취를 하지 않고 수술하지 말아야 한다.

⑧ 김교수는 현명하거나 운이 좋다면 미투 운동의 대상자가 되지 않을 것이다. 그 교수는 운이 매우 좋다. 그러므로 그는 미투 운동의 대상자가 되지 않을 것이다.

〈문제 IV-2〉 다음 진술과 논리적으로 동등한 것을 고르면?

슬픔을 나눌 수 있는 가족이 있거나 즐거움을 나눌 수 있는 친구가 있다면 행복한 사람이다.

① 슬픔을 나눌 수 있는 가족도 없고 즐거움을 나눌 수 있는 친구도 없다면 행복한 사람이 아니다.

② 행복하지 않은 사람은 슬픔을 나눌 수 있는 가족이 없거나 즐거움을 나눌 수 있는 친구가 없다.

③ 슬픔을 나눌 수 있는 가족이 없거나 즐거움을 나눌 수 있는 친구가 없다면 행복한 사람이 아니다.

④ 슬픔을 나눌 수 있는 가족이 없으면 즐거움을 나눌 수 있는 친구가 있어도 행복한 사람이 아니다.

⑤ 슬픔을 나눌 수 있는 가족이 있으면 행복한 사람이고 즐거움을 나눌 수 있는 친구가 있어도 행복한 사람이다.

- 2009학년도 법학적성시험 추리논증 홀수형 문제 1.

Ⅳ.6 규칙 : 형식적으로 타당한 논증 형식

- 논리적 사유는 근거 지음의 방식으로 전개하는 사유이며, 전제의 진리를 결론까지 보존하는 진리 보존의 방식으로 전개하는 것이라고 앞서 말하였다.
- 진리 보존의 방식으로 전개하는 논증을 타당한 논증이라고 한다. 즉, 전제가 참일 경우에 결론이 거짓이 되지 않는 논증 형식을 타당한 논증이라고 한다. 연역적으로 타당한 논증 형식으로는, 전건 긍정식, 후건 부정식, 연쇄 조건식, 선택삼단논법, 구성적 딜레마가 있다.
- 이러한 논증 형식의 타당성을 고전논리학은 타당성조사 규칙으로 보여 줄수 없었으나, 기호논리학 체계에서는 진리표 분석으로 보여 줄 수가 있다.

Ⅳ.6.1 전건 긍정식(Modus Ponens : MP)

- 조건 삼단논법논증처럼, 전제에 1개의 조건명제와 이 조건명제의 전건이

있을 경우에 그 조건명제의 후건을 결론으로 추리한다. 전제에 있는 조건
명제와 전건의 배열 순서는 정해 있지 않다.

- 진리표에 의해 타당성 조사를 하기 위해서는, 논증을 표기하는 형식으로
서 논증 형식과 명제 형식을 구분한다. 논증의 구조를 진리표로 나타내기
위해서는, 전제를 공접으로 연결하고 이를 결론과의 조건명제로 연결한
명제 형식으로 아래와 같이 재표기한다. 명제만을 진리표로 나타낼 수 있
기 때문에 진리표에 의해 논증의 타당성을 조사하기 위해서는 명제 형식
으로 재표기해야 한다.

논증 형식	명제 형식
$P \rightarrow Q$ P ────── $\therefore Q$	$((P \rightarrow Q) \ \& \ P) \rightarrow Q$

- 이후에 진리표에 나타난 진릿값을 검토하면서 타당성 검사를 한다. 즉, 전
제에 나타난 진릿값이 T일 경우에 그에 대응하는 결론이 모두 T가 되고 F
가 되는 경우가 하나도 없을 경우에만 타당하며, F가 되는 경우가 하나라
도 있으면 타당하지 않다. 최종적으로 모든 경우들이 T로 나타나면 즉 항
진 명제(tautology)로 나타나면 타당하다.
- 또는 진리표를 그리지 않고, 결론을 거짓으로 가정하여 놓고 전제가 모순
으로 나타나면 그 논증을 타당하다고 평가하는 약식 진리표 방식[12]이 있
다. 이 방식은 간접적 조사방식이지만 진리표보다 훨씬 간편하게 타당성
조사를 할 수 있다.

12　이 방식에 관해서는 기호논리학만을 전문으로 다루고 있는 기초 논리학책을 참조로 할 것.

논리적 형식

형식	일상 언어 예
P → Q P ——— ∴ Q	만약 P라면 Q이다. P이다. ——— 그러므로 Q이다.

타당성 증명(진리표 방식)

P	Q	P → Q	(P → Q) & P	→	Q
T	T	T	T	T	T
T	F	F	F	T	F
F	T	T	F	T	T
F	F	T	F	T	F

※ 음영으로 표시한 1번째 줄에서 전제가 모두 T일 경우에 결론 Q가 T이기 때문에 타당하다. 또한 논증의 명제 형식에서도 진릿값이 모두 T인 항진 명제로 나타난다.

응용 사례

-P → -Q -P ——— -Q	(P&Q) → (R∨S) P&Q ——— R∨S

일상 언어 사례

만약 유명인의 맥주 광고가 청소년들이 음주하도록 막대한 영향을 미친
다면, 그러한 맥주 광고를 중지시켜야 한다.
유명인의 맥주 광고가 청소년들에게 막대한 영향을 미치고 있다.
그러므로 맥주 광고를 중지시켜야 한다.

IV.6.2 후건 부정식(Modus Tollens : MT)

전제에 조건명제가 있고, 또 이 조건명제의 후건의 부정이 있을 경우에 그 조
건명제의 전건의 부정을 결론으로 추리한다.

논리적 형식

형식	일상 언어 예
P → Q -Q ∴ -P	만약 P라면 Q이다. -Q이다. 그러므로 -P이다.

타당성 증명(진리표 방식)

P	Q	P → Q	- Q	(P → Q) & - Q	→	- P
T	T	T	F	F	T	F
T	F	F	T	F	T	F
F	T	T	F	F	T	T
F	F	T	T	T	T	T

※ 음영으로 표시한 4번째 줄에서처럼 전제가 모두 T일 경우에 결론 - P가 T
이기 때문에 타당하다. 또한 논증의 명제 형식에서도 진릿값이 모두 T인 항

진 명제로 나타난다.

응용 사례

$-P \rightarrow -Q$	$(P \& Q) \rightarrow R$
$\dfrac{Q}{P}$	$\dfrac{-R}{-(P \& Q)}$

일상 언어 사례

> 만약 화성 연쇄살인범 이춘재가 그 성범죄를 저지르지 않았다면 그는 거짓말을 하고 있다.
>
> 그는 거짓말을 하고 있지 않다.
>
> 그래서 그가 그 성범죄를 저지른 범인이다.

IV.6.3 연쇄 조건식(Chain Argument : CA)

- 고전 논리학의 연쇄 삼단논법 논증(sorites)처럼, 전제에 두 개 이상의 조건명제가 있으며, 이전 조건명제의 후건이 그 다음의 다른 조건명제의 전건으로 나타나고, 결론에서는 처음 조건명제의 전건이 전건으로, 맨 마지막 조건명제의 후건이 후건으로 결합된 조건명제를 추리한다.
- 이 논증 형식은 두 개 이상의 조건명제들이 마치 사슬(chain)처럼 논리적으로 연결하여 결론을 추리하는 형태이다.

논리적 형식

형식	일상 언어 예
P→Q Q→R ────── P→R	만약 P라면 Q이다. 만약 Q라면 R이다. 그러므로 P라면 R이다.

타당성 증명(진리표 방식)

P	Q	R	P→Q	Q→R	(P→Q)&(Q→R)	→	P→R
T	T	T	T	T	T	T	T
T	T	F	T	F	F	T	F
T	F	T	F	T	F	T	T
T	F	F	F	T	F	T	F
F	T	T	T	T	T	T	T
F	T	F	T	F	F	T	T
F	F	T	T	T	T	T	T
F	F	F	T	T	T	T	T

※ 음영으로 표시한 1, 5, 7, 8번째 줄에서처럼 전제가 모두 T일 경우에 결론 P→R이 T이기 때문에 타당하다. 또한 논증의 명제 형식에서도 진릿값이 모두 T인 항진 명제로 나타난다.

응용 사례

P→Q Q→R R→S ────── P→S	P→ -Q -Q→R R→ -S ────── P→ -S

일상 언어 사례

> 만약 한 나라의 재정이 건전하다면 균형예산을 편성할 것이다.
> 균형예산을 편성하면 사회간접자본에 대한 재정투자가 삭감될 것이다.
> 사회간접자본에 대한 재정투자가 삭감되면 교육이나 건강보험 같은 민간부문에 대한 재정투자가 증가할 것이다.
> 그러므로 나라의 재정이 건전하면 민간 부문에 대한 재정투자가 증가할 것이다.

Ⅳ.6.4 선택삼단논법(Disjunctive Syllogism : DS)

전제에 선택 명제가 있고, 또 이 선택 명제의 선택지 중의 하나의 부정이 있을 경우에 그 선택 명제의 다른 하나의 선택지의 긍정을 결론으로 추리한다.

논리적 형식

형식	일상 언어 예
$P \lor Q$ $-P$ ∴ Q	P이거나 Q이다. -P 이다. 그러므로 Q이다.

타당성 증명(진리표 방식)

P	Q	P∨Q	-P	(P∨Q) & -P	→	Q
T	T	T	F	F	T	T
T	F	T	F	F	T	F
F	T	T	T	T	T	T
F	F	F	T	F	T	F

※ 음영으로 표시한 3번째 줄에서처럼 전제가 모두 T일 경우에 결론 Q가 T
이기 때문에 타당하다. 또한 논증의 명제 형식에서도 진릿값이 모두 T인 항
진 명제로 나타난다.

응용 사례

$-P \lor -Q$	$(P\&Q) \lor R$
P	$-R$
$-Q$	P&Q

일상 언어 사례

> 서울의 촛불 집회 참가 인원은 부산의 참가 인원보다 적거나 광주보다
> 적다. 광주보다는 많다.
> 그러므로 부산보다는 적다.

> 김춘수가 유명한 시인이거나 고은이 유명한 시인이다. 고은은 유명한 시
> 인이 아니다.
> 그러므로 김춘수가 유명한 시인이다.

IV.6.5 구성적 딜레마(Constructive Dilemma : CD)

- 구성적 딜레마는 전제에 두 개의 조건명제와 하나의 선택 명제가 나타나
  고 결론에 선택 명제가 나타나는 논증 형식[13]이다.

---

[13] 전통 고전 논리학의 삼단논법에서 나온 파괴적 딜레마(destructive dilemma)도 타당한 논
증 형식이다. 즉 파괴적 딜레마는 2개의 조건명제와 그 조건명제의 후건을 부정하는 선택지로
된 선택 명제가 전제에 나타나고 그 조건명제의 전건을 부정하는 선택지로 된 선택 명제가 결론

- 전제에 조건명제 2개와 이 조건명제의 전건을 선택지로 하는 선택 명제가 나타날 경우에, 결론에서 이 조건명제의 후건을 선택지로 하는 선택 명제를 추리할 수 있다.

논리적 형식

형식	일상 언어 예
P → R Q → S P ∨ Q ∴ R ∨ S	만약 P라면 R이다. 만약 Q라면 S이다. P이거나 Q이다. 그러므로 R이거나 S이다.

타당성 증명(진리표 방식)

P	Q	R	S	P→R	Q→S	PvQ	(P→R)&(Q→S)&(PvQ)	→	RvS
T	T	T	T	T	T	T	T	T	T
T	T	T	F	T	F	T	F	T	T
T	T	F	T	F	T	T	F	T	T
T	T	F	F	F	F	T	F	T	F
T	F	T	T	T	T	T	T	T	T
T	F	T	F	T	T	T	T	T	T
T	F	F	T	F	T	T	F	T	T
T	F	F	F	F	T	T	F	T	F
F	T	T	T	T	T	T	T	T	T

으로 나타나는 이 딜레마의 논증 형식은 다음과 같다.

형식	일상 언어 예
P → R Q → S -R ∨ -S -P ∨ -Q	만약 P라면 R이다. 만약 Q라면 S이다. -R이거나 -S이다. 그러므로 -P이거나 -Q이다.

F	T	T	F	T	F	T		F	T	T
F	T	F	T	T	T	T		T	T	T
F	T	F	F	T	F	T		F	T	F
F	F	T	T	T	T	F		F	T	T
F	F	T	F	T	T	F		F	T	T
F	F	F	T	T	T	F		F	T	T
F	F	F	F	T	T	F		F	T	F

※ 음영으로 표시한 1, 5, 6, 9, 11번째 줄에서처럼 전제가 모두 T일 경우에 결론 P → R이 T이기 때문에 타당하다. 또한 논증의 명제 형식에서도 진릿값이 모두 T인 항진 명제로 나타난다.

응용 사례

P → -R	-P → R
Q → S	-Q → S
P ∨ Q	-P ∨ -Q
───────	───────
-R ∨ S	R ∨ S

일상 언어 사례

점성술인 별점은 과학이거나 미신이다.

만약 과학이라면 일간신문은 별점을 예능면에 게재하지 않아야 한다.

만약 미신이라면 별점은 어떤 신문에도 게재되지 않아야 한다.

그러므로 일간신문은 별점을 예능면에 게재하지 않거나 별점은 어떤 신문에도 게재되지 않아야 한다.

IV.7 규칙 : 형식적으로 타당하지 않은 논증 형식

타당하지 않은 논증 형식으로는 전건 부정식, 후건 긍정식, 배타적 선택삼단논법이 있다.

IV.7.1 전건 부정식(Denying Antecedent)

타당하지 않은 조건 삼단논법 논증에서처럼, 전제에 조건명제와 이 조건명제의 전건의 부정이 나타나고, 그 조건명제의 후건의 부정을 결론으로 추리하는 타당하지 않은 추리이다.

논리적 형식

형식	일상 언어 예
P → Q -P ∴ -Q	만약 P라면 Q이다. -P이다. 그러므로 -Q이다.

비타당성 증명(진리표 방식)

P	Q	P → Q	-P	(P → Q) & -P	→	-Q
T	T	T	F	F	T	F
T	F	F	F	F	T	T
F	T	T	T	T	F	F
F	F	T	T	T	T	T

※ 음영으로 표시한 3번째 줄에서 전제가 모두 T임에도 불구하고 결론 -Q가 F이기 때문에 타당하지 않다.

응용 사례

> 이원이가 목욕탕에서 버려져 있는 면도기를 가지고 면도한다면 그는 간염에 걸릴 위험이 많다.
>
> 그는 목욕탕에 버려진 면도기를 가지고 함부로 면도하지 않는다.
>
> 그러므로 그는 간염에 걸릴 위험이 없다.

Ⅳ.7.2 후건 긍정식(Affirming Consequent)

전제에 1개의 조건명제와 이 조건명제의 후건이 있을 경우에 그 조건명제의 전건을 결론으로 추리하는 타당하지 않은 추리이다.

논리적 형식

형식	일상 언어 예
$P \rightarrow Q$ Q $\therefore P$	만약 P라면 Q이다. Q이다. 그러므로 P이다.

비타당성 증명(진리표 방식)

P	Q	$P \rightarrow Q$	$(P \rightarrow Q) \,\&\, Q$	$\rightarrow$	P
T	T	T	T	T	T
T	F	F	F	T	T
F	T	T	T	F	F
F	F	T	F	T	F

※ 음영으로 표시한 3번째 줄에서 전제가 모두 T임에도 불구하고 결론 P가 F이기 때문에 타당하지 않다.

응용 사례

> 만약 데모하는 사람들이 빨갱이라면 데모하면서 폭력을 행사할 것이다.
> 저 사람들은 데모하면서 폭력을 행사하고 있다.
> 그래서 저 데모하는 사람들은 빨갱이이다.

IV.7.3 배타적 선택삼단논법(Exclusive Disjunction Syllogism)

전제에 1개의 선택 명제와 이 선택 명제에 있는 하나의 선택지가 긍정으로 있을 경우에 그 선택 명제의 나머지 다른 선택지의 부정을 결론으로 추리하는 타당하지 않은 추리이다.

논리적 형식

형식	일상 언어 예
P∨Q P ∴ -Q	P이거나 Q이다. P이다. 그러므로 -Q이다.

비타당성 증명(진리표 방식)

P	Q	P∨Q	(P∨Q) & P	→	-Q
T	T	T	T	F	F
T	F	T	T	T	T
F	T	T	F	T	F
F	F	F	F	T	T

※ 음영으로 표시한 1번째 줄에서 전제가 모두 T임에도 불구하고 결론 -Q가 F이기 때문에 타당하지 않다.

응용 사례

> 저 산에 화재가 발생한 것은 등산객이 담뱃불을 버렸거나 아니면 어떤
> 사람이 일부러 불을 질렀기 때문이다. 등산객이 담뱃불을 버린 것 같다.
> 그러므로 산에 불이 난 것은 일부러 불을 질러서 난 것이 아니다.

Ⅳ.8 타당성 조사 실전 연습

일상 언어로 표현된 논증을 기호논리학의 인공언어로 그 논증 형식을 재표기한
다. 이후에 이 논증을 구성하는 명제들의 동치관계 등을 통하여 이 논증이 타당한
논증 형식으로 되어있는가의 여부를 논리적으로 분석하여 타당성을 판단한다.

　예를 들어 일상 언어로 표현된 아래의 논증들을 논리적으로 분석하여 타당성
여부를 조사해 보자.

▶ 타당성 조사 사례 1

　　　트럼프는 뻥쟁이이거나 천재이다.

　　　트럼프는 천재이다.
　　　─────────────
　　　그러므로 트럼프는 뻥쟁이가 아니다.

• 위 논증을 다음과 같이 기호논리학의 언어로 재표기하고 타당성 조사를
　진행한다.

① 명제의 재표기 :

　　　트럼프는 뻥쟁이다.　→ P

　　　트럼프는 천재이다.　→ Q

② 논증 형식의 재표기

$$P \lor Q$$
$$Q$$
$$----$$
$$-P$$

③ 타당성 조사

〈1단계〉

$$P \lor Q$$
$$Q$$
$$\overline{\quad\quad\quad}$$
$$\therefore -P$$

※ 이 논증은 배타적 선택삼단논법의 논증 형식이다.

④ 타당성 조사 결과

위 논증은 타당하지 않은 배타적 선택삼단논법의 논증 형식이기 때문에 타당하지 않다.

▶ 타당성 조사 사례 2

사형제도가 살인을 감소시킨다면 그러면 사형제도가 폐지될 경우에 살인이 증가할 것이다. 사형제도가 폐지되었는데도 살인이 증가하지 않았다. 그러므로 사형제도는 살인을 감소시키지 않는다.

• 위 논증을 다음과 같이 기호논리학의 언어로 재표기하고 타당성 조사를 진행한다.

① 명제의 재표기 :

사형제도가 살인을 감소시킨다. → P

사형제도가 폐지된다.　　　　→ Q

살인이 증가하였다.　　　　　→ R

② 논증 형식의 재표기

명제1 P → (Q → R)

명제2 Q & - R

∴ - P

③ 타당성 조사

〈1단계〉

명제1 P → (Q → R)

명제2 Q & - R   ≡ - (- Q ∨ R)(드모르강 법칙에 의해)

∴ - P

※ 명제2에 드모르강 법칙에 의해 이 명제와 동치인 명제2′ - (- Q ∨ R)을 대입한다.

〈2단계〉

명제1 P → (Q → R)

명제2′ - (- Q ∨ R)   ≡ - (Q → R)(동치에 의해)

∴ - P

※ 명제2′에 조건명제와 선택 명제 간의 동치에 의해 이 명제와 동치인 명제2″ - (Q → R)을 대입한다.

〈3단계〉

명제1 P → (Q → R)

명제2″ - (Q → R)

∴ - P

※ 이 논증은 후건 부정식의 응용 사례이다.

④ 타당성 조사 결과

위 논증은 타당한 후건 부정식의 응용 사례이기 때문에 타당하다.

〈문제 IV-3〉 다음 논증들의 타당성을 검사하시오.

---

①   (P&Q)∨(R∨S)
       $\underline{\quad -(R∨S) \quad}$
          P&Q

②   -P → Q
      $\underline{\quad\quad P \quad\quad}$
       -Q

③   -P ∨-Q
      -Q → R
      $\underline{\quad -P →-S \quad}$
        P&Q

④   P&Q → R∨S
      $\underline{\quad R∨S \quad}$
       P&Q

---

⑤ 학생들이 과거보다 더 많은 내용을 배우거나 교수들이 학점에 너그러워서 과거보다 높은 성적을 준다. 그러나 만약 학생들이 과거보다 더 많은 내용을 열심히 배운다면 이 학생들은 과거보다 더 높은 성적을 받을 것이다. 그러나 이 학생들의 성적은 과거보다 높지가 않다. 그러므로 교수들이 학점에 너그러워서 과거보다 높은 성적을 준다.

〈문제 IV-4〉 다음 명제들이 참일 때 타당하게 추리할 수 있는 결론을 고르시오.

모든 나라에는 대도시가 있다.
대도시에는 주택문제가 상존한다.
그러므로 _____

---

① 어떤 나라에는 주택문제가 상존하지 않는다.
② 어떤 대도시에는 주택문제가 상존하지 않는다.

③ 대도시에는 주택문제 때문에 살기가 어렵다.

④ 모든 나라에는 주택문제가 상존한다.

〈문제 IV-5〉 다음 명제들로부터 타당하게 추론할 수 있는 것을 고르시오.

> (가) 호수를 좋아하는 사람은 강을 좋아한다.
> (나) 바다를 좋아하는 사람은 호수를 좋아한다.
> (다) 강을 좋아하는 사람은 낚시를 좋아한다.

① 강을 좋아하는 사람은 호수를 좋아한다.

② 낚시를 좋아하는 사람은 강을 좋아한다.

③ 호수를 좋아하지 않는 사람은 강도 좋아하지 않는다.

④ 바다를 좋아하는 사람은 강을 좋아하지 않는다.

⑤ 낚시를 좋아하지 않는 사람은 호수를 좋아하지 않는다.

〈문제 IV-6〉 다음의 전제들로부터 타당하게 추리할 수 있는 것을 고르시오.

> (가) 나이가 많은 사람들은 일찍 일어난다.
> (나) 시간을 아끼는 사람은 초조한 사람들이다.
> (다) 일찍 일어나는 사람은 시간을 아끼는 사람이다.

① 나이가 많은 사람들은 잠이 없는 사람이다.

② 일찍 일어나는 사람은 일이 없는 사람들이다.

③ 나이가 많은 사람들은 초조한 사람들이다.

④ 일찍 일어나는 사람은 느긋한 사람들이다.

⑤ 초조한 사람들은 일찍 일어난다.

〈문제 IV-7〉 다음의 전제들로부터 타당하게 추리할 수 있는 것을 고르시오.

> 젊은이에게는 희망이 있다.
>
> 희망이 있으면 열심히 노력한다.
>
> 열심히 노력하는 자는 성공할 수 있다.
>
> 성공한 자는 행복할 수 있다.

① 젊은이는 열심히 노력하지 않는다.

② 젊은이는 성공할 수 없다.

③ 희망이 있으면 노력하지 않는다.

④ 희망을 가지면 행복할 수 있다.

⑤ 행복한 자는 열심히 노력한다.

〈문제 IV-8〉 다음 사실을 토대로 타당하게 추리할 수 있는 것을 고르시오.

> 고양이를 좋아하는 사람은 개도 좋아한다.
>
> 동물을 좋아하는 사람은 나무를 좋아하며 새도 좋아한다.
>
> 새를 좋아하는 사람은 고양이를 좋아한다.

① 새를 좋아하는 사람은 나무를 좋아한다.

② 고양이를 좋아하는 사람은 동물을 좋아한다.

③ 개를 좋아하는 사람은 동물을 좋아한다.

④ 동물을 좋아하는 사람은 개를 좋아한다.

⑤ 나무를 좋아하는 사람은 개를 좋아한다.

〈문제 IV-9〉 다음 제시문으로부터 타당하게 추리할 수 있는 것을 고르시오.

> 해외여행을 하려고 여권을 준비하면 긴급 시험을 본다. 긴급 시험을 보면 반드시 학교 수업에 출석해야 한다.

① 여권을 준비하면 학교 수업에 출석하지 않는다.

② 여권을 준비하지 않으면 학교 수업에 출석하지 않는다.

③ 학교 수업에 출석하지 않으면 여권을 준비한다.

④ 학교 수업에 출석하지 않으면 여권을 준비하지 않는다.

⑤ 학교 수업에 출석하면 긴급 시험을 본다.

〈문제 IV-10〉 다음 명제들을 통해 타당하게 추리할 수 없는 것을 고르시오.

> 독재자는 인자하지 않다.
> 무식하면 저돌적이다.
> 지식이 많으면 인자하다.

① 지식이 많으면 독재자가 아니다

② 독재자는 무식하면서 저돌적이다.

③ 독재자는 무식하다.

④ 독재자는 지식이 많다.

⑤ 독재자는 저돌적이다.

〈문제 IV-11〉 다음 명제들을 통해 타당하게 추리할 수 있는 것을 고르시오.

> 음주 운전에 관한 윤창호법은 강화되어야 한다.
>
> 음주 운전을 예방하는 것은 매우 시급하다.
>
> 음주 운전 처벌을 확대하는 것은 음주 운전을 예방하는 것이다.
>
> 윤창호법을 강화하는 것은 음주 운전 처벌을 확대하는 것이다.

① 매우 시급한 일은 음주 운전 처벌을 확대하는 것이다.

② 음주 운전 처벌을 확대하기 위해서는 윤창호법이 제정되어야 한다.

③ 윤창호법은 음주 운전 처벌을 확대하는 것이다.

④ 음주 운전을 예방하는 것은 윤창호법이다.

⑤ 음주 운전을 예방하는 것은 윤창호법을 강화하는 것이다.

〈문제 IV-12〉 다음 명제들을 통해 타당하게 추리할 수 있는 것을 고르시오.

> 사이코패스는 잔인하다.
>
> 둔감한 사람은 무섭다.
>
> 무심한 사람은 둔감하다.
>
> 잔인한 사람은 무심하다.

① 무심한 사람이 사이코패스다.

② 사이코패스는 표정이 음침하다.

③ 둔감한 사람이 사이코패스다.

④ 무서운 사람은 잔인하다.

⑤ 무심한 사람은 무섭다.

〈문제 Ⅳ-13〉 다음 명제들을 통해 타당하게 추리할 수 있는 것을 고르시오.

사랑이 있는 자는 열정을 포기하지 않는다.

모든 사람이 젊은 것은 아니다.

젊지 않은 사람은 열정을 가지고 있지 않다.

① 열정을 가지고 있는 자는 젊은이가 아니다.

② 젊은 사람은 사랑이 있다.

③ 모든 사람이 열정을 가지고 있는 것은 아니다.

④ 젊은이도 사람이다.

⑤ 열정을 포기하면 사람이 아니다.

〈문제 Ⅳ-14〉 다음 명제들이 참일 때 항상 참이 되는 결론을 고르시오.

(가) 한 국가에서 경제적 불평등이 심화되면 시위 집회가 격해진다.

(나) 가짜 뉴스가 설치지 않으면 시위 집회는 격해지지 않는다.

(다) 가짜 뉴스가 설치면 국가 경제는 쇠퇴한다.

① 시위 집회가 격해지면 가짜 뉴스가 설치지 않는다.

② 경제적 불평등이 약화되면 국가 경제가 발전한다.

③ 국가 경제가 쇠퇴하면 가짜 뉴스가 설치지 않는다.

④ 경제적 불평등이 심화되면 국가 경제가 쇠퇴한다.

⑤ 가짜 뉴스가 설치면 시위 집회가 격해지지 않는다.

〈문제 IV-15〉 다음 명제들이 참일 때 항상 참이 되는 명제를 고르시오.

내일 폭설이 내리면, 우리는 태백산을 등산할 것이다.

태백산을 등산하지 못하면 상고대를 보지 못할 것이다.

내일 폭설이 내리지 않으면 우리는 바다로 갈 것이다.

바다로 가면 태백산을 등산하지 못할 것이다.

① 내일 폭설이 내리면 상고대를 볼 것이다.

② 태백산을 등산하면 내일 폭설이 내리지 않을 것이다.

③ 내일 폭설이 내리지 않으면 태백산을 등산할 것이다.

④ 바다로 가면 상고대를 보지 못할 것이다.

⑤ 바다로 가지 못하면 상고대를 볼 수 있을 것이다.

〈문제 IV-16〉 다음 명제들이 참일 때 항상 참이 되는 명제를 고르시오.

산을 좋아하는 사람은 강도 좋아한다.

바다를 좋아하는 사람은 산도 좋아한다.

수영을 좋아하지 않는 사람은 강을 좋아하지 않는다.

① 강을 좋아하는 사람은 산도 좋아한다.

② 수영을 좋아하는 사람은 강을 좋아한다.

③ 산을 좋아하지 않는 사람은 강도 좋아하지 않는다.

④ 강을 좋아하지 않는 사람은 바다를 좋아한다.

⑤ 수영을 좋아하지 않는 사람은 산도 좋아하지 않는다.

〈문제 Ⅳ-17〉 다음 명제들이 참일 때 항상 참이 되는 명제를 고르시오.

도시에 사는 사람들은 아파트를 좋아한다.

아파트를 좋아하는 사람은 시골을 싫어한다.

시골을 싫어하는 사람은 모두 낭만을 모른다.

---

① 아파트를 좋아하는 어떤 사람은 시골을 좋아한다.

② 시골을 싫어하는 사람은 도시에 사는 사람들이다.

③ 아파트를 좋아하는 사람은 도시에 사는 사람들이다.

④ 시골을 싫어하는 어떤 사람은 아파트를 좋아한다.

⑤ 도시에 사는 사람들도 낭만을 안다.

〈문제 Ⅳ-18〉 다음 명제들이 참일 때 항상 참이 되는 명제를 고르시오.

젊은이들은 모두 컴퓨터게임을 좋아한다.

컴퓨터게임을 좋아하는 대부분의 사람은 집중력이 좋다.

집중력이 좋은 모든 사람은 예민하다.

---

① 컴퓨터게임을 모든 사람이 좋아하는 것은 아니다.

② 컴퓨터게임을 좋아하는 모든 사람이 예민하다.

③ 예민한 사람이라고 해서 모두가 컴퓨터게임을 좋아하는 것은 아니다.

④ 젊은이들은 모두 집중력이 좋다.

⑤ 집중력이 좋은 사람들은 모두 컴퓨터게임을 좋아한다.

〈문제 IV-19〉 다음 명제들이 모두 참일 때 항상 참이 되는 명제를 고르시오.

부동산 투자를 잘하는 사람은 경제를 좋아한다.

돈을 많이 모은 사람은 증권에 관심이 많고 부동산 투자도 잘 한다.

경제를 좋아하는 사람은 대외무역 수지에도 관심이 많다.

---

① 부동산 투자를 잘하는 사람은 돈을 많이 모은다.

② 경제를 좋아하는 사람은 증권에 관심이 없다.

③ 경제를 좋아하는 사람은 부동산 투자도 잘한다.

④ 돈을 많이 모은 사람은 대외무역 수지에도 관심이 많다.

⑤ 부동산 투자를 잘하는 사람은 증권에 관심이 없다.

〈문제 IV-20〉 다음 결론이 참이 되기 위해 보충되어야 할 전제를 고르시오.

북미 대화가 잘 되면 북한의 핵실험은 더 이상 진행되지 않을 것이다.

(   )

남북대화가 잘 되면 북한의 핵실험은 더 이상 진행되지 않을 것이다.

---

① 남북대화가 잘 되지 않으면 북미 정상회담이 열리지 않는다.

② 북한의 핵실험이 더 이상 진행하지 않으면 남북대화가 잘 된다.

③ 북미 대화가 잘 되면 남북대화가 잘 된다.

④ 남북대화가 잘 안 되면 북한의 핵실험은 진행할 것이다.

⑤ 북미 대화가 잘 되지 않으면 남북대화가 잘 되지 않는다.

〈문제 Ⅳ-21〉 다음 논증은 타당하다. 결론이 참이라고 한다면, 보완되어야만 하는 전제를 고르시오.

최고의 축구 선수라면 100미터를 11초에 주파할 수 있어야 한다.

(   )

손흥민은 최고의 축구 선수이다.

---

① 손흥민은 마라톤을 잘한다.

② 손흥민은 100미터를 11초에 주파한다.

③ 100미터를 10초에 주파하는 육상 선수는 최고의 축구 선수다.

④ 손흥민은 100미터를 13초에 주파한다.

⑤ 공을 몰면서 100미터를 11초에 주파하는 것은 불가능하다.

〈문제 IV-22〉 다음 명제들이 모두 참일 때 빈칸에 알맞은 명제를 고르시오.

만약 세원이가 태권도 선수라면 세원이는 국가대표 선수이다.

만약 세원이가 태권도 선수라면 세원이는 올림픽에 참가하였을 것이다.

(   )

그러므로 세원이는 태권도 선수가 아니다.

---

① 세원이는 국가대표 선수는 아니지만 태권도 선수이다.

② 세원이는 국가대표 선수이지만 올림픽에는 참가하지 않았다.

③ 세원이는 국가대표 선수가 아니었다면 올림픽에도 참가하지 않았을 것이다.

④ 세원이는 국가대표 선수가 아니었지만 올림픽에는 참가하였다.

⑤ 세원이가 국가대표 선수였다면 올림픽에 참가하지 않았을 것이다.

〈문제 IV-23〉 다음 명제들이 모두 참일 때 빈칸에 알맞은 명제를 고르시오.

사랑의 경험이 없으면 쓰라림을 이해하지 못한다.

(   )

두용이는 쓰라림을 이해하지 못한다.

---

① 쓰라림을 이해했다는 것은 사랑을 해 보았다는 것을 말한다.

② 두용이는 사랑의 경험이 없다.

③ 쓰라림을 잘 이해하지 못하면 사랑의 경험이 없는 것이다.

④ 두용이는 사랑을 하고 있다.

⑤ 쓰라림을 이해한다고 해서 사랑을 했다고 말하는 것은 아니다.

〈문제 Ⅳ-24〉 다음 명제들이 모두 참일 때 빈칸에 알맞은 명제를 고르시오.

카슨의 책『침묵의 봄』이 출간되지 않았다면 살충제 디디티(DDT) 사용의 위험성을 몰랐을 것이다.

(　　　　　　　　　　　　　　　　　　　　　　　　　　　)

지구 생태계의 파괴가 더 이상 진행되지 않았다면『침묵의 봄』이 출간되지 않았을 것이다.

지구 생태계의 파괴가 더 이상 진행되지 않으면 농약이 남용되고 있지 않다는 것을 말한다.

---

① 농약 사용을 절제하면 디디티 사용의 위험을 몰랐을 것이다.

② 디디티 사용의 위험을 알았다면 농약은 남용되지 않았을 것이다.

③『침묵의 봄』이 출간되었으면 지구 생태계의 파괴가 진행된다.

④ 농약이 남용되었다면 디디티 사용의 위험성을 알았을 것이다.

⑤ 농약이 남용되면 지구 생태계의 파괴는 진행한다.

〈문제 Ⅳ-25〉 다음 논증이 타당하고 결론이 참이라면, 빈칸에 들어갈 가장 적절한 명제를 고르시오.

기타를 잘 치는 사람은 노래를 잘한다.

지윤이는 (　　　　　　　　　　　　)

그러므로 지윤이는 기타를 잘 친다.

---

① 노래를 잘한다.

② 노래를 좋아하지 않는다.

③ 노래를 잘하지 못한다.
④ 노래를 자주 부른다.
⑤ 노래를 좋아한다.

〈문제 IV-26〉 다음 논증에서 타당하게 추리할 수 있는 명제를 고르시오.

예술성이 높은 영화는 많은 관객을 동원하지 못한다.
김두용 감독의 영화는 천만이나 되는 많은 관객을 동원하였다.

그러므로 (   )

---

① 김두용 감독의 영화는 대중의 평가를 잘 받지 못하였다.
② 김두용 감독의 영화는 많은 관중을 동원한 예술성이 높은 영화다.
③ 김두용 감독의 영화는 인기가 있어 많은 관객을 동원했다.
④ 김두용 감독의 영화는 예술성이 낮다.
⑤ 김두용 감독의 영화는 예술성은 낮지만 인기 있는 영화다.

〈문제 IV-27〉 다음 명제들을 참으로 하여 타당하게 추리할 수 있는 명제를 고르시오.

(가) 커피를 좋아하는 사람은 우유를 좋아한다.
(나) 홍차를 좋아하는 사람은 우유를 좋아하지 않는다.
(다) 홍차를 좋아하지 않는 사람은 과자를 좋아한다.

---

① 홍차를 좋아하지 않는 사람은 우유를 좋아한다.

② 홍차를 좋아하는 사람은 과자를 좋아한다.

③ 과자를 좋아하는 사람은 커피를 좋아한다.

④ 커피를 좋아하는 사람은 과자를 좋아하지 않는다.

⑤ 커피를 좋아하는 사람은 과자를 좋아한다.

〈문제 IV-28〉 다음 논증은 타당하고 결론이 참이라고 할 때 빈칸에 전제로 들어갈 명제를 고르시오.

단결하지 않으면 승리할 수 없다.

(   )

그러므로 단결하지 않으면 명령에 따르지 않는다.

---

① 승리하기 위해 단결해야 한다.

② 명령에 따르지 않아도 승리할 수 있다.

③ 명령에 따르면 승리할 수 있다.

④ 명령에 따르지 않으면 단결할 수 있다.

⑤ 승리하기 위해 명령에 따라야 한다.

〈문제 IV-29〉 다음 논증이 타당하다고 할 때 빈칸에 결론으로 들어갈 명제를 고르시오.

독수리는 날 수 있다.

타조는 날 수 없다.

그러므로 (   )

---

① 날 수 있는 것은 독수리다.

② 타조는 독수리가 아니다.

③ 날 수 없는 것은 타조다.

④ 타조는 독수리가 될 수 없다.

⑤ 날 수 없는 것은 독수리가 아니다.

〈문제 IV-30〉 다음과 같은 타당한 논증에서 결론이 참이라면 빈칸에 들어갈 명제를 고르시오.

머리가 좋은 학생은 책을 좋아하지 않는다.

근우는 (   )

그러므로 근우는 머리가 좋다.

---

① 책을 좋아하지 않는다.

② 책을 사랑한다.

③ 놀이를 좋아한다.

④ 머리가 좋지 않고 책을 좋아하지 않는다.

⑤ 학생이 아니다.

〈문제 IV-31〉 다음 논증이 타당하다고 할 때 반드시 필요한 전제를 고르시오.

(가) 학생들이 과학 탐구를 효과적으로 하기 위해서는 동료 학생들과 협동하면서 학습해야 한다는 과학교육의 교수 학습이론이 있다.

(나) 그러나 위대한 과학자들은 그들의 학생 시절에 동료 학생들과 협동 학습을 잘 하지 않았다.

(다) 따라서 이 과학교육의 교수 학습이론은 틀림없이 거짓이다.

---

① 일부 과학자들은 협동 학습을 좋아한다.

② 위대한 과학자들은 협동하여 학습하는 것을 싫어한다.

③ 혼자 연구하는 것이 진정한 과학 탐구를 위해 필요하다.

④ 위대한 과학자들은 학생 시절부터 과학 탐구를 효과적으로 한다.

⑤ 과학시간에 협동 학습을 잘 못하는 학생들도 위대한 과학자가 될 수 있다.

〈문제 IV-32〉 다음 논증의 전제들은 참이다. 결론의 진릿값을 고르시오.

언제나 점심은 불고기이거나 아니면 육개장이다.

오늘 점심은 불고기가 아니다.

그러므로 오늘 점심은 육개장이 아니다.

---

① 참　　　　② 거짓　　　　③ 알 수 없다.

〈문제 IV-33〉 다음 논증의 전제들은 참이다. 결론의 진릿값을 고르시오.

민수가 용사라면 소정이는 여장군이다.

소정이는 여장군이 아니다.

그러므로 민수는 용사가 아니다.

---

① 참   ② 거짓   ③ 알 수 없다.

〈문제 IV-34〉 '배타적 선택삼단논법'의 통사적 오류를 범하고 있는 것을 고르시오.

① 지난 10년 동안 매주 로또 복권을 샀지만 한 번도 당첨된 적이 없다. 그러므로 이번에는 몇 등인지 간에 당첨될 확률이 높다.

② 현우가 A 평점을 받지 못한다면 그 강의는 잘못된 것이다. 현우가 A를 받았다. 그러므로 그 강의는 엉망이 아니다.

③ 그녀는 얼굴이 예쁘거나 지능지수가 높을 것이다. 그녀는 얼굴이 예쁘다. 그러므로 그녀는 지능지수가 낮을 것이다.

④ 원수를 사랑하라고 했는데 너는 원수가 아니잖아. 그래서 나는 너를 사랑할 수가 없다.

⑤ 그는 정신병원에 입원했어. 왜냐하면 그는 정신적으로 아프기 때문이다.

〈문제 IV-35〉 '후건 긍정식'의 통사적 오류를 범하고 있는 것을 고르시오.

① 만약 철수가 영희의 친구라면, 철수는 영민이의 친구가 아니다. 그런데 철수는 영민이의 친구라고 할 수 없다. 그러므로 철수는 영희의 친구라고 할

수 있다.

② 성경이 말하고 있는 모든 내용은 진리이다. 성경의 하느님이 성경의 모든 말이 진리라고 말하고 있기 때문이다.

③ 네가 뭘 잘했다고 그렇게 말해. 네가 잘못을 더 많이 범했지 못하지는 않아

④ 대기업 인적성검사 시험문제가 어려우면 나는 그 회사에 취업할 수가 없다. 내가 이번 취업에 실패한 것은 인적성검사 시험문제가 어려웠기 때문이다.

⑤ 동전 던지기에서 6번을 던졌는데 6번 모두 앞면이 나왔다. 이번에 7번째로 동전을 던지려고 하는데, 뒷면이 나올 확률이 아주 높은 것 같다.

〈문제 Ⅳ-36〉 다음 논증들 중 논리적으로 타당하지 않은 것을 모두 고르면?

ㄱ. 어떠한 정치가도 몽상가가 아니다. 왜냐하면 정치가는 합리적인 사람이고 어떤 몽상가도 합리적인 사람이 아니기 때문이다.

ㄴ. 피카소의 모든 그림은 초현실 작품이고 어떤 초현실 작품은 희귀 예술품이 아니므로 피카소의 어떤 그림은 희귀 예술품이 아니다.

ㄷ. 오직 공무원들만이 세종시 시민이다. 따라서 어떤 지하철 승객들도 세종시 시민이 아니다. 어떤 지하철 승객도 공무원이 아니기 때문이다.

ㄹ. 모든 소설가가 이상주의자인 것은 아니지만 모든 시인들은 이상주의자이고 어떤 소설가들은 보수주의자가 아니다. 따라서 모든 보수주의자는 시인이다.

ㅁ. 국회의원들은 술을 좋아하거나 현장을 열심히 찾는다. 그런데 국회의원인 박의원은 현장 활동을 열심히 하니 술을 좋아하지 않는 것이 분명하다.

ㅂ. 어느 사업가도 한량이 아니다. 그러므로 모든 한량은 방랑자이다. 왜냐하면 어느 방랑자도 사업가가 아니기 때문이다.

① ㄴ, ㅂ   ② ㄱ, ㄷ, ㅁ   ③ ㄴ, ㄹ, ㅂ   ④ ㄷ, ㄹ, ㅁ

⑤ ㄴ, ㄹ, ㅁ, ㅂ

2018년도 제34회 입법고시 제1차시험 언어논리영역 책형㉮ (문29)

〈문제 Ⅳ-37〉 다음 글의 결론을 이끌어 내기 위해 추가해야 할 전제만을 〈보기〉 에서 모두 고르면?

> 젊고 섬세하고 유연한 자는 아름답다. 아테나는 섬세하고 유연하다. 아름다운 자가 모두 훌륭한 것은 아니다. 덕을 가진 자는 훌륭하다. 아테나는 덕을 가졌다. 아름답고 훌륭한 자는 행복하다. 따라서 아테나는 행복하다.

─────────── 〈보 기〉 ───────────

ㄱ. 아테나는 젊다.

ㄴ. 아테나는 훌륭하다.

ㄷ. 아름다운 자는 행복하다.

① ㄱ   ② ㄷ   ③ ㄱ, ㄴ   ④ ㄴ, ㄷ   ⑤ ㄱ, ㄴ, ㄷ

2017년도 국가공무원 5급 및 7급 민간경력자 일괄채용 필기시험
언어논리영역 ㉯책형 (문16)

〈문제 Ⅳ-38〉 다음 설명을 따를 때 옳지 않은 것을 고르면?

> 진술 A가 진술 B를 논리적으로 함축한다는 것은 A가 참일 경우에 B도
> 반드시 참이라는 뜻이다. 그리고 A가 B를 논리적으로 함축하지만 그 역
> 은 성립하지 않을 경우, A는 B보다 더 강한 진술이라고 하고, B는 A보
> 다 더 약한 진술이라고 한다. A가 B를 논리적으로 함축하며 그 역도 성
> 립할 경우, A와 B는 논리적으로 동등한 진술이다. A가 B나 B의 부정을
> 논리적으로 함축하지 않고 B 또한 A나 A의 부정을 논리적으로 함축하
> 지 않을 경우, A와 B는 논리적으로 무관한 진술이다.

① "부동산 가격이 오르지 않는다."는 진술은 "부동산 가격도 오르고 주가도
오른다는 것은 사실이 아니다."라는 진술보다 강한 진술이다.

② "이자율과 물가가 내린다면 소비가 증가한다." 진술은 "물가가 내릴 경우,
이자율이 내린다면 소비가 증가한다."는 진술과 논리적으로 동등하다.

③ "원유 가격과 원자재 가격이 오르면, 물가에 악영향을 준다."는 진술은 "원
유 가격이나 원자재 가격이 오르면, 물가에 악영향을 준다."는 진술보다 약
한 진술이다.

④ "이자율이 오르면 부동산 경기나 주식시장이 침체된다."는 진술은 "부동산
경기나 주식시장이 침체된다면 이자율이 오른다."는 진술과 논리적으로 무
관한 진술이다.

⑤ "부동산 경기가 침체될 경우 이자율이나 물가가 오른다."는 진술은 "주식시
장이나 부동산 경기가 침체될 경우 이자율이 오른다." 진술과 논리적으로
무관한 진술이다.

2008 5급 공개경쟁채용시험 언어논리영역 꿈책형 (문31)

〈문제 IV-39〉 다음 정의에 따를 때, 서로 모순되는 주장의 쌍으로 묶인 것을 고르면?

"서로 모순되는 주장들"은 하나의 주장이 참이라면 다른 하나의 주장은 거짓이고, 또한 하나의 주장이 거짓이라면 다른 하나의 주장은 참이 된다.

① 정치가 중 정직한 사람은 거의 없다.
   정직한 사람들 중 대부분은 정치가이다.
② 핵전쟁이 일어난다면 아무도 살아남지 못한다.
   핵전쟁이 일어나도 하늘이 돕는 사람은 살아남는다.
③ 완벽한 정부는 있을 수 없다.
   모든 국민의 지지를 받을 수 있다면, 완벽한 정부는 있을 수 있다.
④ 그 문제는 아무도 풀 수 없거나 잘못된 문제이다.
   그 문제는 잘못되지 않았고 누군가는 그 문제를 풀 수 있다.
⑤ 경제가 발전하기 위해서는 노사 관계가 안정되어야 한다.
   노사 관계가 안정되었지만 경제가 발전하지 않았다.

2008 5급 공개경쟁채용시험 언어논리영역 꿈책형 (문16)

〈문제 Ⅳ-40〉 다음 글에서 결론을 도출하기 위해 보충해야 할 전제를 고르면?

이 문서함은 지적재산관리부에서 온 것이 아니면 공보부에서 온 것이다. 지적재산관리부에서 온 문서함에는 모두 보안 등급 표시가 되어 있는데, 이 문서함은 보안 등급 표시가 없다. 이 문서함이 공보부에서 온 것이라면 이 문서함은 언론사 배포 문건을 담고 있거나 내부 회람용 문건을 담고 있을 것이다. 언론사 배포 문건을 담고 있는 문서함에 개봉 날짜 표시가 없다면, 그 문서함은 잠기지 않았다. 개봉 날짜가 표시된 문서함들은 모두 보안 등급 표시가 되어 있다.

───────── 〈결　론〉 ─────────

이 문서함은 내부 회람용 문건을 담은 것으로 공보부에서 온 문서함이다.

① 이 문서함은 잠겨 있다.
② 공보부에서 온 어떤 문서함은 잠겨 있지 않다.
③ 지적재산관리부의 어떤 문서함은 잠겨 있지 않다.
④ 이 문서함은 개봉 날짜 표시가 없다.
⑤ 잠기지 않은 문서함은 개봉 날짜 표시가 없다.

2015년도 제31회 입법고시 언어논리영역 책형 가 (문13)

V
결론

- 일상생활 논리는 일상생활에서 자연적으로 사용하는 일상 언어로 논증을 표현하고 분석평가하는 방식이며 이 논증을 논리적으로 분석하고 평가하는 전문적인 방식과 기법들을 연구하는 학문이 논리학이다. 논리적 분석은 전문적인 이론적 지식이 없이 단순하게 훈련만 하여 습득할 수 있는 기술(skill)이 아니다. 이 전문적인 지식을 습득한 후에는 이 지식과 기법을 응용하는 실습과 훈련을 해야 한다.

- 논리적 분석은 전제와 결론을 찾아 논증임을 확인하고 전제와 결론의 논리적 지지 강도와 타당성을 검사하는 것이다. 이 때 중요한 역할을 하는 개념이 논리적 지지 강도, 타당성과 건전성이다.

- 논리적 지지 강도는, 첫째 전제가 참일 때 결론이 거짓이 될 가능성이 높을수록 약화된다. 둘째 올바른 논리와 잘못된 논리를 조사할 수 있는 규칙(추리 규칙)이 있어야 논리학으로서 논리적 지지 강도가 상대적으로 높다. 셋째 일차적으로 논리적 지지 강도는 전제가 결론을 지지하는 논리의 종류에 따라 판단한다. 논리적 지지 강도에서 형식논리가 변증논리보다, 연역논리가 귀납논리보다 높다.

- 일상생활 논리에서 연역논리는 아리스토텔레스의 삼단논법이, 귀납논리
는 밀의 인과적 추론이 중심적 역할을 한다. 귀납논리는 근세에 새로운 학
문으로 등장한 과학의 방법으로서 신뢰를 받기 시작했으나 귀납적 비약의
문제와 흄의 문제로 인하여 그 정당화의 문제가 항상 제기되고 있다.

- 그러나 현대에서 귀납논리는 귀납적 비약의 문제를 계량화할 수 있는 확
률 이론과 통계 기술, 컴퓨터의 발전에 힘입어 각광을 받고 있다. 일반적
인 보편적 자연의 법칙을 탐구하는 과학의 방법에서 주요한 것은 가설연
역적 방법과 최선의 설명으로의 추론이다.

- 일상생활 논리는 정보가 중요해질수록, 복잡하고 많을수록 그 중요성이
부각된다. 이 교과목에서 배운 것은 추론 기술에 관한 것으로서 이론적인
지식이 아니다. 그래서 실생활에서 이 기술들을 많이 활용해야만 익숙하
게 사용할 수 있다.

- 일상생활 논리에는 어휘의 애매모호성과 문법의 비엄밀성이라는 일상 언어
의 문제가 그대로 반영되어, 형식적으로는 타당할지라도 잘못된 결론이 추
론될 수 있다. 이를 예방하기 위해 일상생활 논리에는 오류론이 매우 중요하
다. 그러나 오류론이 중요하다 할지라도 일상생활 논리의 중심은 추리론이
다.

- 러셀과 화이트헤드의 『수학원리 Principia Mathematica』(1910-1913)를
시작으로 등장한 현대 기호논리학은, 일상 언어의 그러한 문제가 처음부
터 나타나지 않도록 만든 인공언어를 통해 논증을 분석하게 되면서 오류
론 분야는 기호논리학에서는 별도로 다루지 않는다. 기호논리학의 타당성
조사 방법을 익히기 위해서는 기호논리학의 어휘, 문법, 추리규칙 등을 알
아야 한다.

- LEET 시험, PSAT 시험, 대기업(삼성, 현대, LG, SK 등)의 인적성시험을 위해서는 일상생활 논리만으로는 부족하다. 아리스토텔레스 논리학 중심의 고전논리학과 달리 명제를 중심 분석 대상으로 다루는 〈기호논리학 Symbolic Logic〉의 명제논리를 이해해야만 한다.

논리학 교재들이 요즈음 많이 출간되고 있다. 대입논술이나 공무원 대기업 공채시험에서 논리적 분석과 평가가 중심을 차지하고 있기 때문이라고 생각한다. 이렇게 많은 교재들이 출간되고 있음에도 불구하고 역설적으로 이런 분위기로 인하여 일상생활 논리에 관한 책을 써야겠다고 생각하였다.

시중에 나와 있는 논리학 교재나 책들의 성격을 분류해 보면, 논리 교육에 필요한 내용을 충실하게 다루고 있는 부류와 오류나 설득의 논리 등 흥미를 불러일으키는 내용만을 주로 다루는 부류로 구분할 수 있는 것 같다. 그런데 전자는 PSAT(공무원 시험)나 대기업 인적성시험을 준비하는 사람들의 기대치에 잘 부응하지 못하는 것 같았고, 후자는 추리와 타당성 조사를 근본으로 하는 논리학의 본래적 과제를 망각하게 만드는 것 같았다.

논리는 19세기 후반에 서양에서 아시아권에 유입된 개념이다. 그러니 논리학의 기본용어들은 그 원어가 서양어일 수밖에 없다. 그런데 이 원어에 관한 번역어를 학자들마다 자의적으로 선택하여 사용하다 보니 통일된 번역어가 통용되지 못하였고 심지어는 같은 원어에 대해서도 다른 의미를 가진 용어로 번역 사용하는 경우까지 생겨나고 있다. 그렇지 않아도 건조하고 딱딱한 내용의 논리학이 더욱 어렵게 느껴지고 그 학문적 특성이나 중요성이 잘 드러나지 않게 되었다. 예를 들어 논리란 전제가 결론을 논리적으로 지지하는 방식이고, 두괄식이나 미괄식은 결론을 전제 앞이나 뒤에 배치하여 서술하는 방식인데 연역은 두괄식으로, 귀납은 미괄식으로 혼동하는 경우를 항용 보게 된다. 이러한 혼동으로 논리학을 수사학이나 대화의 한 방식이라고 오해하게 되는 것 같다.

　이 책은 추리론을 중심으로 논리학의 주요 개념이나 추리기법이 어떠한 배경에서 나왔는가를 소개한다. 기본용어들의 역사적 등장배경과 사용맥락을 알게 되면 용어의 의미를 올바로 이해할 수 있을 것이기 때문이다. 또한 PSAT나 대기업 인적성시험에 적응하고 대비할 수 있도록 관련 내용에 관한 (연습)문제를 제공하였다. 문제들 대부분은, 실제로 출제에 참여하였던 나의 경험과 최근의 기출문제들의 출제유형에 근거하여 만들었다.

　문제들에 대한 설명과 해답은 책 뒤에 모두 제시하였다. 그런데 지면상으로만 해답을 제시하다 보니 쉽게 이해할 수 있도록 설명하기가 매우 어려운 경우들이 많이 있었다. 그래서 유튜브를 통한 문제설명의 방식도 생각해 보았는데, 독자들의 많은 요청과 지지응원이 있으면 한번 시도해 보려고 생각하고 있다. 이메일을 통해서도 독자 여러분들의 많은 지적과 교정을 기대한다.

　이 책을 쓰면서 많은 사람들의 자극과 도움이 생각난다. 먼저 재미없는 논리학 관련 강의를, 최고 고수의 강의라고 생각하고 열심히 들어준 동아대학교 철학과 학생들의 열정이 생각난다. 또한 논리학 관련 강의를 하면서, 책의 내용을 꼼꼼하게 검토하고 문제들을 분석하는데 많은 도움을 준 안경실 선생, 류영주 선생, 정환철 선생에게 고마움을 표하고 싶다. 책의 출간에 대해서 흔쾌히 응해주신 서광사의 김신혁, 이숙 사장님에게도 감사의 말씀을 전하고 싶다. 이 책의 원고를 검토하고 읽기 쉽게 조판을 해주신 서광사 편집부에도 감사를 드린다.

2020년 2월
하단 연구실에서 지은이

해답

I. 논리란 무엇인가

I-1. ③, ⑤

I-2.

① 제비를 뽑고 나서 자신의 제비의 글자를 말하기 전에, 마지막 소원이라고 말하면서 자신이 선택한 제비가 아니라 남아 있는 다른 제비의 글자가 무엇인지 말해 주도록 간청했다.

해설

〈전제〉

1. 사실을 왕에게 그대로 고하면 사형을 면하는 것이 아니라 제비에 글자를 써 넣은 사람만이 처벌받고 자신은 계속해서 제비를 뽑아야 하는 사형수 신세에 있게 된다.

2. 두 막대기에는 '생' 아니면 '사' 두 글자만 적혀 있다고 하는 배중률을 왕은 전제하고 있다.

〈추리〉

1. 사형수가 선택하는 제비는 '생'과 '사' 글자가 적혀 있는 두 개의 막대기다 (왕의 전제).

2. 이 상황에서 모함당한 사람이 제비를 뽑으면 '사' 글자 막대기다.

3. 자신의 제비의 글자를 말하기 전에, 이 사람은 마지막 소원이라고 말하면서 자신이 선택한 제비가 아니라 남아 있는 다른 제비의 글자가 무엇인지 말해 주도록 간청한다.

4. 결국 두 막대기 중 하나에만 '사' 글자가 써있다는 전제에 의해 모함을 당한 사람은 사형을 면하게 된다.

② 2살, 2살, 9살이다.

해설

1. 세 딸의 나이를 곱하면 36 → 곱하여 36이 나오는 경우는 다음과 같이 7가지 경우의 수가 있다.

   36의 약수 $1 \times 2 \times 2 \times 3 \times 3$,

   $(1 \times 2 \times 18)$, $(1 \times 4 \times 9)$, $(1 \times 6 \times 6)$, $(1 \times 3 \times 12)$, $(2 \times 2 \times 9)$, $(2 \times 3 \times 6)$,

   $(3 \times 3 \times 4)$

2. 세 딸의 나이를 더하면 아파트 호수와 똑같은 수 → 위의 순서대로 수를 더하면, 21, 14, 13, 16, 13, 11, 10이 된다.

3. 나이를 모른다는 것은 더해 보니 같은 수가 되는 경우가 두 가지 있기 때문 → 더해서 13인 경우, $1 \times 6 \times 6$, $2 \times 2 \times 9$인 경우뿐이다.

4. 맏이가 빨간 리본을 매고 있다는 것은 맏이는 1명이라는 것을 의미 → 그러므로 가능한 경우는 $2 \times 2 \times 9$ 경우뿐이다.

I-3. 노란색

해설   〈전제〉 노란 색깔 모자 3개, 검은 색깔 모자 2개

〈추리〉

만약 갑과 을이 모두 검은 색깔의 모자를 쓰고 있다면 병은 자신의 모자의 색깔을 알 수 있다. → 그런데 병은 자신의 모자의 색깔을 모른다고 한다. → 그래서 갑과 을은 둘 다 검은 색깔 모자를 쓰고 있지 않다. → 또한 을이 자신의 모자의 색깔을 모른다고 한다. → 따라서 갑이 노란 색깔 모자를 쓰고 있다.

I-4. ④

해설

〈대화의 내용 분석〉

1. 처음 가 본 지역은 출생지가 아니다.

2. 이들이 말하고 있는 내용을 분석하면 그 상황은 다음과 같다.

	청주	부산	서울	광주	평창	출생지 후보
A		x	x	x	o	평창
B		?		x	x	청주, 부산, 서울
C	x		x		x	부산, 광주
D			x		x	청주, 부산, 광주
E					x	청주, 부산, 서울, 광주

3. 위 상황의 분석을 통해 가능한 연결은 다음과 같다.

A	B	C	D	E
평창	→ 청주	→ 부산	→ 광주	→ 서울
		→ 광주	→ 부산	→ 서울
	→ 부산	→ 광주	→ 청주	→ 서울
	→ 서울	→ 부산	→ 청주	→ 광주
			→ 광주	→ 청주
		→ 광주	→ 청주	→ 부산
			→ 부산	→ 청주

4. 위 상황분석에 따르면 갑, 을, 병, 정, 무의 말에 대해 다음과 같이 평가할 수 있다.

갑. A의 출생지는 무조건 평창이다.(참)

을. B의 출생지가 청주이면 E의 출생지는 서울이다.(참)

병. C의 출생지가 광주이면 E의 출생지는 서울이거나 청주이다.(불명)
(청주 v 부산 v 서울)

정. D의 출생지가 부산이면 B의 출생지는 청주이다.(불명)(청주 v 서울)

무. E의 출생지가 광주이면 B의 출생지는 서울이다.(참)

〈선택항〉

① 갑과 정의 추정이 맞다.(정이 틀림) ×

② 을과 무의 추정이 틀렸다.(둘 다 맞음) ×

③ 병과 무의 추정이 맞다.(무만 맞음) ×

④ 병과 정의 추정이 틀렸다.(둘 다 틀림) ○

⑤ 갑과 병의 추정이 맞다.(병의 주장이 틀림) ×

I-5. ①

해설

※ 〈보기〉의 의견에 대한 평가는 아래와 같다.

ㄱ : 참 – 아테네 민주 정치는 문맹률을 낮추면서 시작되었는데 페이시스트라 토스가 그 계기를 마련.

ㄴ : 참 – 본문의 내용 "그가 새로이 편집한 책들을 사람들에게 싼 값으로 배포 했다는 것은 그럴듯하게 추정할 수 있는 사실이다. 그리고 이 책들에 대 한 인기는 다른 출판업자가 출현하도록 만들었다."에서 추론.

ㄷ : 참 – 도편 추방제도는 도편에 이름을 글로 쓰는 것이기 때문.

ㄹ : 거짓 – 이전에도 필사된 책들이 있었으나 특정 계층에 비싼 값으로 제작.

I-6. ①

해설

제시된 문장에서 용어 '절도'를 애매하게 사용하고 있다. 처음의 용어 '절도'는 문학적 비유이다. 두 번째 용어 '절도'는 법률적 용어이다. 따라서 애매어의 오류이다.

I-7. ②, ③, ④, ⑤

해설

① 희망을 말하는 희구문으로서, 서술문장이 아니다.
② 진릿값 결정이 가능한 선택문.
③ 통계과학에 의해 검증 가능.
④ 사랑은 심리과학 언어.
⑤ 실연과 고통은 심리과학 언어.

I-8.
① 논증   ② 설명   ③ 설명   ④ 설명   ⑤ 논증

해설

② 바벨 지명이 이미 정해져 있다.
③ 온난화는 이미 발생한 자연 현상.
④ 국정 농단은 이미 발생한 사건.

I-9. ④

I-10. ②

I-11. ①

해설

※ 본문에서 말하고 있는 윤리설은 다음과 같은 세 가지 유형의 윤리설이다.

• 형이상학적 윤리설 : 형이상학적 가치의 존재를 전제하여 선악 가치 판단
• 자연주의적 윤리설 : 사람에게 가져오는 결과(쾌, 불쾌)에 근거하여 선악 가치 판단
• 직각론적 윤리설 : 선악 가치를 결과에 의해서가 아니라 가치 자체를 직관적으로 인지하여 판단

갑 : 형이상학적 윤리설에 근거.
을 : 직각론적 윤리설에 근거.
병 : 직각론적 윤리설에 근거.
정 : 알 수 없음.
무 : 자연주의적 윤리설에 근거.

〈예시 지문〉

Ⓐ 갑의 주장은 형이상학적 윤리설에 근거하고 있어 그의 인간관을 받아들이지 않으면 정당화될 수 없다.(○)

Ⓑ 을의 주장은 직각론적 윤리설에 근거하여 자연주의적 윤리설을 비판하고 있다.(○)

Ⓒ 병의 주장은 부친에게 거짓말한다고 해서 병을 더 낫게 하는 효과가 있지 않기 때문이라고 말하여 자연주의적 윤리설에 근거하고 있다.(×)

Ⓓ 정의 주장은 무인 자율 자동차에게 도덕적 책임을 물을 수 없으나 그 소유자에게 민사적 책임을 물을 수 있다고 말하고 있다.(?)

Ⓔ 무의 주장은 상황보다는 윤리적 가치 자체를 먼저 존중하는 직각론적 윤리설의 입장에서 보면 도덕적으로 정당화될 수 없다.(○)

I-12. ⑤

해설

저자는, 설계 논증을 최선의 설명으로의 추론(Inference to the best explana-tion)과 유사한 논증으로 간주하여 논의를 전개하고 있다.

〈예시 지문〉

갑 : ✕ ← 설계 논증을 전개하는 아퀴나스의 변론은 가설적인 양상 현상에 관해 전개하는 것이 아니다. 즉 설명의 대상은 누구나 알 수 있는 실제로 발생한 자연현상이어야만 설계 논증에 의해 하느님의 존재가 수용될 수 있다.

을 : ○ ← 저자는 과학자들의 태도를 풍자하고 있다.

병 : ○ ← 본문의 마지막 구절.

정 : ○ ← 최선으로 설명하는 이론이 그리는 세계가 참이라고 믿기 때문.

무 : ✕ ← 본문으로 보아서는 알 수 없다. 블랙홀을 상정하는 천체이론이 최선의 설명을 제공하고 있는지에 대해서 말하고 있지 않다.

I-13. ⑤

해설

논지는 결론을 말하며, 논거는 전제를 말한다.

I-14. ③

I-15. ③

해설

① ∵3만 × 60% × 5개 = 9만)

② ∵ 2만 × 80% = 16,000명〈대도시 관중 18,000명〉

③ 4개 × 1.8만+6개 × 1.4만 = 156,000명, 5개 × 1.8만+5개 × 1.4만
   = 160,000명, 16만−156,000)/16만 = 0.25

④ ∵ 3만 × 70% × 5개 = 105,000명)

⑤ ∵ 3만 × 70% × 5개 = 105,000명)

I-16. ①

I-17. • 결론 : ⑤

• 전제 :

$$\frac{③ + ④}{↓}$$

① + ②

• 논증 구조도 :

$$\frac{③ + ④}{↓}$$

$$\frac{① + ②}{↓}$$

⑤

I-18. • 결론 : ④

• 전제 :

①
↓
$$\underline{② + ③}$$

• 논증 구조도 :

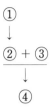

I-19. ①

I-20. ①

I-21.

Ⓐ 'a' 의 대문자는 'A' 이다.

Ⓑ 이 책의 1장은 논리란 무엇인가에 관한 내용이다.

Ⓒ '사랑' 은 이음절이다.

Ⓓ 논리학에서 P, Q는 보통 명제를 지칭하기 위해 사용된다.

Ⓔ P가 언명 '지금 비가 오고 있다' 를, Q는 언명 '날씨가 매우 춥다' 를 지칭하기 위해 사용하고 있다면, 그러면 논증 '지금 비가 오고 있다 그러므로 날씨가 매우 춥다' 는 다음과 같이 기호화할 수 있다. P, 그러므로 Q.

II. 연역논리 : 삼단논법

II-1. 갑이 거짓말을 하고 있고, 시계를 가져갔다.

해설

대답 중에서 갑과 병의 대답이 모순 관계에 있다. 그래서 둘 중의 하나가 거짓이며, 나머지 을과 정의 말은 참이다. 그래서 갑이 거짓말을 하고 있고 또 시계를 가져갔다.

II-2. ⑤

해설

① 모순율 위배 – (a) 위배

② 논리적 불가능성 – (a) 위배

③ 창조설 인정 – (c) 위배

④ 다수 세계 창조 인정 – (b) 위배

⑤ 부모에 의한 탄생 인정 – (d) 인정

II-3. ①

해설

① 모순개념 ② 반대 개념 ③ 반대 개념 ④ 반대 개념

II-4. ①

해설

① 교차개념 ② 유종 개념 ③ 유종 개념 ④ 유종 개념 ⑤ 유종 개념

II-5. ③

해설

① 동위개념, 선택 개념

② 동위개념, 선택 개념

③ 아무 관계 없음.

④ 동위개념, 선택 개념

⑤ 동위개념, 선택 개념

II-6.

① A ② E ③ O ④ I ⑤ E ⑥ I ⑦ A ⑧ A ⑨ E ⑩ O ⑪ I ⑫ O

II-7.

① T ② × ③ T ④ F ⑤ F

해설

＊ 명제 "모든 소나무는 사철나무다." Asp ＝ T

① Isp (T)(∵대소 관계)

② Aps (X)(∵Asp＝Isp＝Ips(T)와 대소 관계)

③ I$\bar{p}\,\bar{s}$(T)(∵Asp＝Es$\bar{p}$＝A$\bar{p}\,\bar{s}$, 대소 관계)

④ A$\bar{s}p$(＝Es$\bar{p}$＝Ep$\bar{s}$)(F)(∵I$\bar{p}\,\bar{s}$(T)와 모순)

⑤ I$\bar{p}s$(＝O$\bar{p}\,\bar{s}$)(F)(③ I$\bar{p}\,\bar{s}$(T)와 소반대로서 X지만, Asp＝Es$\bar{p}$＝E$\bar{p}$s(T)와 모순이어서 F)

II-8.

① 타당 ② 타당 ③ 비타당 ④ 타당 ⑤ 타당

해설

타당성 : T → T

① 타당 Asp(T) → Ips(T)

② 타당 As$\bar{p}$(T)(＝Esp 환질) → Osp(T)

③ 비타당 Esp(T) → Ips(F)

④ 타당 Esp(T) → Ops(T)

⑤ 타당 Asp(T) → I$\bar{p}\,\bar{s}$(T)

II-9.

① MAP M E S —— S EP 대개념부당주연의 오류	② MEP M A S —— S EP 소개념부당주연의 오류	③ MAP M A S —— S A P 소개념부당주연의 오류
④ PAM S A M —— S A P 매개념부주연의 오류	⑤ MEP S A M —— S E P 타당	⑥ MEP M A S —— S E P 소개념부당주연의 오류
⑦ MEP M A S —— S E P 소개념부당주연의 오류	⑧ PAM M A S —— S I P 타당	⑨ MEP S E M —— S A P 배타적 전제의 오류
⑩ PAM S E M —— S E P 타당	⑪ P E M(=PAM) M E -S(=MAS) —— S E P 소개념부당주연의 오류	

II-10. ①

해설

(가) S A M M O P —— S I P 비타당 (매개념부주연의 오류)	(나) S I M M A P —— S I P 타당	(다) P A M S O M —— S O P 타당

(라) P E M -M A -S (S A M) ────── S O P(부분부정) 타당	(마) -M A S P A M ────── S E P 비타당 (소개념부당주연)	(바) A A B -A E C D E B ────── D E C 타당
(사) A O B(부분부정) C A B A O D ────── D I C 비타당 (배타적 전제의 오류)	(아) A A B C E D → C E D B A D → B A D ──────　────── A E C　(B E C) 타당　　A A B 　　　────── 　　　A E C	

II-11. ①

해설

〈전제1〉M I P 〈전제2〉( ) 〈결론〉S I P

① M A S ② M I S ③ M A P ④ M O P ⑤ (M I S) & (M O P)

II-12. ②

해설

전제 : 악어(M) A 잔인한 동물(S), 기어다님(P) I 악어(M) M A S P I M ────── (S I P)	〈보기 기호화〉 (가) M A P (나) S I P (다) M E P

II-13. ②

```
          사색(S)  A  예술(M)
          예술(M)  A  풍요(P)
          ──────────────────
          (사색 S  A  풍요 P)
```

II-14. ④

해설

```
          전화기(M)   A   휴대폰(P)
          플라스틱(S)  A   전화기(M)
          ─────────────────────
          (플라스틱(S)  l  휴대폰(P)
```

① S A M   ② P A S   ③ S A P   ④ S I P   ⑤ M A S

II-15. 타당

해설

철학자 E 신 -신 E 종교인 종교인 l 사회운동 사회운동 O 철학자	철학자 A -신(환질) -신 E 종교인 ───────────── (숨은 중간 결론) 철학자 E 종교인	(숨은 중간 결론) 철학자 E 종교인 종교인 l 사회운동 ───────────── (최종 결론) 사회운동 O 철학자

II-16.

〈분석 단계〉

1단계	모든 사람은 죽는다. 소크라테스는 사람이다. (숨은 중간 결론) 소크라테스는 죽는다.
2단계	(숨은 중간 결론) 소크라테스는 죽는다. 플라톤의 스승은 소크라테스다. (숨은 중간 결론) 플라톤의 스승은 죽는다.
최종	(숨간 중간 결론) 플라톤의 스승은 죽는다. 크산티페의 남편은 플라톤의 스승이다. (최종 결론) 그러므로 크산티페의 남편은 죽는다.

II-17. ③

해설

사과 A 맛
맛　A 당분
당분 E 건강
(사과 E 건강)

① 사과 O 맛　② 당분 A 맛　③ 사과 E 건강
④ 건강 E 당분　⑤ 알 수 없음

II-18. ③

해설

(가) 색연필∨필통   (나) 지우개aut볼펜   (다) 볼펜&색연필   (라) 필통 → 연필&색연필

① (다)에 위배   ② (나)에 위배   ③ (가)와 (다)에 부합
④ (다)에 위배   ⑤ (라)에 위배

II-19. ③

해설

※ 각 정보들을 차례대로 하나씩 거짓(F)이라고 가정하고 추리한다.

정보 1 : F → 검은색(참으로 가정된 2, 3과 상충)

정보 2 : F → 검은색(참으로 가정된 1, 3과 상충)

정보 3 : F → 노란색∨검은색(상충 없음, 거짓)

1(T): -검정, 2(T): 흰∨노란, 3(F): 노란∨검정(1과3의 배타적 삼단논법에 의해 노란색)

II-20. ②

해설

* 각 경우에 차례대로 하나씩 범인이라고 가정하고 추리한다.

(가) 갑 : 갑(도둑이라면) → 갑F 을T 병F

　　을 : 을(도둑) → 갑T 을T 병F

　　병 : 병(도둑) → 갑T 을 F 병T   (도둑=갑)

(나) A : A(도둑) → (A F) (B F) (CF)

　　B : B(도둑이라면) → (A T) (B　　　T) (C F)

　　C : C(도둑이라면) → (A T) (B T) (C T) (도둑 = A)

① × ② ○ ③ × ④ × ⑤ ×

II-21. ④ (명제의 강도 약화)

II-22. ④

해설

〈지문 내용 분석과 기호화〉

"전문가 태스크포스의 구성과 홍보팀의 협력 두 가지가 모두 뒷받침된다면 새 인력 관리 체계의 성공은 확실히 보장된다." : 태스크포스 구성 & 홍보팀 협력 → 인력 관리 체계 성공

"이 체계가 성공한다면 시스템 내의 세부 영역 간 의사소통도 눈에 띄게 활성화될 것이다." : 인력 관리 체계의 성공 → 의사소통 활발

"세부 전문 영역 간의 활발한 의사소통이 이루어지지 않는다면 시스템 전체 규모의 성장도 이루어질 수 없다." : -의사소통 → -시스템 성장

"경영자는 이미 지난 주에 전문가 태스크포스를 구성했다. 장기적으로는 총 비용 역시 절감되리라고 확신했기 때문이다." : 전문가 태스크포스팀 구성(T)

〈보기〉

ㄱ. (F) : 홍보팀의 협력은 충분조건이므로 홍보팀의 협력없이도 체계가 성공할 수 있다.

ㄴ. (?) 의사소통 → -시스템 성장   시스템 성장 → 의사소통   (?)

ㄷ. 장기적으로 총 비용 절감 확신 (T) → 단기적 비용지출 감수

ㄹ. 태스크포스 구성&홍보팀 협력 → 인력 관리 체계 성공(= -인력 관리 체계 성공 → -(태스크포스팀 구성 & 홍보팀 협력))(= -인력 관리 체계 성공 → -태스크포스팀 구성 v -홍보팀 협력)

이미 태스크포스팀 구성=T

-인력 관리 체계 성공 → -홍보팀 협력(즉, 남아 있는 것은 홍보팀의 협력의 유무)

그러므로 -홍보팀 협력은 T가 되어야 한다.

(새 인력 관리 체계가 성공하지 못했다면 홍보팀의 협력이 없었기 때문이다.)

▶ 전개된 어머니의 딜레마 논증과 악어의 반증 딜레마 논증의 논리적 구조

어머니의 딜레마 논증 구조	악어의 반증 딜레마 논증 구조
네가 아이를 돌려줄 마음이 있으면 나에게 아이를 돌려줘야 한다.(네 마음의 결정에 의해)	내가 아이를 돌려줄 마음이 있으면 너에게 아이를 돌려줄 필요가 없다. (약속에 의해)
네가 아이를 돌려줄 마음이 없으면, 나에게 돌려주어야 한다.(약속에 의해)	내가 아이를 돌려줄 마음이 없으면 너에게 아이를 돌려줄 필요가 없다. (내 마음의 결정에 의해)
너는 아이를 돌려줄 마음을 가지고 있거나 갖고 있지 않을 것이다. 따라서 너는 나에게 아이를 돌려줘야만 한다.	아이를 돌려줄 마음을 가지고 있거나 갖고 있지 않을 것이다. 따라서 나는 너에게 아이를 돌려줄 필요가 없다.

II–23. ②

해설

$P \rightarrow -Q$

$-P \rightarrow -Q$

$\dfrac{P \lor -P}{-Q}$

딜레마처럼 보이지만 딜레마가 아니다. 운동을 좋아하지 않지만 싫어하지도 않는 무관심한 경우가 있기 때문이다. 즉, 운동을 좋아하는 경우, 싫어하는 경우, 좋아하지 않는 경우가 있다.

II-24. ④

① 타당

1. 과학자 A 천재

2. 수학자 A 천재

3. 수학자 E 천재

1과 3에 의해 타당

∴ 수학자 E 과학자

② 타당

과학자 A 신

신 E 유물론자

───────────

숨은 중간 결론 (과학자 E 유물론자)

유물론자 I 진화론자

∴ 진화론자 O 과학자

③ 타당

부산 영화제 → 광주 동창회 불참

광주 동창회 불참 → 견우 못 만남

∴ - 부산 영화제 v 견우 못 만남(= 부산 영화제 → 견우 못 만남)

④ 비타당(매개념부주연의 오류)

외국어 학원 A 외국 문화

　　외국 문화 I 외국 경험

∴ 외국 경험 O 외국어 학원

⑤ 타당

P 철준이가 선미 사랑 Q 철준이가 단이도 사랑

$-(P \& Q) : = -Pv-Q = -Qv-P = Q\_ \rightarrow -P$

$(P v Q) : = --PvQ = -P \rightarrow Q$

$\therefore (-P \rightarrow Q) \& (Q \rightarrow -P)$

II-25. ⑤

해설

㉠ 타당 (타당한 딜레마)

지역 할당제 → 역차별 $(P \rightarrow Q)$

-지역 할당제 → 취업률 하락$(-P \rightarrow R)$

지역 할당제 v - 지역 할당제 $(P v -P)$

$\therefore$ 역차별 v 취업률 하락$(Q v R)$

㉡ 비타당(약식진리표) $(P(F), Q(F), R(F), S(F)$

조직화&동기부여↔성공 공무원$(=(Q\&R \rightarrow P)\&(P \rightarrow Q\&R))$, 동기부여 → -후회$(R \rightarrow -S)$

$\therefore$ - 조직화 → 후회$(-Q \rightarrow S)$

"공무원들 사이에 잘 알려진 인물은 오직 크게 성공한 공무원뿐이다."는 고려할 필요 없다.

㉢ 비타당(약식진리표) $(P(T), Q(T), R(F), S(T)$

A국 부모 → A국 시민$(P \rightarrow Q)$

양식업 → 해안가에 산다$(R \rightarrow S)$

$\therefore$ A국 부모 & 해안가 → 양식업$(P\&S \rightarrow R)$

㉣ 비타당(약식진리표) (P(T), Q(T), R(F)

대학생 학력→경쟁력 약화(P→Q)

−투명한 경영→경쟁력 약화(R→Q)

∴ 대학생 학력→−투명한 경영(P→R)

II-26. ③

해설

〈정리〉 P: 법학 Q: 정치학 R: 윤리학

갑: 법학→정치학   을: −법학→−윤리학   병: 법학ν정치학

정: 정치학→윤리학   무: 윤리학 & −법학

을과 무가 모순(을: −법학→−윤리학 ≡ − −법학ν−윤리학 ≡ −(−법학 & 윤리학): 무와 모순(전환은 261쪽 참조)

〈을과 무 중에서 한 사람씩 거짓이라고 가정하여 경우의 수를 다음과 같이 분석한다.〉

을(F) → 법학(F), 정치학(T), 윤리학(T)

무(F) → 법학(T), 정치학(T), 윤리학(T)

    → 법학(F), 정치학(T), 윤리학(F) : 정(F)

무(F)의 경우에 여러 경우가 가능, 그러나 반드시 수강할 과목을 선택해야 하고, 한 사람만 거짓(F)이여야 함. 따라서 을(F)의 경우만 가능함. (정치학과 윤리학 과목 선택)

II-27. ③

해설

〈지문 분석〉 전제: 의료보험 가입 = T

(가) 정기적금에 가입하면 변액 보험에 가입한다. 정기적금 → 변액 보험

(나) 주식형 펀드와 해외 펀드 중 하나만 가입한다. 주식펀드 aut 해외펀드

(다) 의료보험에 가입하면 변액 보험에 가입하지 않는다. 의료보험 → -변액 보험

(라) 해외펀드에 가입하면 주택마련저축에 가입하지 않는다.

　　해외펀드 → -주택저축

(마) 연금저축, 주택마련저축, 정기적금 중에 최소한 두 가지는 반드시 가입한다

　　연금저축 v 주택저축 v 정기적금(2개 이상)

의료보험 가입 T, 변액 보험 가입 F(다에서), 정기적금가입(F)(∵가+다), 주식형 펀드(T)(∵ 나+마+라 → 주식펀드), 해외펀드가입(F)(∵ 라+마), 주택마련저축가입(T)(∵ 가+나+마 → 연금저축 +주택마련저축), 연금저축가입(T)

① 전제 + (다) → -변액 보험

② (가)로부터 : -변액 보험 → -정기적금

③ (라)로부터 주택저축 → -해외펀드, (나) → 주식형 펀드 v -해외펀드

④ ② + (마) → 연금저축 + 주택마련저축

⑤ ② + (마) → 연금저축 + 주택마련저축

II-28. ④

해설

전제 : A = 꼬리가 없는 포유동물 = -꼬리

(가) 모든 포유동물은 물과 육지 중 한 곳에서만 산다.

　　(물 v 육지) & -(물 & 육지)

(나) 물에 살면서 육식을 하지 않는 포유동물은 다리가 없다.

　　물 & -육식 → -다리

(다) 육지에 살면서 육식을 하는 포유동물은 모두 다리가 있다.

　　육지 & 육식 → 다리

(라) 육지에 살면서 육식을 하지 않는 포유동물은 모두 털이 없다.

　　육지 & -육식 → -털

(마) 육식동물은 모두 꼬리가 있다. 육식 → 꼬리

〈지문으로부터〉 전제 + 마 → A : -육식

① 不明

② 不明

③ 물에 살면 전제로부터 (물 & -육식)이 되고, 그런데 -다리라 하니 (나)에 위배.

④ T (라) 털 → -(육지 & -육식)에서 A : -(육지 & -육식) ≡ (드모르강법칙) -육지 v 육식. -육지 v 육식 + -육식(전제 + 마)/∴ -육지(T), (나) + -육지 (물) & -육식 → -다리(T).

⑤ 不明 (다) 육지 & 육식 → 다리에서, 육지T & 육식F이기에, 다리(?)

II-29. ③

해설

① 숭경에의 논증

② 연민에의 논증

③ 강조의 오류

④ 동어반복

⑤ 대중에의 호소

II-30. ②

II-31. ①

해설

※ 본문의 내용은 원인을 내적 성향에만 두고 판단하는 기본적 귀인 오류를 말하고 있다.

〈기본적 귀인 오류(fundamental attribution error, FAE)〉

: 관찰자가 피실험자에 대한 상황요인의 영향을 과소평가하거나 무시하고 피실험자의 내적, 기질적인 요인들을 과대평가하여 범하는 오류이다.

사례 : 실험 참가자들에게 공산당에 대해 찬성 또는 반대하는 내용의 다른 사람들의 글을 읽은 다음에 이 글을 쓴 사람들이 공산당에 대해 가지고 있는 입장을 판단하라고 요청하였다. 그런데 필자들에게 공산당을 찬성하는 글을 쓰도록 요청하였다. 이러한 지시를 받은 조건에서 쓴 글임에도 실험 참가자들은 이 글의 필자들이 공산당에 대해 이 글의 내용과 일치하는 방향의 태도를 가졌을 것이라고 대부분 판단한다. 또 글을 쓰기 전의 상황을 설명해도 그렇게 판단한다.

① 기본적 귀인의 오류
② 거짓 원인의 오류
③ 역도우연의 오류
④ 거짓 원인의 오류
⑤ 조급한 일반화의 오류

II-32. ④

해설

※ 본문은 무지에의 논증의 오류를 범하고 있다.

① 사람에의 논증
② 연민에의 호소
③ 대중에의 호소

④ 무지에의 논증

⑤ 순환논증

II-33. ④

해설

※ 본문은 사람에의 논증의 오류를 범하고 있다.

① 조급한 일반화의 오류

② 거짓 원인의 오류

③ 피장파장의 오류

④ 사람에의 논증

⑤ 위력에의 논증

II-34. ①

해설

〈지문 분석〉

ㄱ. 후건 부정

ㄴ. 후건 부정

ㄷ. 축구 대회에 참가한 모든 팀은 조별 리그에서 최소 1승을 한 경우에만 본선 2라운드에 진출할 수 있다(only if 1승, 2라운드, 그러므로 2라운드 → 1승). 본선 B팀은 조별 리그에서 1승을 했다. 따라서 B팀은 본선 2라운드에 진출하였다. 후건 긍정

ㄹ. 후건 긍정

II-35. ③

※ 본문은 귀납추론을 귀납적으로 정당화하고 있어, 순환논증의 오류를 범하고 있다.

① 후건 긍정의 오류

② 결합의 오류

③ 순환논증

④ 무지에의 논증

⑤ 숭경(대중)에의 논증

III. 귀납논리

III-1.

① 일치법   ② 일치법   ③ 공변법   ④ 일치차이 병용법   ⑤ 차이법

III-2. ④

해설

※ 본문에서 나타난 귀납추리의 유형은 다음과 같다.

(가) 일치차이 병용법

(나) 일치법

(다) 공변법

(라) 일치법

III-3. ③

해설

① 무지에의 논증

② 연민에의 호소

③ 잘못된 유비

④ 숭경에의 호소

⑤ 사람에의 논증

III-4. ⑤

해설

민우 : 후건 긍정의 오류

영이 : 통계적 삼단논법

수지 : 은밀한 재정의 오류

선화 : 논거가 없다.

III-5. ④

해설

※ 본문의 내용은 유비.

① 후건 부정식

② 대조적 기술 – 논리가 아니라 서술의 방식

③ 조급한 일반화의 오류

④ 유비

III-6. 도박사의 (오류), 뜨거운 손의 (오류)

III-7. ④

해설

ㄱ. 뜨거운 손 오류

ㄴ. 과거에 대한 추측(도박사의 오류 B)

ㄷ. 하나의 사건(복권 당첨)으로부터 추론하였기에(역도우연의 오류) 도박사의 오류 A도 아니며 도박사의 오류 B도 아니라고 추론 가능.

III-8.

1. 층간소음 : 인과적 충분조건

2. 조류독감 예방 : 인과적 충분조건(조류독감 예방 → 땅속에 묻음)

3. 조류독감 : 인과적 충분조건

4. 3.5%의 여론 : 상관관계

5. 온도 : 인과적 충분조건

6. 방아쇠 : 인과적 필요충분조건

7. 금요일 : 상관관계

8. AI균 : 인과적 필요조건

9. 독감: 인과적 충분조건

10. 자력 : 인과적 필요충분조건

IV. 기호논리학

IV-1.

① -P & (Q → P)

② -P

③ (P → Q) → -P

④ (P & Q) → (R v S)

⑤ P

⑥ P → (Q → R), P & Q/∴R

⑦ P → (Q & R), P/∴Q & R

⑧ (P v Q) → -R, Q/∴-R

IV-2. ⑤

해설

〈본문 기호화〉

슬픔을 나눌 수 있는 가족이 있다. P

즐거움을 나눌 수 있는 친구가 있다. Q

행복한 사람이다. R

$(P \lor Q) \rightarrow R = -(P \lor Q) \lor R = (-P \& -Q) \lor R = (-P \lor R) \& (-Q \lor R) = (P \rightarrow R) \& (Q \rightarrow R)$

〈선택지 기호화〉

① $(-P \& -Q)$ 조류독감 예방 $-R = -(P \lor Q) \rightarrow -R$

② $-R \rightarrow (-P \lor -Q) = -(-P \lor -Q) \rightarrow R = (P \& Q) \rightarrow R$

③ $(-P \lor -Q) \rightarrow -R$

④ $-P \rightarrow (Q \& -R)$

⑤ $(P \rightarrow R) \& (Q \rightarrow R)$

IV-3.

① 타당: 선택삼단논법

② 비타당: 전건 부정식

③ 비타당: 모순(드모르강의 법칙에 의해 전환) 전제$(-P \lor -Q = -(P \& Q)$와 결론$(P \& Q)$이 모순

④ 비타당: 후건 긍정식

⑤ $P \lor Q$, $P \rightarrow R$, $-R$ /∴ Q 타당: 후건 부정식과 선택삼단논법

IV-4. ④

해설

〈지문〉 P → Q, Q → R / (P → R) : 연쇄 조건식

① P & -R

② Q & -R

③ (?)

④ P → R

IV-5. ⑤

해설

① 강 → 호수(가와 역 ×)

② 낚시 → 강(다의 역, ×)

③ -호수 → -강 = 강 → 호수(가의 역, ×)

④ 바다 → -강(×) ∵ (가)호수 → 강 + (나)바다 → 호수/ ∴바다 → 강(반대 관계)

⑤ -낚시 → -호수＝호수 → 낚시((가)호수 → 강 + (다)강 → 낚시/∴호수 → 낚시)

IV-6. ③

해설

〈지문〉 (가) P → Q (나) R → S (다) Q → R

① ×

② ×

③ P → S (P → Q + Q → R + R → S)

④ ×, (의미상, 느긋한 사람=-초조한 사람), Q → -S(Q → R + R → S/∴Q → S, 반대 관계)

⑤ ×, S → Q(Q → R + R → S/∴Q → S, 역)

IV-7. ④

〈보기〉를 차례대로 기호화하면, P → Q, Q → R, R → S, S → T
① × P → -R(P → Q + Q → R/∴ P → R, 반대 관계)
② × P → -S(P → Q + Q → R + R → S /∴ P → S, 반대 관계)
③ × Q → -R(Q → R, 반대 관계)
④ Q → T(Q → R + R → S + S → T)
⑤ × T → R(R → S + S → T/∴ R → T, 역)

IV-8. ④

해설
〈보기〉를 차례대로 기호화하면, 고양이 → 개, 동물 → (나무 & 새)＝(동물 → 나무) & (동물 → 새), 새 → 고양이
① × 새 → 나무(?)
② × 고양이 → 동물(동물 → 고양이(T)의 역)
③ × 개 → 동물(④의 역)
④ 동물 → 개(동물 → 새 + 새 → 고양이 + 고양이 → 개)
⑤ × 나무 → 개(?)

IV-9. ④

해설
〈보기〉를 차례대로 기호화하면, 여권 → 긴급시험, 긴급시험 → 출석/∴(여권 → 출석)
① 여권 → -출석(여권 → 출석과 반대 관계)
② -여권 → -출석(＝출석 → 여권), 이것은 (여권 → 출석T)의 역), 즉, 여권

(F) & 출석(T)일 경우에 (여권 → 출석)(T)이지만 (출석 → 여권)(F)가 되어 비타당

③ -출석 → 여권((여권 → 출석)의 대우인 (-출석 → -여권)과 반대)

④ -출석 → -여권(여권 → 출석)

⑤ 출석 → 긴급시험((긴급시험 → 출석)과 역)

IV-10. ④

해설

〈보기〉를 차례대로 기호화하면, 독재자 → -인자, 무식 → 저돌, -무식 → 인자 (=-인자 → 무식) /∴(독재자 → 저돌)

① (T).-무식 → -독재자(-무식 → 인자+독재자 → -인자(= 인자 → -독재자))

② 독재자 → 무식 & 저돌(=(독재자 → 무식) & (독재자 → 저돌))(독재자 → -인자 + -인자 → 무식, + 무식 → 저돌)

③ 독재자 → 무식(독재자 → -인자 + -인자 → 무식)

④ 독재자 → -무식(독재자 → 무식의 반대)

⑤ 독재자 → 저돌(독재자 → -인자 + -인자 → 무식 + 무식 → 저돌)

IV-11. ③

해설

〈보기〉를 차례대로 기호화하면, P → Q, R → S, T → R, Q → T (P → Q) + (Q → T)/∴P → T, P → T + T → R/∴P → R, T → R + R → S/∴T → S, Q → T + T → R/∴Q → R

① (S → T)(T → S의 역)

② (T → P)(P → T의 역)

③ (P → T)((P → Q) + (Q → T))

④ (R → P)(/P → R의 역)   ⑤ (R → Q)(Q → R의 역)

IV-12. ⑤

해설

〈보기〉를 차례대로 기호화하면, 사이코패스 → 잔인, 둔감 → 무섭다, 무심 →
둔감, 잔인 → 무심

① (?)(사이코패스 → 무심, 역)

② (?)

③ 둔감 → 사이코패스(사이코패스 → 잔인 + 잔인 → 무심 + 무심 → 둔감 /
∴사이코패스 → 둔감, 역)

④ (잔인 → 무심 + 무심 → 둔감 + 둔감 → 무서움/∴잔인 → 무서움, 역)

⑤ (무심 → 둔감 + 둔감 → 무서움 /∴무심 → 무서움)

IV-13. ③

해설

〈보기〉를 차례대로 기호화하면, 사랑A열정, 사람O젊은이(=사람 I -젊은이),
-젊은이E열정

① 열정E젊은이(F)(-젊은이E열정(T), 환위 → (열정E-젊은이), 환질 → (열
정A 젊은이), 반대)

② 젊은이A사랑(?) (사랑A열정 + -젊은이E열정/∴사랑E-젊은이＝사랑A젊
은이(제한환위 → 젊은이I사랑, 대소관계(?)

③ 사람O열정(T) (사람O젊은이(＝사람I-젊은이) + -젊은이E열정/∴사람O
열정)

④ 젊은이A사람(?) (사람O젊은이)

⑤ -열정E사람(F) (사람O젊은이(사람I-젊은이 + -젊은이E열정/∴ 사람O열
정(환질 → 사람I-열정, 환위 → -열정I사람, 모순)

IV-14. ④

해설

〈보기〉를 차례대로 기호화하면, 가)심화 → 집회, (나)-가짜 뉴스 → -집회(집회→ 가짜 뉴스), (다)가짜 뉴스 → 쇠퇴

① 집회 → -가짜 뉴스(F)(나와 반대)

② -심화 → -쇠퇴(=쇠퇴 → 심화)(?), (나=(집회 → 가짜 뉴스)+다)가짜 뉴스 → 쇠퇴/∴집회 → 쇠퇴+가)심화 → 집회/∴심화 → 쇠퇴, 역)

③ 쇠퇴 → -가짜 뉴스(=가짜 뉴스 → -쇠퇴)(F) (가짜 뉴스 → 쇠퇴의 반대)

④ 심화 → 쇠퇴(=-쇠퇴 → -심화)(T), (가짜 뉴스 → 쇠퇴(=-쇠퇴 → -가짜 뉴스)+-가짜 뉴스 → -집회/∴-쇠퇴 → -집회, -쇠퇴 → -집회+심화 → 집회(=-집회 → -심화)/∴-쇠퇴 → -심화

⑤ 가짜 뉴스 → -집회(?), (-가짜 뉴스 → -집회의 이)

IV-15. ④

해설

〈보기〉를 차례대로 기호화하면, 폭설 → 태백산, -태백산 → -상고대, -폭설 → 바다, 바다 → -태백산

① 폭설 → 상고대(?), (-폭설 → 바다+바다 → -상고대/∴-폭설 → -상고대(=상고대 → 폭설)의 역

② 태백산→ -폭설(=폭설 → -태백산)(F), 폭설 → 태백산의 반대

③ -폭설 → 태백산(-태백산 → 폭설)(F), (폭설 → 태백산(-태백산 → -폭설)(T)의 반대)

④ 바다 → -상고대(-태백산 → -상고대 + 바다 → -태백산)

⑤ -바다 → 상고대(=-상고대 → 바다)(?), (바다 → -태백산 + -태백산 → -상고대/ ∴-바다→-상고대(=상고대 → 바다)(이의 관계)

IV-16. ⑤

해설

〈보기〉를 차례대로 기호화하면, 산 → 강, 바다 → 산, -수영 → -강

① 강 → 산(?), (산 → 강의 역)

② 수영 → 강(?), (-수영 → -강의 이)

③ -산 → -강(?), (산 → 강의 이)

④ -강 → 바다(F), (바다 → 산 + 산 → 강/∴바다 → 강(=-강 → -바다)의 반대

⑤ -수영 → -산(T), (산 → 강(=-강 → -산) + -수영 → -강/∴-수영 → -산)

IV-17. ④

해설

※ 아리스토텔레스 표준 4형식의 명제로 기호화하여 문제에 접근해야 한다. 즉 S → P(=S A P), S → -P(=S E P), S & P(S I P), S & -P(S O P)의 방식으로 기호화해야 한다. 이에 따라 〈보기〉를 차례대로 기호화하면, 도시A(→)아파트, 아파트A(→)시골, 시골A(→)낭만

① 아파트O시골(F), (아파트A(→)시골의 모순)

② 시골A(→)도시(?), (도시A(→)아파트 + 아파트A(→)시골/∴도시A(→)시골의 역)

③ 아파트A(→)도시(?), (도시A(→)아파트의 역)

④ 시골I(&)아파트(T), (아파트A(→)시골, 제한환위 → 시골I(&)아파트("아파트를 싫어하는 어떤 사람은 시골을 싫어한다."(아파트I(&)시골)(환위 → 시골I(&)아파트)

⑤ 도시I(&)-낭만(F), (도시A(→)아파트 + 아파트A(→)시골 + 시골A(→)낭만/∴도시A(→)낭만(환질: 도시E-낭만)(T)과 모순)

IV-18. ③

해설

※ 〈보기〉를 차례대로 기호화하면, (가) 젊은이 A(→) 컴퓨터, (나)(="약간의 컴퓨터게임을 좋아하는 사람은 집중력이 좋다.") 컴퓨터 I(&)집중력, (다) 집중력A(→) 예민

(가) + (나)/∴젊은이 I 집중력,

(나) + (다)/∴컴퓨터 I(&)예민("약간의 컴퓨터게임을 좋아하는 사람은 예민하다.")

① 사람O컴퓨터(?)(위의 명제들로부터 사람과 컴퓨터게임을 좋아하는 사람의 외연을 연결할 수 없다.)

② 컴퓨터A(→)예민(?) (∵(나) + (다)=컴퓨터I(&)예민과 전칭, 대소)

③ I와 O로 이중 해석 가능한 명제(= "약간의 예민한 사람만이 컴퓨터게임을 좋아한다.": 예민 I 컴퓨터)(T) (∵(나) + (다)=컴퓨터 I 예민의 환위)

④ 젊은이A(→)집중력(?) (∵(가) + (나)/∴젊은이I(&)집중력(T)의 전칭)

⑤ 집중력이 좋은 사람들은 모두 컴퓨터게임을 좋아한다. 집중력A컴퓨터(?) (∵ (나)의 역)

IV-19. ④

해설

※ 〈보기〉를 차례대로 기호화하면, (가) 부동산 → 경제, (나) 돈 → 증권 & 부동산(=(돈 → 증권) & (돈 → 부동산), (다) 경제 → 무역, (가) + (다)/∴부동산 → 대외무역

① 부동산 → 돈(?) (∵(나)의 돈 → 부동산의 역)

② 경제 → -증권(?)(논리적 연관성을 찾기 어려움)

③ 경제 → 부동산(?)(∵(가)의 역)

④ 돈 → 무역(T)(∵ (나) + (가)/∴돈 → 경제, 돈 → 경제 + (다)/∴돈 → 무역

⑤ 부동산 → -증권(?)(논리적 연관성을 찾기 어려움)

IV-20. ⑤

〈보기〉를 차례대로 기호화하면, 북미 → 핵실험, (   )/∴남북 → 핵실험. 결론이 참이 되려면 이 논증이 타당해야 하고, 타당하려면 (   )에 명제 (남북 → 북미대화)가 들어가야 한다.

① -남북 → -북미(=북미 → 남북)

② 핵실험 → 남북

③ 북미 → 남북

④ -남북 → -핵실험

⑤ -북미 → -남북(남북 → 북미)

IV-21. ④

〈보기〉를 차례대로 기호화하면, P → Q, (   )/∴P.

이 논증은 전제의 전건이 결론에 T로 나타난 후건 긍정식으로서, 전제가 모두 참이면 통사적 오류를 범하게 된다. 즉, 전제에 나타난 명제들을 모두 참으로 만들면 이 논증은 타당할 수 없다. 그러므로 전제들의 진릿값이 거짓으로 나타나도록 만들어야 하는데, 이 방법은 전제의 조건문의 후건과 상충하는 명제가 전제에 나타나도록 하는 것이다. 이것을 진리표로 나타내면 아래와 같다.

P	Q	P → Q	P
T	T	T	T
T	F	F	T
F	T	T	F
F	F	T	F

위 진리표에서 전건 P가 전제와 결론에 모두 T로 나타나면서 논증이 타당한 경

우는 빗금 친 두 번째 칸밖에 없다. 이 방법은 후건 Q와 전제에 나타난 -Q가
상충하게 만들어 전제를 거짓으로 만드는 것이다. 그러면 전체 논증은
F & T/∴T나 T & F/∴T가 되어 타당해진다.

① (?)
② Q: Q가 나오면 타당하지 않게 된다.
③ Q → P(타당하지 않게 만든다)
④ -Q (-Q=T이면 Q=F이므로 P → Q는 F, 전체 논증은 F & T/∴T가 되어
   타당.)
⑤ -Q인 것처럼 보이지만 실제로 -Q가 아님, 공을 몰면서 11초를 주파하는
   것이 아니기 때문이다.

IV-22. ⑤

해설

〈보기〉를 차례대로 기호화하면, P → Q, P → R, (   )/∴-P.
이 논증은 아래와 같은 딜레마 논증 형식이며, 결론에 -P가 나타나 전체 논증이
타당하려면 빈칸에 명제-Q v -R가 들어가야 한다.

P → Q	-Q → -P
P → R	-R → -P
( )	-Q v -R
-P	-P

① -Q & P
② Q & -R
③ -Q → -R = Q v -R
④ -Q & R
⑤ Q → -R = -Q v -R

IV-23. ②

해설

〈보기〉를 차례대로 기호화하면, −사랑 → 쓰라림, (　　)/∴ 두용 → 쓰라림.

이 논증을 연쇄 조건식으로서 타당해야 한다는 점을 명심해야 한다. 타당하려면 빈칸에 (두용 → −사랑)이 들어가야 한다.

① −쓰라림 → 사랑 (=−사랑 → 쓰라림이기 때문에 첫 번째 명제와 동일)

② 두용 → −사랑

③ 쓰라림 → −사랑(=사랑 → −쓰라림, ①의 역)

④ 두용 → 사랑

⑤ −(−쓰라림 → 사랑)(=−(쓰라림 v 사랑) = −(−사랑 → 쓰라림)(첫 번째 명제와 모순)

IV-24. ④

해설

〈보기〉를 차례대로 기호화하면, (가) −침묵의 봄 → −디디티 사용, (나) (　　),
(다) −지구 파괴 → −침묵의 봄, (라) −지구 파괴 → −농약의 남용.

위 명제들이 모두 참이 되면서 타당하기 위해 다음과 같은 논증이 되어야 한다.

　　(다) −지구 파괴 → −침묵의 봄

　　(가) −침묵의 봄 → −디디티 사용

　　(나) (　　　　　)

　　──────────────────

　　∴ (라) −지구 파괴 → −농약의 남용

(　　)안에 명제 '−디디티 사용 → −농약의 남용' (=농약남용 → 디디티 사용)
이 들어가야 한다.

① −농약남용 → −디디티 사용

② 디디티 사용 → −농약남용(=농약사용 → −디디티 사용)

③ 침묵의 봄 → 지구 파괴
④ 농약남용 → 디디티 사용
⑤ 농약남용 → 지구 파괴

IV-25. ③

해설

⟨보기⟩를 차례대로 기호화하면, P → Q, (　　)/∴P.

※ 결론에 나타난 전건이 참이면서 전체 논증이 타당하기 위해서는 전체 전제의 진릿값이 거짓이 되어야만 한다. 그래서 P → Q가 거짓이거나 ( )가 거짓이어야 하기 때문에 후건의 부정(-Q)이 전제에 나타나야 한다.

① Q
② ?
③ -Q
④ ?
⑤ ?

IV-26. ④

해설

⟨보기⟩를 차례대로 기호화하면, P → -Q, Q/∴(　　).

이 논증은 후건 부정식이다. 그래서 빈칸에 -P가 들어가야 한다.

① ?
② P & Q
③ Q
④ -P
⑤ -P & R

IV-27. ⑤

〈보기〉를 차례대로 기호화하면, (가) 커피A우유, (나) 홍차E우유, (다) –홍차A
과자.
① –홍차A우유(?)(∵ (나)홍차E우유, 환위→ 우유E홍차, 환질→ 우유A–홍차,
    제한환위→ –홍차I우유와 대소관계의 전칭)
② 홍차A과자(?)(∵ (다)–홍차A과자, 환위→ 과자I–홍차, 환질→ 과자O홍차
    (T), 이것과 모순인 (과자A홍차(F))의 역)
③ 과자A커피(?)(∵ (나), 환위→ 우유E홍차, 환질→ 우유A–홍차+(다)/∴우
    유A과자, (가)+우유A과자/∴커피A과자, 제한환위→ 과자I우유, 대소관계
    의 전칭)
④ 커피E과자(F)(∵ ③의 커피A과자(T)의 반대)
⑤ 커피A과자(T)((∵ (나), 환위→ 우유E홍차, 환질→ 우유A–홍차+(다)/
    ∴우유A과자, (가)+우유A과자/∴커피A과자)

IV-28. ③

〈보기〉를 차례대로 기호화하면, $-P \rightarrow -Q(=Q \rightarrow P)$, (   )/∴$-P \rightarrow R(=-R \rightarrow P)$.
※ 이 논증이 타당하기 위해서는, 빈칸에 $-R \rightarrow Q$가 들어가야 한다. 왜냐하면
$-P \rightarrow -Q(=(=Q \rightarrow P)$, (   ) / ∴$-P \rightarrow R(=-R \rightarrow P)$이기 때문이다.
① $Q \rightarrow P$
② R & $Q(=-(R \rightarrow -Q)$
③ $-R \rightarrow Q$
④ $R \rightarrow P$
⑤ $Q \rightarrow -R$

IV-29 ②

해설

〈보기〉를 차례대로 기호화하면, 독수리 → 비행, 타조 → -비행(=비행 → -타조)/∴(   ).

※ 이 논증이 타당하기 위해서는 빈칸 결론에 독수리 → -타조가 들어가야 한다.

① 비행 → 독수리(?)

② 타조 → -독수리(=독수리 → -타조)

③ -비행 → 타조

④ ②와 다른 의미의 양상문장(기호화 불가)

⑤ -비행 → -독수리

IV-30. ④

해설

〈보기〉를 차례대로 기호화하면, P → Q, (   )/∴P.

※ 전건이 참이면서 결론에도 나타난 전체 논증이 타당하기 위해서는 전제들의 전체 진릿값이 거짓이 되어야 한다. 그래서 빈칸에 P → Q를 거짓으로 만드는 명제 -Q가 나오거나, 거짓이 되는 명제가 나타나야 한다.

① Q

② ?

③ ?

④ -P & Q(P가 T이기 때문에 전체 진릿값은 F)

⑤ ?

IV-31. ④

해설

〈보기〉를 차례대로 기호화하면, (가) 효과적 탐구A협동학습, (나) 위대한 과학자E협동학습, (다) −(효과적 탐구 A 협동학습).

※ 추리 1: 명제 (가)가 거짓이라고 말하는 (다)가 결론임(귀류법)을 간파한다.
추리 2: 명제 (가) "효과적 탐구A협동학습"이 거짓이면 이와 모순인 O명제가 참이 된다("효과적 탐구O협동학습" = 참). 그러면 타당하기 위해서는 다음과 같은 논증형식이 되어야 한다.

위대한 과학자　E　협동학습

(위대한 과학자 A 효과적 탐구)
_____

효과적 탐구　O　협동학습

추리 3: 이 논증을 타당하게 만드는 전제는 "위대한 과학자A효과적 탐구"이다.

① 위대한 과학자 I 효과적 탐구
② 위대한 과학자 E　협동학습
③ ?
④ 위대한 과학자 A 효과적 탐구
⑤ −협동학습 A 위대한 과학자

IV-32. ②

해설

〈보기〉를 차례대로 기호화하면, 불고기 ∨ 육개장, −불고기/∴ −육개장.
※ 이 논증의 전제들이 모두 참이라는 것은, 불고기 ∨ 육개장(T)이고 −불고기(T)이다. 그러면 육개장(T)이다. 그러면 −육개장은 F이다.

IV-33. ①

해설

〈보기〉를 차례대로 기호화하면, 용사 → 여장군, -여장군/∴-용사.

※ 이 논증의 형식은 후건 부정식이다. 그리고 타당한 논증이다. 그래서 결론은 참이다.

IV-34. ③

해설

① 도박사의 오류

② P → Q, -P/∴-Q 전건 부정식

③ P v Q, P/∴-Q 배타적 선택삼단논법

④ 애매어의 오류

⑤ 동어반복(선결 문제요구의 오류)

IV-35. ①

해설

① 후건 긍정식

② 순환논증(선결 문제요구의 오류)

③ 피장파장의 오류

④ 전건 긍정식

⑤ 도박사의 오류

IV-36. ⑤

해설

〈보기〉를 차례대로 기호화하면,

ㄱ. 타당. 정치가E몽상가(∵정치가A합리적 사람, 몽상가E합리적 사람)

ㄴ. 비타당. 피카소A초현실 초현실O 희귀예술/∴피카소O 희귀예술(매개념부 주연의 오류)

ㄷ. 세종시민A공무원("only if 공무원, 세종시민" = "세종시민 only if 공무 원" = "세종시민 → 공무원" = 세종시민A공무원), 지하철승객E공무원/∴지 하철승객E세종시민

ㄹ. 비타당. (소설가O 이상주의자)&(시인A 이상주의자)&(소설가O 보수주의 자)/∴(보수주의자A 시인)(소설가O 이상주의자 + 시인A 이상주의자)/ ∴(소설가O 시인), (소설가O 시인) + (소설가O 보수주의자)로부터 결론 〈보수주의자A 시인〉이 타당하게 나오지 않음, 배타적 전제의 오류.

ㅁ. 비타당. (술v 활동, 활동/∴-술(배타적 삼단논법의 오류)

ㅂ. 비타당. 사업가E한량/∴한량A방랑자(∵방랑자E사업가) 사업가E한량 + 방랑자E사업가/∴한량A방랑자(배타적 전제의 오류))

IV-37. ①

해설

※ 양화논리(술어논리)의 추리규칙 중의 보편예화(unversal instantiation)의 추리규칙을 적용하여 쉽게 풀어갈 수 있다. 알고 있지 않더라도 일반적 충분조 건과 개별자의 충분조건을 분리해서 생각하면 된다.

행복에 대한 일반적 충분조건 : 젊음 + 섬세 + 유연 → 아름다움, 아름다움 & -훌륭함, 덕 → 훌륭함, 아름다움 & 훌륭함 → 행복
행복에 대한 개별자(아테나)의 충분조건 : 섬세함 & 유연함 & 덕, 덕 → 훌륭함, 아테나 → 덕/∴아테나 → 행복

행복에 대한 일반적 조건 (아름다움 & 훌륭함 → 행복)에 따르면 아테나의 행복충분조건은(훌륭함 & 아름다움)이다. 그런데 아테나는 이미 훌륭함의 충 분조건인 덕을 갖추고 있다(∵ 덕, 덕 → 훌륭함/∴훌륭함). 나머지 아름다움의 일반적 충분조건은 젊음 + 섬세 + 유연함이다. 여기서 아테나는 섬세 + 유연함

은 갖추고 있다. 그래서 아름다움을 갖추기 위해 남은 충분조건은 젊음이다.

IV-38. ⑤

해설

※ 본문설명 정리

논리적 함축 → : A → B, 역(B → A)이 성립하지 않으면 A는 강한 진술, B는 약한 진술

논리적 동등≡ : (A → B)&(B → A)

논리적 무관 : 함축과 역이 성립하지 않음.

① A → -(-A&B) : 타당 → 옳은 설명

② (A&B) → C ≡ B → (A → C) :

(A&B) → C ≡ -(A&B)vC ≡ -A v -B v C ≡ -B v (-A v C) ≡ B → (-A v C)

≡ B → (A → C) : 타당 → 옳은 설명

③ 약한 진술은 조건문의 후건에 해당함. 그래서 본문을 기호화하면, ((A&B) → C) → ((A v B) → C)는 성립하지 않지만 ((A v B) → C) → ((A&B) → C)는 성립한다. 그래서 (A&B) → C)가 약한 진술이라고 한 설명은 옳음.

④ (A → (B v C)와 (B v C) → A)는 역의 관계, 서로의 진릿값에 영향을 미칠 수 없음 : 논리적으로 무관 → 옳은 설명

⑤ (A → (B v C)와 (D v A) → B, 이 식에 관한 진리표를 그리기에는 명제의 수가 4개가 되어 매우 복잡하고 시간이 많이 걸림, 동치관계를 이용하여 아래와 같이 판단한다.

(A → (B v C)≡-A v B v C, (D v A) → B≡-(D v A) v B≡(-D&-A) v B≡ (-D v B)&(-A v B) 후자가 강한 진술이다. 즉 후자가 참이면 전자는 참이 되지만, 전자가 참일 경우 후자가 거짓이 될 수 있음(-A v B가 거짓이고, C가 참일 경우에, 전자는 참이지만 후자는 거짓), 후자가 전자를 함축

함. → 옳지 않은 설명.

IV-39. ④

해설

※ 본문은 모순 관계를 정의하고 있다.

① (정치가 O 정직) (정치가 I 정직) : (소반대관계)- 모순이 아님.

② (핵전쟁E생명) 이것과 모순 관계는 핵전쟁I생명＝핵전쟁&생명

　　(핵전쟁&하늘) → 생명 ＝ 핵전쟁 → 하늘 → 생명

　　둘은 모순이 아님(핵전쟁T, 생명T일 때 전자는 T이고 후자도 T임)

③ -P와 Q → P : 둘은 모순 관계가 아님(P(F)일 때, -P(T), Q → P(T)가 될

　　수 있음.

④ P v Q, -Q&-P≡-(P v Q)(∵드모르강 법칙) : 그래서 둘은 모순

⑤ P → Q≡-P v Q≡-(P&-Q)

　　Q&-P

　　: P(F)일 경우에 Q(T)이면 둘 다 참이 될 수 있다.

IV-40. ①

해설

본문에 있는 명제들을 기호화하면,

P: 이 문서함은 지적재산관리부에서 왔다.

Q: 공보부에서 왔다.

R: 지적재산관리부에서 온 문서함에는 모두 보안 등급 표시가 되어 있다.

S: 이 문서함은 언론사 배포 문건을 담고 있다.

T: 내부 회람용 문건을 담고 있다.

W: 문서함에 개봉 날짜 표시가 없다.

V: 그 문서함은 잠기어 있다.

T: 이 문서함은 내부 회람용 문건을 담은 것이다.

Q: 공보부에서 온 문서함이다.

〈본문 내용을 기호화하여 정리〉

① P v Q   ⑤ S & - W → - V

② P → R   ⑥ W → R

③ - R   ⑦ (   )
                                   ――――――――
④ Q → S v T   결론 T & Q

〈추리과정〉

위 논증이 타당하기 위해서는 결론 T&Q를 도출해야 한다. 이 결론은 T와 Q를 각기 도출하여 공접(&)으로 연결하면 나온다. Q는 본문의 ③ -R과 ② P → R 로부터 후건 부정식에 의해 -P를 얻는다. 이 -P와 ① P v Q로부터 선택삼단논법에 의해 Q를 얻는다. 이제 T만 도출하면 된다. 먼저 Q와 ④ Q → S v T로부터 S v T를 도출한다. 이 식에서 선택삼단논법을 사용하여 T를 도출하기 위해서는 -S를 다른 곳에서 도출해야만 한다. 여기서 -S를 도출하기 위해서는 -S v W와 -W를 도출하면 된다. -S v W는 드모르강 법칙에 의해 -(S&-W)와 동치다. 이 식은 ⑤ (S&-W) → -V에서 후건 부정식에 의해 도출된다. 그래서 V가 전제에 나타나야 한다. 이러한 도출 과정을 증명 단계로 나타내면 아래와 같다.

(1) - R ③	(7) -(S& -W) (6)⑤)MTT
(2) - P ②③MTT	(8) - S v W (7)드모르강 법칙
(3) Q (2)① 선택삼단논법	(9) - S (5)(8)선택삼단논법
(4) S v T (3)④MPP	(10) T(4)(9)선택삼단논법
(5) -W ③⑥MTT	(11) T & Q(3)(10) 공접(결론)
(6) V(보충해야 할 전제)	

: 참고 문헌

박영태 옮김 : 『과학의 방법』, Gower B., Scientific Method, 이학사, 2013.

박영태 외 11인 : 「논리연구」, 문학과 지성사, 1985.

박은진, 김희정 저 ; 「비판적 사고」, 아카넷, 2008.

박종홍 : 「일반 논리학」, 박영사.

조호현 : 「조호현의 추리논증」, 일등로스쿨, 2016.

Copi I., Cohen C., McMahon K., *Introduction to Logic 14th Edition*, Pearson
  Education Inc. 2011.

Nolt J., Rohatyn D., Vazi a., *Schaum's Outline of Logic*, Second Edition (Schaum's
  Outlines), McGraw-Hill Education, 2011.

Zegarelli M., *Logic For Dummies*, John Wiley & Sons Inc. 2007.